规划出来的学业成功之路

张无敌 著

河北大学出版社

出 版 人：刘相美
责任编辑：李 达
装帧设计：王占梅 沈 垚
责任校对：刘景坤
责任印制：常 凯

GUIHUA CHULAI DE XUEYE CHENGGONG ZHI LU

图书在版编目（CIP）数据

规划出来的学业成功之路．1，学龄规划 / 张无敌著．
保定：河北大学出版社，2024．8．-- ISBN 978-7-5666-2462-8

Ⅰ．G632.46
中国国家版本馆CIP数据核字第2024HN0941号

出版发行：河北大学出版社
地址：河北省保定市七一东路2666号 邮编：071000
电话：0312-5073003 0312-5073029
网址：www.hbdxcbs.com
邮箱：hbdxcbs818@163.com
经 销：全国新华书店
印 刷：保定市正大印刷有限公司
幅面尺寸：145 mm × 210 mm
字 数：287 千字
印 张：11.75
版 次：2024 年 8 月第 1 版
印 次：2024 年 8 月第 1 次印刷
书 号：ISBN 978-7-5666-2462-8
定 价：299.00 元

如发现印装质量问题，影响阅读，请与本社联系。
电话：0312-5073023

前 言

家长们越来越意识到教育对孩子的重要性，尤其是如何有效规划成为家长们关注的焦点。我们都希望为孩子提供最好的学习环境和资源，希望孩子具备丰富的知识储备和良好的学习习惯，可以在竞争激烈的社会中脱颖而出。但是，如何为孩子规划出一条清晰、科学的学习道路，确实是个让人头疼的问题。

这套《规划出来的学业成功之路》系列书籍，不仅讲述理论，更是我多年教育实践的总结和心得，怎么为孩子规划学习，怎么应对学习中的种种挑战，怎么让孩子在快乐中取得好成绩。

《规划出来的学业成功之路　学龄规划》这本书，从孩子成长的不同阶段出发，为您提供了一套详细的学习规划方法。它就像一张学习地图，告诉您每个年龄段孩子应该学什么、怎么学，帮助孩子养成好的学习习惯，这样孩子以后在学习上就能更顺利。

《规划出来的学业成功之路　转折规划》这本书，专门讲了孩子学习路上的重要时刻，比如幼小衔接、小升初等。它会告诉您这些关键时刻的“门道”，还给出了实用的方法和真实的例子，帮助您轻松应对孩子成长中的挑战，确保他们顺利度过每一个重要阶段。

《规划出来的学业成功之路　学科规划》这本书，结合了我十几年的教学经验，针对语文、数学、英语等学科进行具体规划，让您能够深入了解每个学科的核心知识点和学习方法，为孩子的学习提供有力的支持。

这三本书将成为您不可或缺的得力助手，给孩子规划出清晰的学习路线，让他们在知识的海洋里自由翱翔，自信满满地迎接每一个挑战！

《规划出来的学业成功之路　学龄规划》旨在为家长提供一份全面而系统的学龄规划指南，帮助家长更好地理解孩子成长的关键时期，规划孩子的学习路径，促进孩子全面发展。

在快节奏的现代社会中，孩子的成长面临着许多挑战。因此，进行学龄规划非常重要。它不仅可以帮助孩子建立良好的学习习惯，还可以激发他们对学习的兴趣，提升他们的自我管理能力，为未来的成功打下坚实的基础。

在本书第一部分中，我们将深入探讨教育规划的基础知识和重要概念，帮助您建立对教育规划的整体认识。第二部分介绍学龄划分及规划时间轴，告诉您根据孩子的不同年龄段进行有效的学龄规划。第三部分从 0 岁到 18 岁的不同阶段展开讨论，包括幼儿早期的感统训练、幼儿园阶段的兴趣训练、小学阶段的学习习惯训练、初中阶段的学习方法训练以及高中阶段的学习心态稳定，每一章都将详细介绍孩子在不同阶段的发展特点和规划方法，帮助家长更好地指导孩子的成长。第四部分着重介绍学习目标，分别从不同学段的语文、数学和英语学习目标入手，帮助您更清晰地了解每个学段孩子应该达到的学习标准和目标。第五部分深入探讨学期规划的重要性，引导您如何有效进行学期规划，确保孩子在每个学期都能够有计划地进行学习和发展。

希望这本书能成为您教育孩子时的得力助手，帮助您更加科学、系统地规划孩子的学龄生涯。让我们一起携手，陪伴孩子走过每一个成长阶段，见证他们的成长与蜕变！

目 录

第四部分　学习目标

第五部分　学期规划

第一部分

教育规划

第一章 什么是教育规划

从教育孩子的技术与方法的角度审视，我们这一代父母面临的挑战显然比上一辈更为严峻。教育是一个家庭共同的责任和使命。家庭环境在孩子成长过程中的作用举足轻重，不可忽视。

每个年龄段都有其特定的教育重点，而孩子关键能力的培养并非一蹴而就，需要我们在孩子成长的各个阶段持续投入精力。若是在孩子小时候未能有效培养这些能力，他们长大后也难以自然而然地获得。虽然许多家长对孩子的教育规划有所了解，但有时候，这种了解反而可能增加了他们的焦虑感。那么，作为家长，究竟该如何做呢？

· 什么是教育规划 ·

简单来说，教育规划就是为孩子的教育制订计划。在此过程中，父母的角色至关重要，因为他们的认知和执行能力是非常重要的。这不是一场考试，也不需要提前报名，却是一场非常漫长的隐形竞争。家长只有正确选择、正确取舍，才能让孩子的成长方向、方法和资源都正确无误，以事半功倍的效果达到成长目标。同时，还需要遵循孩子的成长规律，不要“揠苗助长”或“错过后补”。教育规划的最终目标是帮助孩子找到他们的天赋，为他们的未来学业、事业打下坚实的基础，让他们的人生更加精彩。

· 教育真的需要规划吗 ·

说到这个话题，可能很多人会说：“不要为孩子设定太多框架，让他们去探索自己的道路。他们有自己的人生要走，不会因为你的期待和规划束缚天性。”

确实，我们不能控制孩子的人生，但是，教育规划并不是在规划孩子的人生，而是从一个科学系统的角度，为孩子的成长选择一个更适合他成长的教育组合。

有人可能会说：“我从不贪心，我对我的孩子自始至终只有一个要求，那就是平安健康。”

但是我很明确地告诉你，这种简单的期望，并不能解决孩子正在面临或者即将面临的各种问题，比如拖拉磨蹭、偏科、厌学、逃学、学习效率低等问题。同时，你和孩子都会感到焦虑和迷茫。每天都在努力解决这些问题，但最后却觉得非常疲惫，而且问题似乎并没有真正得到解决。

· 规划不是为了制造焦虑 ·

越来越多的家庭出现了这样的烦恼：

我到底该怎么选幼儿园？

校外培训班到底上不上？又想让孩子玩，又觉得补习班不上不行，怎么选？

孩子学了 5 年的钢琴，突然说不想继续学了，还要坚持吗？

为什么孩子不喜欢学习？

选公立学校还是私立学校？

国际学校真的有那么好吗？到底要不要出国留学？

……

这些问题不仅让家长心里感到担忧和不安，还常常导致家长和孩子之间的关系变得紧张。大家都感到有压力，甚至有时候可能会有争吵和冲突。所以，家长进行有效的教育规划至关重要。

首先，教育规划可以确保孩子获得优质的教育资源和机会。在当今社会，教育资源的质量和多样性影响着孩子的学习效果和发展潜力。通过规划，家长可以选择最适合孩子特点和兴趣的学校和课程，为他们提供更丰富的学习体验和发展空间。这样，孩子就能在一个良好的学习环境中成长，得到更专业、更全面的教育。

其次，教育规划可以帮助孩子培养良好的学习习惯和学习方法。规划不仅关注学习内容，还注重培养孩子的自主学习能力、创造力和解决问题的能力。家长可以通过规划，为孩子制订合理的学习计划，教导他们如何高效学习，如何合理安排时间，如何应对学习中的困难和挑战。这样，孩子就能建立起良好的学习习惯和学习方法，为未来的学习打下坚实基础。

再次，教育规划还可以促进孩子的全面发展。规划不仅包括学习内容，还包括体育、艺术、社交等方面。家长可以在规划中注重培养孩子的综合素质，让他们在各个方面都得到均衡发展。这样，孩子就能拥有丰富的兴趣爱好，具备良好的沟通能力和团队合作精神，有利于他们在社会中更好地融入和发展。

最重要的是，教育规划可以为孩子的未来打下良好的基础。通过早期的规划和培养，孩子可以更好地适应社会环境，实现自身价值，迎接未来的挑战。规划不仅帮助孩子获取知识和技能，更重要的是培养他们的终身学习能力和适应能力，使他们能够在竞争激烈的社会中脱颖而出，实现自己的梦想和目标。

· 教育规划的五个关键部分 ·

教育规划包括五个部分：学龄规划、学科规划、兴趣与特长规划、身份规划和教育财务规划。

第一，学龄规划。根据孩子的年龄可以分成幼儿早期规划（0—3岁）、幼儿园阶段规划（3—6岁）、小学阶段规划（6—12岁）、初中阶段规划（12—15岁）、高中阶段规划（15—18岁）等。每个阶段都有特定的学习目标和重点，家长应帮助孩子逐步建立起良好的学习习惯并做好规划。

第二，学科规划。语文、数学、英语等学科都有各自的重点和特点，过早地提前学习某些学科，有可能导致学习效果不佳，甚至是时间浪费。因此，学科规划要根据孩子的发展阶段，选择适合的学科内容。同时，要避免和别人攀比，注重重点科目的学习，让孩子在关键科目上脱颖而出。其中，高中分科规划是非常关键的一部分，可以帮助孩子在竞争激烈的教育环境中少走弯路，实现弯道超车，提高上名校的机会。

第三，兴趣与特长规划。孩子的兴趣与特长是他们个性和天赋的体现，因此，应以兴趣为导向。不要仅仅为了功利目标，强制地让孩子参加某个兴趣班，而是要让他们在广泛探索的基础上逐渐深入学习。只有这样，孩子才能在喜欢的事情上有所成长，真正发挥出他们的天赋和潜力。

第四，身份规划。简单来说，就是帮助孩子理解他们在社会中的位置以及他们应该承担的责任。比如，孩子在学校是学生，需要好好学习；在社区是居民，要遵守规则，尊重他人。身份规划就是教孩子明白这些，并让他们知道为什么要这么做，这样他们就能形成积极的人生观和价值观，更好地成长。

第五，教育财务规划。在教育中扮演着根基性的角色。教育的确需要资金支持，但并不意味着普通家庭缺乏资金就不能进行规划。相反，经济条件不占优势的家庭更需要精心规划，避免走弯路，因为这些家庭的资金并不容许浪费，需要储备用于未来的刚性支出。

通过精心规划，实施因材施教的教育策略，确保不浪费孩子的时间和精力，让孩子的每一分钟都过得充实而有价值，每一分钱都花在刀刃上。在这样的教育过程中，孩子的硬实力（如学科知识、技能掌握等）和软实力（如沟通能力、团队协作能力、创新思维等）都会得到显著提升，他们会在学习和成长的道路上不断前进，为未来奠定坚实的基础。

在本套书中，我主要讲学龄规划和学科规划。同时我特意将其中重要的时间节点单独列出，作为转折规划。希望能给您提供一些实用的帮助和建议，让孩子的教育之路走得更顺畅。

第二部分

学龄规划时间轴

学龄规划，指的是根据孩子成长的不同阶段，比如从幼儿到青少年，为他们制订适合的教育计划。这个规划是为了帮助孩子打下坚实的基础，让他们在各个方面都能得到很好的发展，比如学习、社交、兴趣爱好等。这样，孩子在成长的过程中就能更好地应对各种挑战和任务，让他们的学习和生活更加顺利。

第二章 学龄划分

根据我多年的教育经验，按照孩子不同的年龄和成长特点，我把他们的学习和发展分为 6 个阶段。

幼儿早期（0—3 岁）：

这是孩子最初的成长阶段，他们正在学习如何认识世界。

幼儿园阶段（3—6 岁）：

孩子开始接触社交和学习基本的生活技能。

小学低年级阶段（6—9 岁）：

孩子进入小学，开始正式学习各种基础知识。

小学高年级阶段（9—12 岁）：

孩子的知识面更加广泛，开始接触更复杂的学科。

初中阶段（12—15 岁）：

进入青春期，孩子不仅在学业上有所进步，也面临着身体和心理的巨大变化。

高中阶段（15—18 岁）：

学习的内容更加深入，同时也开始考虑未来的职业规划和大学选择。

针对这6个阶段的特点，可以总结出来表1。

表1　学龄规划表

学龄规划部分	年龄范围	主要内容
幼儿早期	0—3岁	学习感统训练关键期
幼儿园阶段	3—6岁	学习兴趣训练关键期
小学低年级阶段	6—9岁	学习习惯训练关键期
小学高年级阶段	9—12岁	学习方法训练关键期
初中阶段	12—15岁	学习方法实践关键期
高中阶段	15—18岁	学习心态稳定关键期

作为家长，需要明确孩子成长的目标和方向，然后有计划地引导和支持他们的发展。这就好比旅行前先规划路线和目的地，才能更有效地行动和达成目标。为了做到这一点，就需要家长深刻且清晰地了解孩子的成长规律和特点。只有如此，才能更有针对性地选择适合他们的教育方法和环境，确保他们在一个优质的成长氛围中茁壮成长。

第三部分

0—18 岁学龄规划

第三章 0—3 岁（幼儿早期）——学习感统训练关键期

在孩子 0—3 岁这一阶段，孩子的感觉系统（包括视觉、听觉、触觉、嗅觉、味觉等）正处于迅速且高度敏感的发展阶段，对外界环境的感知和理解能力达到高峰，展现出对周围环境的敏锐观察力。因此，这个关键期对孩子的感官发展和认知能力培养至关重要。

· 探索 0—3 岁的发展奥秘 ·

这个阶段在孩子成长过程中扮演着至关重要的角色。他们依赖视觉、听觉、嗅觉、味觉和触觉来逐步认识和理解世界。这一阶段不仅对孩子性格塑造、语言能力发展、大脑容量增长和学习能力提升具有深远的影响，更在一定程度上决定了孩子心理发展的状态。

数据一：

1980 年，英国伦敦精神病研究所教授卡斯比同伦敦国王学院的精神病学家们对 1000 名 3 岁的孩子进行了性格测试。结果显示，这 1000 名孩子的性格可以分为五大类：适应良好型、害羞型、低自制力型、拘谨型、自信型。随后在他们 26 岁时再次进行评分并进行比较。这项长达 20 多年的研究得出了惊人的结果。比如，自信的孩子在长大后仍旧外向，而害羞的孩子仍旧保持内向。

这项研究表明，3 岁之前是孩子性格养成和能力培养的关键期。在这个阶段，孩子接受的教育和周围环境的影响将对其性格产生深远影响。因此，朝夕相处的人说的每一句话、做的每件事情都可能在孩子心灵深处留下烙印。

数据二：

20世纪，美国科学家利用“正电子发射计算体层摄影”技术对婴幼儿的大脑进行了扫描，发现了一些令人惊讶的事实。他们观察到，婴儿在出生后通过视觉、听觉、触觉等接收了大量的信号刺激，导致脑神经细胞之间建立联系的速度非常快，超出了人们的想象。这意味着婴幼儿期是大脑发育最为迅速和关键的阶段之一。研究还发现，虽然儿童在3岁之后大脑仍在发育，但大脑的复杂性和丰富性已经基本定型，不再像婴幼儿期那样接受大量新信息并建立新的神经联系。这一发现强调了儿童早期的经验对大脑发育的重要性以及在婴幼儿期提供丰富的刺激和经验对儿童发展的积极影响。

数据三：

如图1所示，其中横坐标代表年龄，纵坐标代表大脑的重量，可以很清楚地看到，人的大脑发展速度一开始非常快，然后逐渐放缓。在3岁前，孩子的大脑重量已经接近成年人的大脑重量。另外还有研究显示，接受丰富早期教育刺激的孩子，其大脑重量甚至比缺乏这种刺激的孩子重约20%。

除了大脑重量外，脑细胞之间的连接，即突触，对儿童大脑发育的影响也很大。最新研究表明，人类出生时拥有约1000亿个脑神经元，并且这个数量之后不会增加。每个神经元可以接受约 1000 个突触连接。这意味着，整个大脑中的突触总数是神经元数量乘以每个神经元的平均突触连接数。在图 2 中可以看到，孩子 2 岁时，大脑突触比成年人更加复杂。突触的复杂程度与反应能力相关，包括感知力、记忆力和逻辑思维速度等。

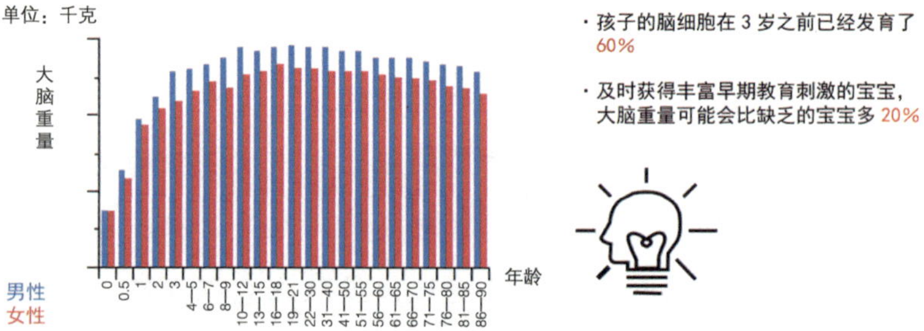

图 1　大脑重量和年龄的关系图

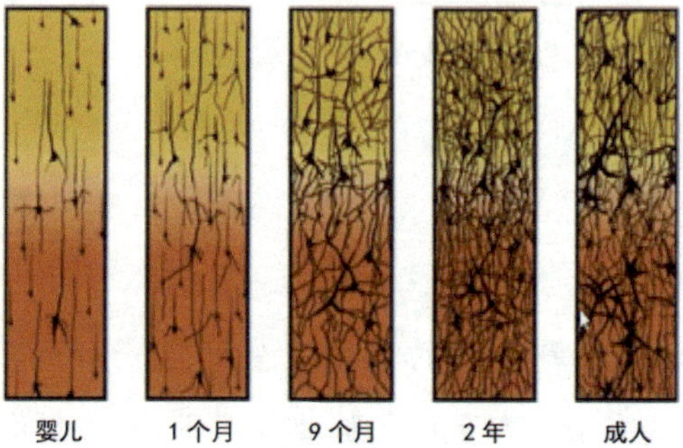

图 2　大脑神经的发展

通过这三组数据可以知道，0—3 岁是孩子生命中最为关键和敏感的阶段之一，对于孩子的整体发展起着至关重要的作用。

首先，性格塑造在这一阶段至关重要。孩子对外界的认知和感受开始建立，家庭和社会环境对其影响深远，逐渐形成其独特的性格特点。良好的家庭教育和环境有助于培养孩子的自信、乐观、勇敢等积极品质，为他们建立良好的情感基础和人际关系打下坚实基础。

其次，0—3 岁也是语言能力发展的关键时期。孩子的语言系统和语言理解能力在这个阶段得到迅速发展，他们能够快速学习和掌握语言表达的方法。适当的语言培养能够为他们建立良好的语言基础，为日后的学习和沟通打下坚实基础。

再次，0—3 岁还是大脑发育最为迅速和关键的阶段。孩子的大脑神经细胞之间建立联系的速度非常快，丰富的刺激有助于促进大脑发育，提升认知能力和学习能力。早期的教育和刺激能够帮助孩子建立良好的思维模式，为其未来的学习和发展奠定坚实基础。

又次，学习兴趣的培养也在这一阶段。通过丰富多彩的早期教育刺激，孩子可以培养对学习的兴趣和热情，提升对新事物的探索动力。良好的学习兴趣和主动学习态度有助于孩子形成良好的学习习惯和学习能力。

最后，0—3 岁也是情感和社交能力发展的重要阶段。孩子开始建立情感和社交关系，良好的家庭和社会环境能够培养他们的情感认知和社交能力，使其具备良好的人际交往能力和情感管理能力。

总之，掌握好 0—3 岁的发展对孩子成长有着深远影响。良好的家庭教育和环境可以帮助孩子全面发展，提升其学习能力和社交能力，为他们的未来发展奠定坚实基础。因此，家长必须重视 0—3 岁孩子的教育和培养，为孩子的健康成长和全面发展创造良好的条件和环境。

· 你知道该怎么规划吗 ·

在孩子 0—3 岁这个阶段，家长的关注和引导对孩子的成长至关重要。通过关注感官多样化刺激、有节奏的活动、亲子互动、环境创设和鼓励自主探索等 5 个方面，可以为孩子提供丰富多样的学习和成长环境。

感官多样化刺激，包括视觉、听觉、触觉、嗅觉、味觉等，可以通过玩具、音乐、颜色、形状等来刺激孩子的感官系统（见表 2）。

有节奏的活动可以帮助孩子发展感知和运动协调能力，家长可以尝试与孩子一起做一些音乐节奏游戏，或者一起跳舞、摇摆，通过音乐的节奏来锻炼孩子的感知和动作协调能力（见表 3）。

亲子互动，即通过亲子游戏、亲子阅读、手工制作等活动，可以增进亲子关系，同时促进孩子的感官发展（见表 4）。

注意环境创设，可以设计安静、明亮的学习空间，保证充足的自然光线，选择色彩鲜艳的玩具和装饰品以及提供舒适的触感材料，让孩子在这样的环境中更好地进行感官训练（见表 5）。

鼓励自主探索，让孩子通过触摸、探索、发现来培养感知能力和好奇心。可以为孩子准备一些探索性的玩具或者自然材料，让他们自由地探索和观察，发现新的感觉和体验（见表 6）。

在以上这些过程中，家长的陪伴和指导是不可或缺的，同时也要给予孩子足够的自由和空间，让他们在探索中成长，激发他们的好奇心和学习动力。因此，建议家长们在孩子的成长过程中注重以上这些方面的培养，让孩子打下良好的感知基础，为未来的学习和发展奠定坚实的基础。

表2　感官多样化刺激

感官刺激方式	具体做法
视觉	☆提供各种颜色鲜艳、图案多样的玩具 ☆安排孩子观看多样性的内容，如自然风景、艺术作品等
听觉	☆播放轻柔的音乐或儿歌，如钢琴曲、自然声音等 ☆与孩子进行语言互动，如说话、唱歌、讲故事等
触觉	☆让孩子感受不同材质的物品，如木质玩具、塑料玩具、布料等 ☆按摩或轻拍孩子的背部、手臂等部位
嗅觉	☆让孩子闻一些新鲜的水果、花朵或食物气味
味觉	☆提供丰富多样的食物，如酸甜苦辣的食物等

表3　有节奏的活动方式

活动类型	具体活动 / 方法
音乐节奏游戏	☆使用简单的打击乐器，如小鼓、铃铛等，教孩子按照节奏敲 ☆跟随音乐节奏做手部动作，如拍手、拍大腿等
舞蹈	☆播放欢快的音乐，引导孩子跟着音乐的节奏做简单舞蹈动作；用手拉动孩子的手臂或腰部，帮助孩子做简单的摇摆或跳跃动作
摇摆	☆提供适合婴儿使用的摇摆玩具，如摇摇车、摇篮等，让孩子感受节奏的摆动 ☆用手轻轻摇动孩子的身体，模拟音乐的节奏感

表 4　亲子互动方式

活动类型	具体活动 / 方法
亲子游戏	☆进行捉迷藏等亲子游戏，增进亲子感情 ☆用手指轻轻摸孩子的手臂、腿部等，引起他的注意和反应
亲子阅读	☆选择适合孩子阅读的图画书，与孩子一起欣赏图画、讲述故事 ☆用图卡或实物指认物品，让孩子通过观察图像认知事物
手工制作	☆和孩子一起做简单的手工制作，如涂鸦等，让孩子发挥想象力和创造力 ☆提供各种触感材料，如沙子、面粉、羊毛等，让孩子感知不同的材质和形状

表 5　环境创设方式

环境创设要点	具体做法
学习空间设计	☆设计安静、明亮的学习空间，远离噪声和干扰，保持舒适的环境氛围
自然光线	☆确保充足的自然光线，房间阳光充足
色彩鲜艳的玩具和装饰品	☆选择色彩鲜艳、富有活力的玩具和装饰品，如彩色挂饰、图画书等
舒适的触感材料	☆提供舒适的触感材料，如绒布、软毛绒玩具等，让孩子感受不同的触感刺激

表6　自主探索方式

自主探索要点	具体做法
准备探索性玩具	☆准备一些探索性强的玩具，如感官球、活动毯等，激发孩子的好奇心和探索欲望
提供自然材料	☆提供自然材料，如沙子、水、小石子等，让孩子自由地触摸、探索和发现
安全保障	☆确保探索环境安全，避免孩子接触危险物品或环境
观察和引导	☆观察孩子的探索行为，引导他们发现新的感觉和体验，同时给予肯定和鼓励

第四章　3—6 岁（幼儿园阶段）
——学习兴趣训练关键期

学习兴趣训练关键期指的是 3—6 岁的孩子在幼儿园阶段开始展现出对各种学习内容和活动的浓厚兴趣，并且表现出较强的学习主动性和探索欲望。因此，这一时期对于孩子培养兴趣爱好非常关键。

· 3—6 岁孩子的发育特点 ·

相对于 0—3 岁，3—6 岁的孩子在语言、社交、认知、运动等多个方面都有明显的发展。

好奇心强烈。这个阶段的孩子对周围的世界充满了探索和发现的渴望，渴望了解新事物。他们会对周围的人、物、事产生浓厚的兴趣，并且会提出大量的问题，想要深入了解事物的原理和运作方式。这种好奇心不仅表现在他们对新事物的追求上，还表现在他们对事物背后的逻辑和原因的追问上。

语言发展迅速。孩子不仅能够更加流利地表达自己的想法和感受，而且开始运用更加复杂的语言结构和词汇，使得他们的表达更加丰富和准确。此外，他们也开始理解和运用比较抽象的语言概念，如时间序列、因果关系等，这进一步拓展了他们的语言表达能力。这个阶段的语言发展对于孩子的整体成长非常重要，因为语言是他们表达思想、理解世界的关键工具，对于日常交流、认知发展和学习能力的提升都起着至关重要的作用。

认知能力逐步增强。孩子在这个阶段开始建立起对事物的基本认知和理解，能够辨别颜色、形状、大小等基本属性，并开始学习简单的数学概念和图形。他们能够进行简单的逻辑推理和问题解决，展现出初步的思维能力和认知水平。这种认知能力的提升为他们日后更加复杂的学习和思维活动奠定了基础。

想象力丰富。这个阶段的孩子喜欢进行角色扮演和想象游戏，他们能够用丰富的想象力创造各种情境和故事。

社交能力增强。孩子开始意识到自己是社会的一部分，与同龄人和成年人的社交能力逐渐增强。他们能够参与团体活动，与他人合作、交流和分享，学会尊重和体谅他人的感受。

动手能力提高。孩子在这个阶段开始展现出较强的动手能力，能够进行简单的手工制作和操作，如涂鸦、拼图等。他们喜欢动手探索和实践，通过这些活动培养自己的动手能力和创造力。

· 你知道该怎么规划吗 ·

要顺应孩子的发育特点，然后进行科学、合理的学习规划，这样才能更好地帮助孩子实现全面发展。为了帮助孩子更好地适应以后的学习，可以按照以下方式进行规划。

培养阅读兴趣。培养3—6岁孩子的阅读兴趣非常重要，无论是对培养阅读习惯还是学习习惯都有很大的帮助。通过阅读，孩子不仅能够提高语言表达能力、扩展词汇量，还能够培养逻辑思维能力、解决问题的能力，激发想象力和创造力。此外，阅读还有助于加深父母与孩子之间的亲子关系，增进彼此的沟通和理解。家长可以通过提供丰富多样的图画书籍和故事书，每天定时与孩子共读，创造愉快的阅读环境，鼓励孩子参与故事情节的讨论和想象，并赞扬和奖励他们的阅读行为，激发他们对阅读的兴趣和热情（见表7）。

表 7　培养阅读兴趣的方法

方法	具体做法
提供丰富多样的书籍	☆选择适合年龄的图画书籍、故事书和儿童杂志，包括有趣的故事情节和引人入胜的内容 ☆选择孩子感兴趣主题的书籍，如动物、童话故事、科学探索等
建立固定的阅读时间和环境	☆每天安排一定的阅读时间，建立固定的阅读习惯 ☆创造安静、舒适的阅读环境，可以专门设置一个阅读角落，保持环境整洁、明亮、温馨
进行亲子互动阅读	☆与孩子共读，参与故事情节的讨论、想象和互动 ☆模仿角色声音、表情，提出问题回答问题，展开有趣的阅读互动
鼓励孩子自主阅读	☆给孩子选择自己喜欢的书籍的机会，让他们自主选择并阅读感兴趣的内容 ☆建立一个小的个人图书馆或阅读列表，让孩子自己挑选书籍，并鼓励他们表达对书籍内容的看法和感受
表扬和奖励	☆及时表扬和奖励孩子的阅读行为，给予其正面激励和肯定 ☆设置阅读奖励计划，如每完成一本书的阅读，可以获得小礼物或奖励

数学启蒙。通过趣味性的数学启蒙活动，如数字游戏、形状拼图等，可以激发孩子对数学的兴趣，让他们在游戏中愉快地学习数学知识。数学是一门基础学科，对于孩子的学习和发展具有重要意义。通过数学启蒙，可以为孩子今后更深入的数学学习打下坚实的基础。数学启蒙可以从以下方面开展：一是引导孩子进行简单的数学活动，利用数字卡片、计数游戏、排序活动等，帮助孩子初步认识数字、数量和顺序，培养他们的数学思维和逻辑推理能力；二是给孩子提出一些简单的问题或者情景，引导他们进行思考，如找出隐藏的物品、完成简单的逻辑推理等，培养他们的问题解决能力和思维逻辑性（见表8）。

表8　数学启蒙方法

活动类型	活动方法	目的
数字卡片游戏	使用数字卡片，让孩子辨认数字、认识数字的数量关系，并进行简单的加减法运算	培养数学感知能力和基本运算技能
计数游戏	利用具体物品如玩具、积木等进行计数游戏，让孩子数数物品的数量，培养数学感知能力和计数技能。也可以进行分类或排序等活动	培养数学感知能力和计数技能，提高分类和排序能力

续表

活动类型	活动方法	目的
排序活动	使用具有不同特征的物品，如颜色、大小、形状等，让孩子进行排序活动，培养逻辑思维和分类能力，学会按规则进行整理和排列	培养逻辑思维和分类能力，提高按规则整理和排列的能力
隐藏物品游戏	让孩子通过线索或提示找出隐藏的物品，培养观察力、推理能力和探索欲望。如在客厅中隐藏了一个小玩具，然后给孩子一些线索	培养观察力、推理能力和探索欲望，激发好奇心
逻辑推理游戏	提供逻辑推理的问题或情景，让孩子进行思考和分析。例如，可以让他们想象自己被锁在一个房间里，然后问他们如何才能找到出口并离开房间，或者让他们想象一只小动物迷路了，问他们如何帮助这只小动物找到回家的路	培养问题解决能力和逻辑思维能力，提高思维分析和推理能力

注重好奇心和探索欲望。提供丰富多样的学习资源和活动，如探索性游戏、实验活动、艺术创作等，激发和培养孩子的好奇心和探索欲望，引导他们积极主动学习和探索（见表9）。

表9　培养好奇心和探索欲望的方法

学习资源和活动	效果与目的	举例
探索性游戏	培养孩子的动手能力和空间认知，激发好奇心和想象力	搭积木、玩沙子、拼图等
实验活动	让孩子亲自进行科学实验，探索科学规律和原理	水的浮沉实验、颜色混合实验等
艺术创作	发展孩子的创造力、表达能力和艺术审美能力	绘画、手工制作、音乐表演等
户外探险	让孩子与自然亲近，感受大自然的奇妙之处	郊游、野餐、观察自然等

在培养孩子学习兴趣的过程中，家长扮演着关键的角色，除了提供适当的教育资源和方法外，更重要的是陪伴和引导。家长通过耐心、细致的引导和激励，让孩子在快乐中学习，培养他们积极的学习态度和自主学习能力，才能真正促进他们的全面发展。

第五章 6—9 岁（1—3 年级）——学习习惯训练关键期

6—9 岁是孩子学习习惯训练的关键期，通过培养良好的学习习惯，如时间管理、专注力培养和记忆技巧，可以帮助孩子形成高效的学习方式和自律能力，为未来学习和发展打下坚实基础。家长应制订合理的学习计划，营造规律的学习环境，并鼓励孩子积极参与学习活动，以引导孩子逐步形成良好的学习习惯。

· 孩子在这段时期的变化 ·

在 6—9 岁这个阶段，孩子处于认知、情感和社交等多个方面发展的关键阶段，这对于培养良好的学习习惯非常有帮助。

认知发展。孩子开始具备逻辑思维和操作能力，能够进行简单的分类、比较和推理。他们开始能够理解更复杂的概念和问题，并且能够运用这些概念进行学习和解决问题。这种认知能力的提高使得孩子更容易接受并理解学习内容，这也是培养学习习惯的重要基础之一。

兴趣和好奇心。在这个年龄段，孩子对于学习新知识和技能有着天然的兴趣，因此他们更容易投入学习中去，并且愿意花时间和精力去探索和学习。

自我控制和执行功能。在这个年龄段，孩子开始学会管理自己的行为和情绪，能够更好地集中注意力、制订学习计划并坚持完成任务，这对于培养良好的学习习惯至关重要。

模仿和学习行为。孩子开始模仿成年人和其他孩子的学习行为，例如，如何读书、如何记录笔记、如何解决问题等。因此，家长和教师在这个时期的示范作用非常重要，他们的学习行为和态度会对孩子产生深远的影响，有助于孩子形成良好的学习习惯和学习方式。

社交能力和团队意识。孩子开始建立起更加复杂的社交关系，并且逐渐形成了团队意识和合作精神。社会学习理论强调了社交互动对于学习的影响，孩子通过与同龄人和成年人的互动学会了合作、交流和分享。这种社交能力不仅对于社交发展有益，也有助于他们在学习中形成良好的学习态度和习惯，例如，学会倾听他人意见、与他人合作完成任务等。

· 为什么要培养学习习惯 ·

培养6—9岁孩子的学习习惯和能力对于他们的成长和发展至关重要，这不仅能够在学习阶段带来显著的好处，更会对他们的整个人生产生深远的影响。通过培养良好的学习习惯，孩子可以在多个方面受益。

第一，良好的学习习惯可以帮助孩子提高学习效率。在这个年龄段，孩子的学习能力正处于快速发展期，他们对新知识和技能有着天然的好奇心和探索欲望。通过培养良好的学习习惯，如制订学习计划、管理学习时间、培养专注力和记忆技巧等，可以帮助他们更有效地掌握知识，减少学习时间，提高学习成绩。

第二，有助于孩子形成自律和坚持的品质。在学习过程中，孩子需要克服困难、坚持完成任务，这需要一定的自我管理能力和毅力。通过培养学习习惯，如制定明确的学习目标并按计划执行等，可以帮助孩子养成自我约束和自律的能力，培养耐心和毅力，从而更好地面对学习和生活中的挑战。

第三，有助于孩子形成积极的学习态度。在这个阶段，孩子对学习充满了好奇心和热情，通过培养良好的学习习惯，可以帮助他们更积极主动地参与学习，享受学习的过程，从而激发他们的学习潜力和动力，持续进步。

第四，提升孩子的认知能力。通过培养学习习惯，如培养逻辑思维能力、分析和推理能力、问题解决能力等，可以帮助孩子更好地理解和应用学习内容，提升学习的深度和广度，进而全面提升他们的认知水平。

第五，提升孩子的社交与合作能力。在学习过程中，孩子需要与他人合作、交流和分享，通过培养学习习惯，可以帮助孩子更好地与他人合作，建立良好的人际关系，提升社交与合作能力，为未来的学习和生活奠定良好的基础。

· 培养学习习惯的方法 ·

我在教育行业工作已经有 15 年了，培养了很多优秀的学生，积累了很多经验。我懂得如何帮助孩子养成好的学习习惯和自律能力。我相信这些方法和经验能够帮助孩子好好学习，并为他们未来的发展奠定坚实的基础。

创造积极的学习环境。如表 10 所列，家长应设立安静、整洁的学习环境，避免娱乐设备干扰。同时，提供适合孩子年龄和学习阶段的书籍、学习工具。此外，鼓励孩子参加有益的课外活动，丰富他们的学习体验和培养兴趣爱好。

表 10　创造积极的学习环境的方法

方法	目的	具体案例
设立安静、整洁的学习环境	避免娱乐设备干扰，促进孩子专注学习	☆为孩子在家中划出一个专门的学习区域，放置书桌、书架和学习用品 ☆选择远离电视和游戏机的位置
提供适合孩子年龄和学习阶段的资源	满足孩子的学习需求，激发学习兴趣	☆为孩子准备适合其年龄的图书、教具和学习游戏 ☆根据孩子的兴趣选择合适的资源
鼓励参加有益的课外活动	拓宽视野，培养兴趣爱好	☆鼓励孩子参加志愿服务、艺术班、户外探险或体育俱乐部等课外活动，丰富孩子的学习体验和兴趣爱好

示范良好的学习行为。家长作为孩子的榜样，在学习行为上起着至关重要的示范作用（见表 11）。他们应该展示积极的学习态度和方法，例如持续学习、有条理地组织学习时间和任务，并展示解决问题的能力和决心。通过自己的示范，家长可以激发孩子的学习兴趣，让他们愿意模仿和学习良好的学习行为。家长的示范不仅是言传身教，更为孩子提供了实践学习的机会和模板，促使他们逐渐形成积极的学习态度和习惯。

表 11　家长的示范行为

示范行为	描述
持续学习	☆家长展示持续学习的态度，通过阅读、学习新技能或参加课程等方式，让孩子发现学习的乐趣和重要性
有条理地组织学习时间和学习任务	☆家长展示如何合理安排学习时间、制订学习计划、分解任务，以及如何根据任务的重要性和紧急程度来安排学习优先级，帮助孩子建立良好的学习习惯
展示解决问题的能力和决心	☆家长向孩子展示如何面对困难和挑战，如何寻找解决问题的方法和策略以及如何保持决心和坚持到底，培养孩子的自信心和自律能力
提供实践学习的机会和模板	☆家长通过自己的行为和态度，为孩子提供实践学习的机会，让他们通过观察和模仿学习到良好的学习行为和习惯，逐渐形成积极的学习态度和自律能力

提供积极的反馈和奖励。给予孩子积极的反馈和奖励对于培养学习习惯至关重要。这可以是口头表扬、奖励物品或者特别的活动，让孩子感受到学习的乐趣和成就感（见表 12）。心理学研究表明，积极的反馈和奖励可以增强孩子的自信心、学习动力和自我控制能力，有助于他们持续投入学习中去并取得更好的学习成绩。

表 12　提供积极的反馈和奖励的方式

方式	具体示例
口头表扬	☆“你今天的家庭作业做得非常认真，我看得出来你在努力学习。” ☆“哇！你真聪明！看你解数学题那么轻松，真棒！” ☆“你的想法真的很有创意！你找到的解决方法真的非常厉害！”
奖励物品	☆完成作业后，给予一本新书或者一件小玩具作为奖励
特别活动	☆安排一次家庭游览，去参观博物馆或者动物园 ☆举办一个小型庆祝活动，如准备小蛋糕、举办家庭聚餐或者玩一些有趣的游戏

通过以上详细的措施，家长不仅可以帮助孩子养成良好的学习习惯和自律能力，还能够提高他们的学习动力、自信心和解决问题的能力。这些习惯和能力不仅对于孩子的学习效果有积极影响，更能够为他们未来的学习和发展打下坚实的基础，让他们成为有思考力、有创造力、有自信心的学习者。

第六章 9—12 岁（4—6 年级）——学习方法训练关键期

学习方法训练关键期指的是孩子在 9—12 岁，开始系统学习和应用各种学习方法，包括有效的阅读技巧、学习记笔记的方法、问题解决策略、时间管理技能等。这些旨在培养孩子良好的学习方法和学习策略，帮助他们建立高效的学习习惯和自主学习能力。

· 孩子在这段时期的变化 ·

9—12 岁这段时期，孩子的发展呈现出丰富多样的特征，而这些特征共同影响着他们的学习和成长。

认知能力的提升。他们能够进行更复杂的思维活动，如逻辑推理、问题解决和抽象概念的理解。他们的思维逐渐从单纯的具体操作转向了更加抽象和系统化的思考。例如，在数学学习中，他们开始能够应用逻辑推理解决复杂的数学问题；而在科学学科中，他们能够理解更抽象的科学概念和原理。

合作学习能力的培养。孩子开始更好地与同伴合作、交流和分享信息。他们培养了团队合作精神和解决问题的能力，学会了在团队中扮演不同角色，协调合作完成任务。通过合作学习，他们加深了对知识的理解，为未来的学习和职业发展奠定了基础。

· 为什么要掌握学习方法 ·

我们已经知道孩子正在经历这么大的变化，同时也面临着更复杂的学习内容和任务。在这个阶段，掌握良好的学习方法显得尤为重要。

第一，掌握了学习方法能大大提高孩子的学习效率。通过掌握有效的学习方法，孩子学会了如何有目标地学习、制订学习计划，并且学会了管理时间。他们不再浪费时间和精力在无效的学习方式上，而是能够更加系统地学习知识，更高效地完成学习任务。这不仅节省了时间，还提升了学习效果。

第二，培养孩子的自主学习能力。孩子学会了独立选择学习内容和方法，自主解决学习中遇到的问题。他们不再依赖他人的指导，而是能够主动寻找解决问题的途径和方法。这种自主学习意识和能力的培养，使孩子在学习过程中更加独立和自信，也为他们未来的学习和生活打下了坚实的基础。

第三，提升孩子的问题解决能力。他们学会了如何分析和解决学习中遇到的各种问题，寻找资源和信息来解决问题，提升了独立思考和解决问题的能力。这种能力对孩子在学业和日常生活中都具有重要意义，使他们更加灵活和自信地应对各种挑战。

第四，塑造孩子积极的学习态度。他们会更加主动地投入学习，对学习过程感到兴奋，获得学习的成就感，这激发了他们的学习动力和积极性。他们愿意接受新的知识和挑战，对学习充满热情和好奇心。这种积极的学习态度不仅促进了他们在学业上取得更好的成绩，也为他们的个人发展和成长带来了更多的可能性。

第五，帮助孩子建立扎实的学习基础。他们掌握了有效的阅读、记笔记和学习的技巧，能更快地适应新的学习环境和学科，为未来的学习打下了坚实的基础。这种扎实的学习基础有助于他们在学业上取得更好的成绩。

· 帮助孩子掌握学习方法的途径 ·

家长帮助孩子掌握学习方法可以采取多种途径，例如，开展开放式讨论、鼓励实践和反馈、提供资源和工具等方式都是非常有效的。这些方法能够有效地帮助孩子掌握良好的学习方法，进而促进他们取得好的成绩。接下来，我们一起来具体看看这些方法的实施和效果。

开展与孩子的开放式讨论。在这种讨论中，家长可以引导孩子分享自己的学习经验和方法，鼓励他们思考、分析和总结有效的学习方法。这种互动有助于孩子从中汲取经验，并培养他们独立思考和解决问题的能力。同时，通过与孩子的讨论，可以促使他们思考如何更好地组织学习时间、提高学习效率以及应对学习中遇到的困难和挑战。家长可以分享自己的学习策略和技巧，同时也倾听孩子的想法和建议，促进彼此之间的学习交流和互动。

举个例子，你可以问孩子："你觉得怎样才能更好地读懂书呢？"然后你可以分享一些自己的方法，比如先看整体，再逐段深入理解，还可以记些笔记。孩子也可以说说自己的想法，与家长一起讨论如何合理安排学习时间和解决学习中的难题。这样的讨论不仅能帮助孩子学会更好的学习方法，还会拉近你们之间的距离。

鼓励孩子在实践中尝试各种学习方法，并及时给予积极的反馈和指导，是促使他们掌握学习方法的有效手段之一。在实践中观察他们的学习效果，及时给予积极的反馈和指导对于孩子的学习和成长至关重要。家长可以根据孩子的实际情况，调整和优化学习方法，帮助他们更快地掌握有效的学习方式。同时，也要鼓励孩子对自己的学习方法进行反思和总结，促进他们的学习自觉性和自我管理能力的提升。

比如，当孩子学数学时，你可以让他们试试不同的学习方法，先用传统的方法做题，然后用思维导图的方法做题，看看哪种方法更适合他们理解数学知识。如果孩子尝试新方法遇到问题，你可以及时给予帮助和反馈，帮助他们找到最有效的学习方式。这样，孩子就能更快地学会怎么学习并提高学习效果。

为孩子提供适合其年龄和学习阶段的学习资源和工具。这些资源包括书籍、教具、学习软件等，可以帮助孩子更好地理解学习内容，并尝试不同的学习方法和技巧。家长可以根据孩子的兴趣和需求，提供具有挑战性和启发性的学习材料，激发他们的学习兴趣和动力。同时，还可以引导孩子正确使用学习工具，有效地利用电子设备和互联网资源进行学习以及做好学习笔记和总结。

你可以给孩子找些有趣的书籍、学习软件，或者你可以和孩子一起上网找一些适合他们的学习视频或者游戏，让学习变得更加有趣，这样他们就可以更好地记住所学的东西。这些方法可以帮助孩子更快地学会各种学科，让学习变得更有意思。

通过以上途径，家长可以有效地帮助孩子掌握学习方法，促进他们学习能力和学习效果的提升。

第七章　12—15 岁（7—9 年级）
——学习方法实践关键期

孩子在 12—15 岁进入了学习方法实践关键期，因为在初中阶段，学习任务更加繁重，需要掌握有效的学习方法来应对。就像在学习游戏中，进入了一个需要不断尝试和调整的关卡，需要通过实践来提高学习效率和学习成绩。

· 孩子在这段时期的变化 ·

步入初中以后，孩子在学习上面临更大的压力和挑战，包括新的学习环境、学科内容以及更加复杂和深入的知识点。这就像面对一个学习游戏里的难关卡，需要不断调整学习方法，通过实践来提高学习效率和成绩。

认知发展。这个年龄段的孩子不再局限于具体的物体和情境，而是能够运用抽象概念和符号进行思考和学习。这种认知能力的提升可以帮助他们更有效地应用学习方法，理解抽象概念，完成更为复杂的学习任务。

青春期的影响。在青春期这个阶段，孩子的情绪常常起伏不定，甚至出现情绪的极端变化。这种情绪波动可能会影响到他们的学习状态和学习效果。在情绪波动较大的情况下，孩子可能会难以保持专注，容易受到外界干扰和情绪影响，导致学习方法的有效应用受到影响。他们可能会对学习失去兴趣，对学习目标和成就感产生怀疑和动摇。这种情绪状态可能导致学习方法的实践和坚持出现困难。同时，青春期孩子还面临着来自社交等多方面的压力。这些压力也会对他们的情绪状态造成影响。在应对压力时，孩子可能会出现焦虑、紧张等负面情绪，从而影响到学习方法的灵活应用和效果。

当然，对于已经培养好了良好学习习惯和方法的孩子来说，现在是享受红利的时候，他们不需要花费更多的时间和精力，就能应对现在的挑战，取得不错的学习成绩。而对于尚未培养好这些习惯和方法的孩子，也不必过于焦虑和担心，因为现在仍然有时间和机会来补救，具体的方法，我在《规划出来的学业成功之路 转折规划》中提供了详细的说明和指导。

·这个阶段更需要的是家长的情感支持·

在这个时候，很多家长可能不太能帮上学业方面的忙了，所以情感上的支持就变得尤为重要了。这种支持不仅可以帮助孩子建立自信心，还能帮助他们更好地学习和成长。

理解孩子的想法和感受。就像和朋友聊天一样，家长可以和孩子坐下来聊天，问问他们在学习中遇到了哪些难题，感受到了什么样的压力，面对了什么样的挑战。家长要有耐心地听取孩子的想法和感受，给他们足够的表达空间。在倾听的过程中，不仅要听他们说的话，还要尊重他们的选择和决定。这样孩子就会感受到被理解和尊重，更愿意与家长分享他们的想法和烦恼。通过这样的交流，家长能更深入地了解孩子的想法和感受，从而能够更有针对性地提供情感支持，帮助孩子克服学习中的困难和挑战。

共情孩子。家长要站在孩子的角度去感受和理解他们。这并不意味着要完全认同孩子的想法，而是要尝试理解他们的感受，并给予适当的回应和支持。比如，如果孩子觉得数学很难，家长可以说：

“我知道数学有时候确实挺难的，我也遇到过。我们可以一起找一些更简单的计算方法，或者看看有没有更容易理解的解释。”这样就能让孩子感受到家长的理解和支持，鼓励他们保持乐观和积极面对困难。

积极引导。家长可以用积极的话语和行为，鼓励孩子勇敢面对难题和挑战，培养他们的自信心和解决问题的能力。比如在孩子遇到数学难题时，家长可以说：“你可以尝试用不同的方法来解决这个问题，或者先从简单的部分开始做，慢慢加深理解。”又或者，在孩子面对学业压力时，家长可以分享自己曾经的经历，鼓励他们说：“我也曾经遇到过类似的困难，但通过坚持努力和寻找解决方法，我最终克服了困难。”这样的话语和行为能够帮助孩子树立信心和提高解决问题的能力，让他们相信自己有足够的能力去克服学习中的困难，取得成功。

综上所述，家长通过理解、倾听、共情和积极引导等方式，可以给予孩子全面的情感支持，帮助他们树立自信心、克服困难，实现学习和成长的目标。这种情感支持不仅促进了孩子的学习成绩提高，也培养了他们良好的心理素质和人格特质，为他们未来的发展打下了坚实的基础。

第八章　15—18岁（高中阶段）——学习心态稳定关键期

高中阶段的学习压力相比中小学时期要大得多。首先，学科知识的广度和深度大幅增加。在数学方面，除了基础的代数和几何知识外，还要学习更深奥的内容。物理和化学也不再停留在基础实验和原理，而是需要深入理解科学原理和实验操作。语文和英语则要求具备更高层次的阅读和写作能力，能理解和表达更复杂的意思和观点。

其次，高中阶段的学科学习不再是孤立的，而是需要跨学科思维。比如，在科学研究中可能需要结合数学模型分析问题，在语文阅读中需要理解历史和社会背景。这种跨学科的要求增加了学科学习的难度，也提高了对学生知识整合和应用能力的要求。

而高考则更像一座巨大的“大山”，压得孩子喘不过气来。他们不仅要应对学习上的难题，还要承受来自学校、家庭以及社会的期望和压力。这种压力不仅来自外部，还来自内部，学生可能会对自己的能力产生怀疑，担心无法达到期望的成绩，这种心理压力也会影响他们的学习和考试表现。

如果没有在中小学培养良好的学习习惯、掌握高效的学习方法，确实会落后别人一大截，但是不要灰心，现在一切都还来得及。记住一句口诀：“用方法稳定心态，用分科规划保驾护航。”意思就是说，教会孩子正确的学习方法可以让他们保持稳定的学习状态，不被困难击倒。同时，科学地规划孩子的学习内容和时间可以保证他们的学习之路更加顺畅。这两部分内容，我会在后面两本书

《规划出来的学业成功之路　转折规划》《规划出来的学业成功之路　学科规划》中详细说明。

· 延伸阅读 ·

皮亚杰的认知发展理论是关于儿童认知发展的重要理论之一。该理论由瑞士心理学家皮亚杰提出，强调了儿童在认知方面的逐渐成熟和发展过程，认为儿童的认知发展经历了几个阶段，每个阶段都具有显著的特征和能力表现。

第一阶段：感觉运动阶段（0—2 岁）。

这个阶段的关键特征是婴儿通过感觉和动作来认识世界。他们主要通过感觉器官和运动来探索周围环境，开始建立基本的感觉和动作模式，如抓取、吮吸等。他们的思维主要是以感觉和行动为基础的，对于物体的存在和行为的连续性有初步的认知。

第二阶段：前运算阶段（2—7 岁）。

在这个阶段，儿童开始使用语言和符号来表示对象和事件，并开始展示想象和模拟的能力。他们能够发展出一些简单的逻辑思维，但还没有形成具体的操作思维能力。他们的注意力还比较短暂，容易受外部刺激的干扰。

2—3 岁：在这个年龄段，儿童开始展示更加丰富和有目的性的运动能力，如走路更加稳健、爬行更加灵活。他们开始逐渐学会使用简单的语言来表达需求和意图，开始形成简单的句子和短语。他们对于周围环境的探索变得更加主动和有目的性。

3—4 岁：在这个阶段，儿童的语言能力迅速发展，能够说出更加完整和复杂的句子，开始使用第一人称和第二人称代词，并开始理解时间概念，如今天、明天等。他们的想象力和角色扮演能力增强，喜欢模仿成人和动物的行为。

4—5 岁：这个时期的儿童开始展示出对于逻辑和因果关系的理解，他们能够理解简单的问题和解决方法，并开始表现出一定的逻辑思维能力。他们对于身体控制和空间感知也有了更好的掌握，能够进行更复杂的动作和运动。

5—7 岁：在这个阶段，儿童的语言表达能力进一步提高，能够运用更加丰富的词汇和语法结构来描述事物和表达想法。他们开始展示出对于数字和数量的理解，能够进行简单的数学操作，如计数和比较大小。他们的好奇心和求知欲也逐渐增强，开始对周围世界的各种现象产生更多的兴趣和探索欲望。

总体来说，在前运算阶段，儿童经历了语言和认知能力快速发展的过程，从简单的感觉运动到开始理解语言和符号的意义，展示出逐渐增强的逻辑能力和想象能力，为后续形式运算阶段的抽象思维能力的建立奠定了基础。

第三阶段：具体运算阶段（7—11 岁）。

这个阶段的关键特征是儿童开始能够进行逻辑思维，并开始具备一定的组织能力。他们能够进行具体的操作和解决实际问题，开始理解数量、时间、空间等概念，并能够进行逻辑推理。然而，他们的思维还是局限于具体的对象和情境，缺乏抽象思维能力。

7—8 岁：在这个年龄段，儿童的认知能力开始进入具体运算阶段，他们展示出更加成熟和系统性的思维能力。他们开始理解逻辑推理，并能够应用简单的逻辑规则解决问题。他们对于数量、时间以及空间的理解也更加深入，能够进行基本的数学运算和空间推理。

8—9 岁：在这个阶段，儿童的思维变得更加系统和有条理，能够进行更加复杂的问题解决和推理。他们开始展示出对于规则和秩序的理解，能够遵循规则进行活动和游戏，并开始对于科学和社会科学等领域产生兴趣且展开探索。

9—10 岁：这个时期的儿童开始展示出对于抽象概念的理解，他们能够理解公正、真实等抽象概念，并开始展示出一定的道德和伦理意识。他们的思维能力逐渐从具体运算向抽象思维转变，能够进行更加复杂和抽象的推理和解决问题。

10—11 岁：在这个阶段，儿童的认知能力达到了一个新的高度，他们能够进行更加系统和有逻辑性的思考。他们能够理解多步骤的问题和解决方法，并开始展示出独立思考和解决问题的能力。他们对于学习和知识的渴望也达到了一个新的阶段，开始对于各种学科展开深入学习和理解。

总体来说，在具体运算阶段，儿童的认知能力经历了从具体到抽象的转变，从简单的逻辑推理到复杂的问题解决能力的发展，为后续的形式运算阶段的抽象思维能力的建立奠定了基础。这个阶段也是儿童开始逐渐进入学校教育体系，接受更加系统和结构化的知识和教育的重要时期。

第四阶段：形式运算阶段（11—18岁）。

在这个阶段，儿童开始具备抽象思维和逻辑推理的能力，能够处理抽象的概念和符号，并进行系统性的思维。他们能够进行更复杂的问题解决和推理，理解抽象概念，如公正、真实等，并开始展示独立思考和解决抽象问题的能力。

11—12岁：在这个年龄段，儿童开始展示出更加复杂和抽象的思维能力，能够进行系统性的思考和推理。他们能够理解抽象概念，如公正、自由等，并开始展示出对于社会和人类行为的深入理解。他们的思维也逐渐向着更加独立和自主的方向发展，能够独立处理复杂的问题和任务。

13—14岁：在这个阶段，儿童的认知能力进一步提高，能够进行更加复杂和多层次的思维活动。他们能够理解和应用抽象概念，并开始展示出对于未来规划和目标设定的意识。他们对于学习和知识的兴趣也变得更加深入和广泛，开始展示出自主学习和研究的能力。

15—16岁：这个时期的儿童已经进入了青少年阶段，其认知能力进一步提升。他们能够进行复杂的逻辑推理和问题解决，展示出独立思考和创新的能力。他们对于社会和世界的理解也更加深入和全面，开始关注社会问题并思考解决方案。

17—18岁：在这个阶段，儿童即将步入成年，其认知能力已经接近成年水平。他们能够进行高级的抽象思维和复杂的问题分析，展示出独立决策和行动的能力。他们对于未来规划和职业选择也开始有意识地进行思考和准备。

总体来说，在形式运算阶段，儿童的认知能力达到了一个相对成熟和稳定的水平，他们能够进行高级的思维活动和问题解决，展示出独立性和自主性。这个阶段也是儿童开始迈向成年，面临更多社会考验和职业选择的关键时期。

第四部分

学习目标

了解每个年级的学习能力培养目标对做好规划非常关键。针对不同年龄段的孩子制定相应的学习规划能更有效地促进他们的学习成长。同时，了解学习能力培养目标也可以让我们更好地评估孩子的学习表现，帮助孩子取得更好的成绩和发展。

本部分中各学科的学习目标，选自教育部印发的《义务教育课程方案和课程标准（2022 年版）》（简称“课标”）。

第九章　第一学段（1—2 年级）

· 语文的学习目标 ·

【识字与写字】

1. 喜欢学习汉字，有主动识字、写字的愿望。认识常用汉字 1600 个左右，其中 800 个左右会写。

2. 学会汉语拼音。能读准声母、韵母、声调和整体认读音节。能准确地拼读音节，正确书写声母、韵母和音节。认识大写字母，熟记《汉语拼音字母表》。

3. 掌握汉字的基本笔画和常用的偏旁部首，能按基本的笔顺规则用硬笔写字，注意间架结构，初步感受汉字的形体美。努力养成良好的写字习惯，写字姿势正确，书写规范、端正、整洁。

4. 学习独立识字。能借助汉语拼音认读汉字，学会用音序检字法和部首检字法查字典。

【阅读与鉴赏】

1. 喜欢阅读，感受阅读的乐趣。学习用普通话正确、流利、有感情地朗读课文。学习默读。

2. 结合上下文和生活实际了解课文中词句的意思，在阅读中积累词语。认识课文中出现的常用标点符号，在阅读中体会句号、问号、叹号所表达的不同语气。借助读物中的图画阅读。

3. 阅读浅近的童话、寓言、故事，向往美好的情境，关心自然和生命，对感兴趣的人物和事件有自己的感受和想法，并乐于与他人交流。诵读儿歌、儿童诗和浅近的古诗，展开想象，获得初步的情感体验，感受语言的优美。

4. 尝试阅读整本书，用自己喜欢的方式向他人介绍读过的书。养成爱护图书的习惯。

5. 积累自己喜欢的成语和格言警句。背诵优秀诗文 50 篇（段）。课外阅读总量不少于 5 万字。

【表达与交流】

1. 学说普通话，逐步养成说普通话的习惯，有表达交流的自信心。

2. 能认真听他人讲话，努力了解讲话的主要内容。听故事、看影视作品，能复述大意和自己感兴趣的情节。能较完整地讲述小故事，能简要讲述自己感兴趣的见闻。与他人交谈，态度自然大方，有礼貌。积极参加讨论，敢于发表自己的意见。

3. 对写话有兴趣，留心周围事物，写自己想说的话，写想象中的事物。在写话中乐于运用阅读和生活中学到的词语。

4. 根据表达的需要，学习使用逗号、句号、问号、叹号。

【梳理与探究】

1. 观察字形，体会汉字部件之间的关系。梳理学过的字，感知汉字与生活的联系。

2. 观察大自然，参加校园、社区活动，积累活动体验。结合语文学习，用口头或图文等方式整理、表达活动中的见闻和想法。

3. 对周围事物有好奇心，能就感兴趣的内容提出问题，结合其他学科的学习和生活经验交流讨论，尝试提出自己的看法。

在落实以上要求过程中，注重引导学生关注中华优秀传统文化在日常生活中的表现，初步感受中华优秀传统文化的重要价值；初步懂得幸福生活是革命前辈浴血奋战、艰苦奋斗换来的，激发对革命领袖、革命家、英雄人物的崇敬之情。

课标解读：

课标对1—2年级学生的要求旨在全面培养他们的语文能力，涵盖了识字、阅读、表达和探究等多个方面。鼓励主动学习汉字和拼音，掌握基本笔画和部首，并在阅读和表达中获得乐趣和体验。此外，课标还强调了语言运用的实际性，要求学生通过交流、探究和表达来感知语文与生活的联系，培养自信心和好奇心。

规划指导：

家长可以通过创造丰富多彩的语文学习环境来支持孩子的学习。同时，引导孩子积极参与日常生活中的语文活动，培养他们的语言表达和交流能力。家长还可以鼓励孩子通过亲身经历和实践来加深对语文知识的理解和运用。此外，积极倡导亲子阅读和讨论，与孩子共同探讨文学作品、情感体验和生活感悟，促进家庭教育与学校教育有效衔接，帮助孩子在语文学习中更好地成长和发展。

· 数学的学习目标 ·

经历简单的数的抽象过程，认识万以内的数，能进行简单的整数四则运算，形成初步的数感、符号意识和运算能力。能辨认简单的立体图形和平面图形，认识长方形和正方形的特征，体验物体长度的测量过程，认识常见的长度单位，形成初步的量感和空间观念。经历简单的分类过程，能根据给定的标准进行分类，形成初步的数据意识。在主题活动中认识货币单位、时间单位和基本方向，尝试用数学方法解决问题，积累数学活动经验，形成初步的量感和应用意识。

能在教师指导下，从日常生活中提出简单的数学问题，尝试运用所学的知识和方法解决问题。在解决问题的过程中，感悟分析问题和解决问题的基本方法，感受数学在生活中的应用，形成初步的几何直观和应用意识。

对身边与数学有关的事物有好奇心，能参与数学学习活动。在他人帮助下，尝试克服困难，感受数学活动中的成功。了解数学可以描述生活中的一些现象，感受数学与生活有密切联系，感受数学美。能倾听他人的意见，尝试对他人的想法提出建议。

在 1 年级第 1 学期的入学适应期，利用生活经验和幼儿园相关活动经验，通过具体形象、生动活泼的活动方式学习简单的数学内容。这期间的主要目标包括：认识 20 以内的数，会 20 以内数的加减法（不含退位减法）；能辨认物体和简单图形的形状，会简单的分类；解决日常生活中的简单问题；对数学学习产生兴趣并树立信心。

课标解读：

课标针对 1—2 年级的孩子提出了具体的学习目标和内容要求。在这个阶段，孩子将经历简单的数的抽象过程，认识万以内的数，进行简单的整数四则运算。同时，他们也会接触到简单的立体图形和平面图形，认识长方形和正方形特征以及体验物体长度的测量过程。此外，孩子将经历简单的分类过程，根据给定的标准进行分类，并在主题活动中认识货币单位、时间单位和基本方向等概念。

规划指导：

家长可以创造性地利用日常生活中的数学问题，鼓励孩子尝试解决问题，培养他们的数学思维和解决问题的能力。提供具有挑战性但适合孩子水平的数学活动和游戏，激发他们对数学学习的兴趣。给予孩子足够的支持和鼓励，让他们在数学学习中感受到成功和成就感，建立自信心。鼓励孩子表达自己的数学想法和观点，培养他们的数学交流和合作能力。定期与孩子的老师沟通，了解孩子的数学学习进展和需要，共同为孩子的数学学习提供支持和帮助。

· 英语的学习目标 ·

部分地区英语是从 1 年级开始学习的。刚开始接触英语，语言学习以视、听、说为主。要给孩子提供自然、地道的视听语言输入，引导他注意倾听、乐于模仿、大胆表达，在理解意义的前提下，初步积累听说词汇，积极开展简单的日常交流，培养良好的学习习惯。

规划指导：

家长可以提供英语视听材料，帮助孩子接触英语并激发学习兴趣。引导孩子倾听和模仿英语语音，鼓励孩子表达自己的想法和感受，在理解意义的基础上初步积累常用词汇。同时，鼓励孩子在日常生活中用英语进行简单交流，培养孩子应用英语的能力。此外，定期制订英语学习计划，帮助孩子养成良好的学习习惯。

第十章 第二学段（3—4年级）

·语文的学习目标·

【识字与写字】

1. 对学习汉字有浓厚的兴趣，养成主动识字的习惯。累计认识常用汉字2500个左右，其中1600个左右会写。有初步的独立识字能力。能用音序检字法和部首检字法查字典、词典。

2. 写字姿势正确，养成良好的书写习惯。能用硬笔熟练地书写正楷字，做到规范、端正、整洁。用毛笔临摹正楷字帖，感受汉字的书写特点和形体美。

3. 能感知常用汉字形、音、义之间的联系，初步建立汉字与生活中事物、行为的联系，初步感受汉字的文化内涵。

【阅读与鉴赏】

1. 用普通话正确、流利、有感情地朗读课文。初步学会默读，做到不出声，不指读。学习略读，粗知文章大意。

2. 能联系上下文，理解词句的意思，体会课文中关键词句表达情意的作用。能借助字典、词典和生活积累，理解生词的意义。在理解语句的过程中，体会句号与逗号的不同用法，了解冒号、引号的一般用法。

3. 能初步把握文章的主要内容，体会文章表达的思想感情。学习圈点、批注等阅读方法。能对课文中不理解的地方提出疑问，乐于与他人讨论交流。

4. 能复述叙事性作品的大意，初步感受作品中生动的形象和优美的语言，关心作品中人物的命运和喜怒哀乐，与他人交流自己的阅读感受。诵读优秀诗文，注意在诵读过程中体验情感，展开想象，领悟诗文大意。

5. 阅读整本书，初步理解主要内容，主动和同学分享自己的阅读感受。

6. 积累课文中的优美词语、精彩句段，以及在课外阅读和生活中获得的语言材料。背诵优秀诗文 50 篇（段）。养成读书看报的习惯，收藏图书资料，乐于与同学交流。课外阅读总量不少于 40 万字。

【表达与交流】

1. 乐于用口头、书面的方式与人交流沟通，愿意与他人分享，增强表达的自信心。

2. 能用普通话交谈，学会认真倾听，听人说话时能把握主要内容，并能简要转述。能就不理解的地方向人请教，就不同的意见与人商讨。

3. 能清楚明白地讲述见闻，说出自己的感受和想法。讲述故事力求具体生动。能主动参与日常生活中的文化活动，根据不同的场合，尝试运用合适的音量和语气与他人交流，有礼貌地请教、回应。

4. 观察周围世界，能不拘形式地写下自己的见闻、感受和想象，注意把自己觉得新奇有趣或印象最深、最受感动的内容写清楚。能用便条、简短的书信等进行交流。尝试在习作中运用自己平时积累的语言材料，特别是有新鲜感的词句。

5. 学习修改习作中有明显错误的词句。根据表达的需要，正确使用冒号、引号等标点符号。课内习作每学年 16 次左右。

【梳理与探究】

1. 尝试分类整理学过的字词。尝试发现所学汉字形、音、义和书写的特点，帮助自己识字、写字。

2. 学习组织有趣味的语文实践活动，在活动中学习语文，学会合作。结合语文学习，观察大自然，观察社会，积极思考，运用书面或口头方式，并可尝试用表格、图像、音频等多种媒介，呈现自己的观察与探究所得。

3. 能提出学习和生活中的问题，有目的地搜集资料，共同讨论，尝试运用语文并结合其他学科知识解决问题。

在落实以上要求过程中，注重感悟国家通用语言文字的文化内涵，初步认识中华优秀传统文化蕴含的思想和智慧；感悟革命英雄、模范人物的爱国主义情怀和高尚品质，激发向英雄模范学习的意愿和行动，培养对中国共产党和中华人民共和国的朴素情感，增强民族自豪感。

课标解读：

课标明确了3—4年级学生在语文学习方面的具体要求，旨在培养学生全面发展的语文素养和文化内涵。其中，对学生的识字与写字、阅读与鉴赏、表达与交流、梳理与探究等方面提出了详细要求。通过学习汉字、朗读课文、参与语文实践活动等方式，学生将逐步建立起对语言文字的理解和运用能力，同时也能感悟到文化传承和社会责任的重要性。

规划指导：

家长可以从多个角度来支持孩子按照课标的要求发展。首先，可以通过创造丰富多彩的学习环境和激发孩子的学习兴趣，培养他们对汉字学习的浓厚兴趣和自主识字的习惯。其次，关注孩子的写字姿势和书写习惯，引导他们规范书写，感受汉字的艺术美。再次，注重培养孩子的阅读理解能力和表达能力，鼓励他们多读书、多说话，参与讨论和交流。此外，引导孩子参与语文实践活动，结合观察和探究，培养他们的思维能力和合作意识。最后，关注孩子对文化和价值观的感悟，引导他们尊重传统文化、崇尚优秀人物，培养他们的社会责任感和爱国情怀。通过综合指导和支持，可以帮助孩子全面成长，提升他们的语文素养和综合素质。

·数学的学习目标·

认识自然数，经历小数和分数的形成过程，初步认识小数和分数；能进行较复杂的整数四则运算和简单的小数、分数的加减运算，理解运算律；形成数感、运算能力和初步的推理意识。认识常见的平面图形，经历平面图形的周长和面积的测量过程，探索长方形周长和面积的计算方法；了解图形的平移、旋转和轴对称；形成量感、空间观念和初步的几何直观。经历简单的数据收集过程，了解数据收集、整理和呈现的简单方法；理解平均数的意义，会用平均数解决问题；形成初步的数据意识。在主题活动中进一步认识时间单位和方向，认识质量单位，尝试应用数学和其他学科知识与方法解决问题，积累数学活动经验，形成量感、推理意识和应用意识。

尝试从日常生活中发现和提出数学问题，探索分析和解决问题的方法，经历独立思考并与他人合作交流解决问题的过程，会用常见的数量关系和其他学科的知识与方法解决问题，能初步判断结果的合理性；形成初步的模型意识、几何直观和应用意识。

愿意了解日常生活中与数学相关的信息，愿意参与数学学习活动。在他人的鼓励和引导下，体验克服困难、解决问题的成就，体会数学的作用，体验数学美。在学习活动中能提出自己的想法，在与他人交流的过程中，敢于质疑和反思。

课标解读：

课标明确了 3—4 年级学生在数学学习方面的目标和能力要求。其中包括认识自然数、小数和分数，进行较复杂的整数四则运算和简单的小数、分数的加减运算，理解运算律；探索平面图形的周长和面积的测量方法，了解图形的平移、旋转和轴对称等几何概念；掌握简单的数据收集、整理和呈现的方法以及平均数的意义和应用。这些要求旨在培养学生的数感、运算能力、推理意识、量感、空间观念和应用意识，从而打下数学学习的坚实基础。

规划指导：

为了帮助孩子更好地适应这些要求，家长可以采取以下措施：首先，鼓励孩子积极参与各类数学学习活动，例如数学游戏、实际问题探究等，培养他们对数学的兴趣和主动学习的能力；其次，建立良好的学习习惯，包括制订学习计划、定期复习、认真完成作业等，培养孩子的自律意识和责任感；再次，关注孩子的学习态度和情绪，给予他们积极的心理支持和鼓励，帮助他们保持学习的动力和信心；最后，与学校保持密切联系，了解孩子的学习情况和学习需求，与老师共同制订适合孩子的学习计划，共同关注孩子的学习进展。通过家长和学校的共同努力，可以更好地促进孩子在数学学习方面的发展，培养他们的数学思维和解决问题的能力。

· 英语的学习目标 ·

语言能力学段目标

感知与积累：能感知单词、短语及简单句的重音和升降调等；能有意识地通过模仿学习发音；能大声跟读音视频材料；能感知语言信息，积累表达个人喜好和个人基本信息的简单句式；能理解基本的日常问候、感谢和请求用语，听懂日常指令等；能借助图片读懂语言简单的小故事，理解基本信息；能正确书写字母、单词和句子。

习得与建构：在听或看发音清晰、语速较慢、用词简单的音视频材料时，能识别有关个人、家庭，以及熟悉事物的图片或实物、单词、短语；能根据简单指令做出反应；体会英语发音与汉语发音的不同；能借助语音、语调、手势、表情等判断说话者的情绪和态度；能在语境中理解简单句的表意功能。

表达与交流：能围绕相关主题，运用所学语言，进行简单的交流，介绍自己和身边熟悉的人或事物，表达情感和喜好等，语言达意；在书面表达中，能根据图片或语境，仿写简单的句子。

文化意识学段目标

比较与判断：有主动了解中外文化的愿望；能在教师指导下，通过图片、配图故事、歌曲、韵文等获取简单的中外文化信息；观察、辨识中外典型文化标志物、饮食及重大节日；能用简单的单词、短语和句子描述与中外文化有关的图片和熟悉的具体事物；初步具有观察、识别、比较中外文化的意识。

调适与沟通：有与人交流沟通的愿望；能大方地与人接触，主动问候；能在教师指导下，学习和感知人际交往中英语独特的表达方式；能理解基本的问候、感谢用语，并做出简单回应。

感悟与内化：有观察、感知真善美的愿望；明白自己的身份，热爱自己的国家和文化；能在教师指导下，感知英语歌曲、韵文的音韵节奏；能识别图片、短文中体现中外文化和正确价值观的具体现象与事物；具有国家认同感，对中华优秀传统文化感到骄傲。

思维品质学段目标

观察与辨析：能通过对图片、具体现象和事物的观察获取信息，了解不同事物的特点，辅助对语篇意义的理解；能注意到不同的人看待问题是有差异的；能从不同角度观察周围的人与事。

归纳与推断：能根据图片或关键词，归纳语篇的重要信息；能就语篇信息或观点初步形成自己的想法和意见；能根据标题、图片、语篇信息或个人经验等进行预测。

批判与创新：能根据个人经历对语篇内容、人物或事件等表达自己的喜恶；初步具有问题意识，知晓一问可有多解。

学习能力学段目标

乐学与善学：对英语学习感兴趣、有积极性；喜欢和别人用英语交流；乐于学习和模仿；注意倾听，敢于表达，不怕出错；乐于参与课堂活动，遇到困难能大胆求助。

选择与调整：能在教师帮助和指导下，制订简单的英语学习计划；能意识到自己英语学习中的进步与不足，并做出适当调整；能尝试借助多种渠道学习英语。

合作与探究：能在学习活动中尝试与他人合作，共同完成学习任务；能在学习过程中积极思考，发现并尝试解决语言学习中的问题。

课标解读：

课标旨在培养 3—4 年级学生的语言能力、文化意识、思维品质和学习能力。在语言能力方面，学生将通过感知、积累、习得和表达等环节逐步提升英语听说读写能力。文化意识方面，强调了比较、调适、感悟与内化，鼓励学生了解中外文化差异并培养对中华优秀传统文化的认同感。思维品质方面，注重观察、辨析、归纳、推断、批判和创新，旨在培养学生的观察力、思考力和解决问题的能力。学习能力方面，强调了乐学、善学、选择、调整、合作与探究，帮助学生建立积极的学习态度和有效的学习策略。

规划指导：

家长可以通过创设英语学习环境，提供英语音频和视频材料，鼓励孩子模仿英语发音和大声跟读。同时，引导文化体验，通过图片、故事等介绍中外文化差异，提升孩子的文化认知和情感体验。培养孩子的思维品质，鼓励孩子观察周围事物，提问并解决问题，培养批判性思维和创新意识。

第十一章 第三学段（5—6 年级）

· 语文的学习目标 ·

【识字与写字】

1. 有较强的独立识字的能力。累计认识常用汉字 3000 个左右，其中 2500 个左右会写。感受汉字的构字组词特点，体会汉字蕴含的智慧。

2. 写字姿势正确，有良好的书写习惯。硬笔书写楷书，行款整齐，力求美观，有一定的速度。能用毛笔书写楷书，在书写中体会汉字的优美。

【阅读与鉴赏】

1. 熟练地用普通话正确、流利、有感情地朗读课文。默读有一定的速度，默读一般读物每分钟不少于 300 字。学习浏览，扩大知识面，根据需要搜集信息。

2. 能联系上下文和自己的积累，推想课文中有关词句的意思，辨别词语的感情色彩，体会其表达效果。在理解课文的过程中体会顿号与逗号、分号与句号的不同用法。

3. 在阅读中了解文章的表达顺序，体会作者的思想感情，初步领悟文章的基本表达方法。在交流和讨论中，敢于提出看法，做出自己的判断。

4. 阅读叙事性作品，了解事件梗概，能简单描述印象最深的场景、人物、细节，说出自己的喜爱、憎恶、崇敬、向往、同情等感受；阅读诗歌，大体把握诗意，想象诗歌描述的情境，体会作品的情感。受到优秀作品的感染和激励，向往和追求美好的理想。

5. 阅读说明性文章，能抓住要点，了解文章的基本说明方法。阅读简单的非连续性文本，能从图文等组合材料中找出有价值的信息。尝试使用多种媒介阅读。

6. 阅读整本书，把握文本的主要内容，积极向同学推荐并说明理由。

7. 背诵优秀诗文 60 篇（段），注意通过语调、韵律、节奏等体味作品的内容和情感。扩展阅读面，课外阅读总量不少于 100 万字。

【表达与交流】

1. 听人说话认真、耐心，能抓住要点，并能简要转述。乐于表达，与人交流能尊重和理解对方。注意语言美，抵制不文明的语言。

2. 表达有条理，语气、语调适当。参与讨论，敢于发表自己的意见，说清自己的观点。能根据对象和场合，稍做准备，做简单的发言。

3. 懂得写作是为了自我表达和与人交流。养成留心观察周围事物的习惯，有意识地丰富自己的见闻，珍视个人的独特感受，积累习作素材。

4. 能写简单的纪实作文和想象作文，内容具体，感情真实。能根据内容表达的需要，分段表述。学写读书笔记，学写常见应用文。

5. 修改自己的习作，并主动与他人交换修改，做到语句通顺，行款正确，书写规范、整洁。根据表达需要，正确使用常用的标点符号。习作要有一定速度。课内习作每学年 16 次左右。

【梳理与探究】

1. 分类整理学过的字词，发现所学汉字形、音、义和书写的特点，发展独立识字能力和写字能力。

2. 感受不同媒介的表达效果，学习跨媒介阅读与运用，初步运用多种方法整理和呈现信息。

3. 初步了解查找资料、运用资料的基本方法。利用图书馆、网络等渠道获取资料，解决与学习和生活相关的问题。尝试写简单的研究报告。

4. 策划简单的校园活动和社会活动，对所策划的主题进行讨论和分析，学写活动计划和活动总结。对自己身边的、大家共同关注的问题，或影视作品中的故事和形象，通过调查访问、讨论演讲等方式，开展专题探究活动，学习辨别是非、善恶、美丑。

在落实以上要求过程中，注重了解中华优秀传统文化的源远流长、丰富多彩，提升自身中华优秀传统文化修养；感受先贤志士的人格魅力，感悟老一辈无产阶级革命家的英雄气概、优良作风和高尚品质，体会捍卫民族尊严、维护国家利益和世界和平的伟大精神。

课标解读：

课标对5—6年级学生在识字与写字、阅读与鉴赏、表达与交流、梳理与探究等方面有具体要求。他们需要具备独立识字能力，累计认识约3000个常用汉字，其中2500个左右能够书写。同时，他们应该能流利朗读课文，理解上下文，推想课文中的词句意思，并能够区分词语的感情色彩，体会作者的表达效果。在阅读方面，学生需要熟练运用普通话正确、流利、有感情地朗读，默读速度不少于每分钟300字，能够阅读各类说明性文章，并能抓住要点了解基本说明方法。此外，学生要具备正确的写字姿势和良好的书写习惯，能够正确使用常用的标点符号，并能够背诵优秀诗文，积极参与交流和讨论。

规划指导：

为了帮助5—6年级学生达到上述标准，家长可以这样帮助孩子：首先，要注重课外阅读和词汇积累，鼓励孩子多读书，拓展知识面和词汇量。可以通过家庭阅读时间、阅读任务等方式培养孩子的阅读兴趣和习惯。其次，要重视语言表达和交流能力的培养，鼓励孩子参加朗诵比赛、演讲比赛等活动，提高他们的口头表达能力和自信心。同时，家长也可以陪伴孩子一起欣赏优秀的文学作品、电影、纪录片等，引导他们从中获取信息并受到启发，培养对文学艺术的鉴赏能力。另外，要注重写作和表达能力的培养，鼓励孩子多写作、多表达，可以从写日记、作文练习、参加写作比赛等方面入手，帮助他们提高文字表达和写作能力。最后，要与学校保持良好的沟通和合作，关注孩子的学习情况，及时了解他们的学习需求和困难，促进孩子的全面发展。

· 数学的学习目标 ·

经历用字母表示数的过程，认识自然数的一些特征，理解小数和分数的意义；能进行小数和分数的四则运算，探索数运算的一致性；形成符号意识、运算能力、推理意识。探索几何图形面积和体积的计算方法，会计算常见平面图形的周长和面积，会计算常见立体图形的体积和表面积；能用有序数对确定点的位置，进一步认识图形的平移、旋转和轴对称；形成量感、空间观念和几何直观。经历收集、整理和表达数据的过程，会用条形统计图、折线统计图表达数据，并做出简单的判断；理解百分数的意义，了解随机现象发生的可能性；形成数据意识和初步的应用意识。在主题活动和项目学习中了解负数，应用数学和其他学科知识与方法解决问题，积累数学活动经验，形成数感、量感、模型意识、应用意识和创新意识。

尝试在真实的情境中发现和提出问题，探索运用基本的数量关系，以及几何直观、逻辑推理和其他学科的知识、方法分析与解决问题，形成模型意识和初步的应用意识、创新意识。

对数学具有好奇心和求知欲，主动参与数学学习活动。在解决问题的过程中，体验成功的乐趣，相信自己能够学好数学，感受数学的价值，体验并欣赏数学美。初步养成认真勤奋、独立思考、合作交流、反思质疑的习惯。

课标解读：

根据5—6年级课标，学生将在数学学习中经历多个重要阶段。首先，他们会学习字母表示数的方法，同时认识自然数的特征，为后续的数学概念打下基础。随后，学生将探索小数和分数的实际意义，学会进行四则运算并理解数运算的一致性，这将为他们建立数学运算能力奠定基础。另外，学生还将探索几何图形的面积和体积计算方法，并通过数据收集和表达来培养数据意识。整个过程旨在培养学生的符号意识、运算能力、推理意识以及量感、空间观念和几何直观等方面的能力，为其未来的数学学习打下坚实基础。

规划指导：

家长可以通过多样化的学习方法帮助孩子更好地理解和掌握数学知识。可以选择结合实际生活情境的教学方式，让孩子在解决实际问题中体验数学的实际运用。同时，鼓励孩子在学习中发现问题、提出问题，并尝试运用基本数学关系、几何直观、逻辑推理和其他学科知识解决问题，培养他们的问题解决能力和创新意识。此外，家长还应营造积极的学习氛围，让孩子感受到数学学习的乐趣和成就感，相信自己能够学好数学，并培养其认真勤奋、独立思考、合作交流的学习习惯。

· 英语的学习目标 ·

语言能力学段目标

感知与积累：能领悟基本语调表达的意义；能理解常见词语的意思，理解基本句式和常用时态表达的意义；能通过听，理解询问个人信息的基本表达方式；能听懂日常学习和生活中简单的指令、对话、独白和小故事等；能理解日常生活中用所学语言直接传递的交际意图；能读懂语言简单、主题相关的简短语篇，获取具体信息，理解主要内容。

习得与建构：在听或看发音清晰、语速适中、句式简单的音视频材料时，能获取有关人物、时间、地点、事件等基本信息；能识别常见语篇类型及其结构；能理解交流个人喜好、情感的表达方式；能根据图片，口头描述其中的人或事物；能关注生活中或媒体上的语言使用。

表达与交流：能围绕相关主题，运用所学语言，与他人进行简单的交流，表演小故事或短剧，语音、语调基本正确；在书面表达中，能围绕图片内容或模仿范文，写出几句意思连贯的话。

文化意识学段目标

比较与判断：对学习、探索中外文化有兴趣；能在教师引导下，通过故事、介绍、对话、动画等获取中外文化的简单信息；感知与体验文化多样性，能在理解的基础上进行初步的比较；能用简短的句子描述所学的与中外文化有关的具体事物；初步具有观察、识别、比较中外文化异同的能力。

调适与沟通：对开展跨文化沟通与交流有兴趣；能与他人友好相处；能在教师引导下，了解不同文化背景下人们待人接物的礼仪；能注意到跨文化沟通与交流中彼此的文化差异；能在人际交往中，尝试理解对方的感受，知道应当规避的谈话内容，适当调整表达方式，体现出礼貌、得体与友善。

感悟与内化：对了解中外文化有兴趣；能在教师引导下，尝试欣赏英语歌曲、韵文的音韵节奏；能理解与中外优秀文化有关的图片、短文，发现和感悟其中蕴含的人生哲理；有将语言学习与做人、做事相结合的意识和行动；体现爱国主义情怀和文化自信。

思维品质学段目标

观察与辨析：能对获取的语篇信息进行简单的分类和对比，加深对语篇意义的理解；能比较语篇中的人物、行为、事物或观点间的相似性和差异性，并做出正确的价值判断；能从不同角度辩证地看待事物，学会换位思考。

归纳与推断：能识别、提炼、概括语篇的关键信息、主要内容、主题意义和观点；能就语篇的主题意义和观点做出正确的理解和判断；能根据语篇推断作者的态度和观点。

批判与创新：能就作者的观点或意图发表看法，说明理由，交流感受；能对语篇内容进行简单的续编或改编等；具有问题意识，能初步进行独立思考。

学习能力学段目标

乐学与善学：对英语学习有较浓厚的兴趣和自信心；能积极参与课堂活动，注意倾听，大胆尝试用英语进行交流；乐于参与英语实践活动，遇到问题积极请教，不畏困难。

选择与调整：能在教师指导下，制订并完成简单的英语学习计划，及时预习和复习所学内容；能了解自己英语学习中的进步与不足；能在教师指导下，初步找到适合自己的英语学习方法；尝试根据学习进展调整学习计划和策略；能借助多种渠道或资源学习英语。

合作与探究：能在学习活动中与他人合作，共同完成学习任务；能在学习过程中认真思考，主动探究，尝试通过多种方式发现并解决语言学习中的问题。

课标解读：

5—6 年级的孩子应具备领悟基本语调、理解常见词语意思、通过听理解基本表达方式、读懂简短语篇等能力。他们还应对中外文化有兴趣，能感知文化多样性并进行初步比较，同时具备观察辨析、归纳推断等思维品质以及乐学善学、合作探究等学习能力。

规划指导：

家长可以通过关注孩子的语言表达能力、文化体验、思维方式和学习态度来帮助他们获得更好的发展。鼓励孩子参与各种语言实践活动，培养他们的语言表达能力。同时，引导孩子了解不同文化，培养跨文化沟通与理解能力。注重培养孩子的观察力、思考力和创新意识，鼓励他们提出问题、探究学习，培养良好的学习习惯和方法，促进他们在语言、文化、思维和学习能力上均衡发展。

第十二章　第四学段（7—9 年级）

· 语文的学习目标 ·

【识字与写字】

1. 能熟练地使用字典、词典独立识字，会用多种检字方法。累计认识常用汉字 3500 个左右。

2. 写字姿势正确，保持良好的书写习惯。在使用硬笔熟练地书写正楷字的基础上，学写规范、通行的行楷字，提高书写的速度。临摹、欣赏名家书法，体会书法的审美价值。

【阅读与鉴赏】

1. 能用普通话正确、流利、有感情地朗读。养成默读习惯，有一定的速度，阅读一般的现代文，每分钟不少于 500 字。能较熟练地运用略读和浏览的方法，扩大阅读范围。

2. 在通读课文的基础上，厘清思路，理解、分析主要内容，体味和推敲重要词句在语言环境中的意义和作用。对课文的内容和表达有自己的心得，能提出自己的看法，并能与他人合作，共同探讨、分析、解决疑难问题。

3. 在阅读中了解叙述、描写、说明、议论、抒情等表达方式。能区分写实作品与虚构作品，了解诗歌、散文、小说、戏剧等文学样式。

4. 欣赏文学作品，有自己的情感体验，初步领悟作品的内涵，从中获得对自然、社会、人生的有益启示。能对作品中感人的情境和形象说出自己的体验，品味作品中富于表现力的语言。

5. 阅读简单的议论文，能区分观点与材料（道理、事实、数据、图表等），发现观点与材料之间的联系，并通过自己的思考，做出判断。

阅读新闻和说明性文章，能把握文章的基本观点，获取主要信息。阅读科技作品，还应注意领会作品中所体现的科学精神和科学思想方法。阅读由多种材料组合、较为复杂的非连续性文本，能领会文本的意思，得出有意义的结论。

6. 诵读古代诗词，阅读浅易文言文，能借助注释和工具书理解基本内容。注重积累、感悟和运用，提高自己的欣赏品位。背诵优秀诗文 80 篇（段）。

7. 每学年阅读两三部名著，探索个性化的阅读方法，分享阅读感受，开展专题探究，建构阅读整本书的经验。感受经典名著的艺术魅力，丰富自己的精神世界。

8. 随文学习基本的词汇、语法知识，用以帮助理解课文中的语言难点；了解常用的修辞手法，体会它们在课文中的表达效果。了解课文涉及的重要作家作品知识和文化常识。

9. 能利用图书馆、网络搜集自己需要的信息和资料，帮助阅读。学会制订自己的阅读计划，广泛阅读各种类型的读物，课外阅读总量不少于 260 万字。

【表达与交流】

1. 注意对象和场合，学习文明得体地交流。耐心专注地倾听，能根据对方的话语、表情、手势等，理解对方的观点和意图。

2. 自信、负责地表达自己的观点，做到清楚、连贯、不偏离话题。注意表情和语气，根据需要调整自己的表达内容和方式，不断提高应对能力，增强感染力和说服力。

3. 讲述见闻，内容具体、语言生动。复述转述，完整准确、突出要点。能就适当的话题做即席讲话和有准备的主题演讲，有自己的观点，有一定说服力。讨论问题，能积极发表自己的看法，有中心，有根据，有条理；能把握讨论的焦点，并能有针对性地发表意见。

4. 多角度观察生活，发现生活的丰富多彩，能抓住事物的特征，为写作奠定基础。写作要有真情实感，表达自己对自然、社会、人生的感受、体验和思考，力求有创意。

5. 写作时考虑不同的目的和对象。根据表达的需要，围绕表达中心，选择恰当的表达方式。合理安排内容的先后和详略，条理清楚地表达自己的意思。运用联想和想象，丰富表达的内容。正确使用常用的标点符号。

6. 写记叙性文章，表达意图明确，内容具体充实；写简单的说明性文章，做到明白清楚；写简单的议论性文章，做到观点明确，有理有据；能根据生活需要，写常见应用文。能从文章中提取主要信息，进行缩写；能根据文章的基本内容和自己的合理想象，进行扩写；能变换文章的文体或表达方式等，进行改写。尝试诗歌、小小说的写作。

7. 注重写作过程中搜集素材、构思立意、列纲起草、修改加工等环节，提高独立写作的能力。根据表达的需要，借助语感和语文常识修改自己的作文，做到文从字顺。能与他人交流写作心得，互相评改作文，分享感受，沟通见解。作文每学年一般不少于 14 次，其他练笔不少于 1 万字，45 分钟能完成不少于 500 字的习作。

【梳理与探究】

1. 按照一定的标准分类整理学过的字词句篇等语言材料，梳理、反思自己语文学习的经验，努力提高语言文字运用能力，增强表达效果。

2. 学习跨媒介阅读与运用，体会不同媒介的表达特点，根据需要选用合适的媒介呈现探究结果。

3. 自主组织文学活动，在办刊、演出、讨论等活动过程中体验合作与成功的喜悦。关心学校、本地区和国内外大事，就共同关注的热点问题搜集资料，调查访问，相互讨论，能用文字、图表、图画、照片等展示学习成果。

4. 能提出学习和生活中感兴趣的问题，共同讨论，选出研究主题，制订简单的研究计划。能从书刊或其他媒体中获取有关资料，讨论分析问题，独立或合作写出简单的研究报告。掌握查找资料、引用资料的基本方法，分清原始资料与间接资料，学会注明所援引资料的出处。

在落实以上要求过程中，注重理解中华优秀传统文化蕴含的核心思想理念、中华人文精神和传统美德，表达自己作为中华民族一员的归属感和自豪感；体会中国共产党在长期奋斗历程中培育形成的崇高精神和人格风范，体认英雄模范忠于祖国和人民的优秀品质，培育民族气节和爱国主义情怀。

课标解读：

根据课标，7—9年级需要培养孩子使用流畅的普通话朗读和默读的习惯，达到一定速度，并且能够阅读500字以上的现代文。同时，他们也应该能够理解和分析课文内容，区分不同的文学样式，并欣赏文学作品，从中获取对生活的启示和感悟。他们还需要阅读不同类型的文章，包括议论文、新闻、说明性文章、科技作品等，并能理解复杂的非连续性文本。此外，课标还强调语言表达和交流能力的培养，包括写作、演讲、讨论等方面的训练以及独立思考、研究和表达能力的提升。

规划指导：

首先，多读书、多读题、多读解析，培养快速理解和把握文章核心的能力。同时，注重语文基础知识的巩固和提高，包括词汇、语法、修辞手法等，以应对考试中的各种题型。组织孩子参加语文训练营、模拟考试等活动，帮助他们熟悉考试形式和节奏，提高应试能力和心理素质。

其次，强化写作能力。让孩子多练习记叙文、议论文，培养清晰的逻辑思维和表达能力。鼓励孩子多参与课堂讨论和互动，培养自信心和自主学习能力，积极思考和探索问题的解决方法。

· 数学的学习目标 ·

经历有理数、实数的形成过程，初步理解数域扩充；掌握数与式的运算，能够解释运算结果的意义；会用代数式、方程、不等式、函数等描述现实问题中的数量关系和变化规律，形成合适的运算思路解决问题；形成抽象能力、模型观念，进一步发展运算能力。经历探索图形特征的过程，建立基本的几何概念；通过尺规作图等直观操作的方法，理解平面图形的性质与关系；掌握基本的几何证明方法；知道平移、旋转和轴对称的基本特征，理解相关概念；认识平面直角坐标系，能够通过平面直角坐标系描述图形的位置与运动；形成推理能力，发展空间观念和几何直观。掌握数据收集与整理的基本方法，理解随机现象；探索利用统计图表表示数据的方法，理解各种统计图表的功能；经历利用样本推断总体的过程，能够计算平均数、方差、四分位数等基本统计量，了解频数、频率和概率的意义；形成数据观念、模型观念和推理能力。在项目学习中，综合运用数学和其他学科知识与方法解决问题，积累数学活动经验，发展核心素养。

探索在不同的情境中从数学的角度发现和提出问题，综合运用数学和其他学科的知识从不同的角度寻求分析问题和解决问题的方法，能运用几何直观、逻辑推理等方法解决问题，形成模型观念和数据观念。在与他人合作交流解决问题的过程中，能够严谨、准确地表达自己的观点，并能较好地理解他人的思考方法和结论。能够回顾解决问题的思考过程，反思解决问题的方法和结论，形成批判性思维和创新意识。

关注社会生活中与数学相关的信息，主动参与数学活动；在解决数学问题的过程中，能够克服困难，树立学好数学的信心，感受数学在实际生活中的应用,体会数学的价值,欣赏并尝试创造数学美;养成认真勤奋、独立思考、合作交流、反思质疑的学习习惯。

课标解读：

7—9 年级的数学课标要求学生经历有理数、实数的形成过程，初步理解数域扩充，并掌握数与式的运算，能够用代数式、方程、不等式、函数等描述现实问题中的数量关系和变化规律，形成合适的运算思路解决问题。同时，要求学生经历探索图形特征的过程，建立基本的几何概念，掌握基本的几何证明方法，并能够通过平面直角坐标系描述图形的位置与运动，形成推理能力，发展空间观念和几何直观。此外，课标还要求学生掌握数据收集与整理的基本方法，理解随机现象，并能够利用统计图表表示数据、计算基本统计量等。

规划指导：

为了更好地达到7—9年级数学课标的要求，可以参照下面的方法：首先，经常练习各种数学题目，涵盖代数、几何、统计等方面，这有助于培养解决问题的思维和能力。同时，要建立自信心，相信自己能够解决数学问题，克服困难时要保持耐心和毅力。其次，参加数学竞赛或小组学习项目，与同学分享思路和解题方法，可以拓展数学思维和合作能力。再次，尝试从不同的角度理解和解决数学问题，培养批判性思维和创新意识。最后，定期复习和扩展数学知识，保持对数学学习的兴趣和动力，这样就能更好地掌握数学知识，应对学习挑战。

· 英语的学习目标 ·

语言能力学段目标

感知与积累：能识别不同语调与节奏等语音特征所表达的意义；能听懂发音清晰、语速较慢的简短口头表达，获取关键信息；积累日常生活中常用的习惯用语和交流信息的基本表达方式；积累常用的词语搭配；了解句子的结构特征，如句子种类、成分、语序及主谓一致；在收听、观看主题相关、语速较慢的广播影视节目时，能识别其主题，归纳主要信息；能读懂语言简单、主题相关的简短语篇，提取并归纳关键信息，理解隐含意义。

习得与建构：能在听、读、看的过程中，围绕语篇内容记录重点信息，整体理解和简要概括主要内容；能根据听到或读到的关键词对人物、地点、事件等进行推断；能根据读音规则和音标拼读单词；

能归纳学过的语法规则；能辨识和分析常见句式的结构特征；能分析和梳理常见书面语篇的基本结构特征；能用简单的连接词建立语义联系。

表达与交流：能围绕相关主题，运用所学语言，与他人进行日常交流，语音、语调、用词基本正确，表达比较连贯；在书面表达中，能选用不同句式结构和时态，描述和介绍身边的人、事物或事件，表达情感、态度、观点和意图等。

文化意识学段目标

比较与判断：能初步理解人类命运共同体和全人类共同价值的概念；能通过简短语篇获取、归纳中外文化信息，认识不同文化，尊重文化的多样性和差异性，并在理解和比较的基础上做出自己的判断；能用所学语言描述文化现象与文化差异，表达自己的价值取向，认同中华文化；树立国际视野，具有比较、判断文化异同的基本能力。

调适与沟通：能认识到有效开展跨文化沟通与交流的重要性；对具有文化多样性的活动和事物持开放心态；了解不同国家人们待人接物的基本礼仪、礼貌和交际方式；能初步了解英语的语用特征，选择恰当的交际策略；能意识到错误并进行适当的纠正；在人际交往中，学会处理面对陌生文化可能产生的焦虑情绪，增强跨文化沟通与交流的自信心；初步具备用所学英语进行跨文化沟通与交流的能力。

感悟与内化：能理解与感悟中外优秀文化的内涵；领会所学简短语篇蕴含的人文精神、科学精神和劳动价值，感悟诚实、友善等中外社会生活中的传统美德；能自尊自爱，正确认识自我，关爱他人，尊重他人，有社会责任感；能欣赏、鉴别美好事物，形成健康的审美情趣；具有国家认同感和文化自信，有正确的价值观和积极向上的情感态度；有自信自强的良好品格，做到内化于心、外化于行。

思维品质学段目标

观察与辨析：能发现语篇中事件的发展和变化，辨识信息之间的相关性，把握语篇的整体意义；能辨识语篇中的衔接手段，判断句子之间、段落之间的逻辑关系；能发现同类型语篇的相似之处和不同类型语篇的结构特征；能多角度、辩证地看待事物和分析问题。

归纳与推断：能提取、整理、概括稍长语篇的关键信息、主要内容、思想和观点，判断各种信息的异同和关联；能根据语篇推断人物的心理、行为动机等，推断信息之间简单的逻辑关系；能从不同角度解读语篇，推断语篇的深层含义，做出正确的价值判断。

批判与创新：能针对语篇的内容或观点进行合理质疑；能依据不同信息进行独立思考，评价语篇的内容和作者的观点，说明理由；能根据语篇内容或所给条件进行改编或创编。

学习能力学段目标

乐学与善学：对英语学习有持续的兴趣和较为明确的学习需求与目标；有积极主动的学习态度和较强的自信心；能主动参与课内外各种英语实践活动，注意倾听，积极使用英语进行交流，遇到问题主动请教，勇于克服困难；主动学习并积极使用现代信息技术，具备初步的信息素养。

选择与调整：能制订明确的英语学习计划，合理安排学习任务，主动预习和复习；能整理、归纳所学内容，把握重点和难点；能主动反思自己英语学习中的进步与不足，根据问题查找原因并加以解决；能找到适合自己的英语学习方法；能根据学习目标和进展合理调整学习计划和策略；能借助不同的数字资源或平台学习英语。

合作与探究：能在学习活动中积极与他人合作，共同完成学习任务；能在学习过程中积极思考，主动探究，发现并尝试使用多种策略解决语言学习中的问题，积极进行拓展性运用。

课标解读：

7—9 年级旨在培养学生对语言特征的感知与积累能力，包括听懂口头表达、积累常用词语和理解句子结构等方面。同时，学生还需习得与建构语言知识，能在听、读、看的过程中理解主要内容并进行简要概括。此外，培养学生表达与交流的能力，包括日常交流和书面表达以及对文化多样性和文化差异的认知与尊重。

规划指导：

为了达到语言能力学段目标，建议孩子积极参与语言实践活动，如英语角、演讲比赛等，锻炼听力和口语表达能力。同时，多阅读文章，学习归纳、推断和批判性思维，培养语言分析能力和跨文化理解能力。家长和老师可以创造语言学习环境，提供丰富的学习资源和机会，如听力材料、交流场景等，激发孩子的学习兴趣。定期反思学习进展，灵活调整学习计划和策略，培养自主学习和问题解决的能力。最重要的是，鼓励孩子与同学合作，共同探究语言学习中的问题，互相促进，提高学习效率和质量。

第十三章　高中阶段

·语文的学习目标·

学生通过阅读与鉴赏、表达与交流、梳理与探究等语文学习活动，在语言建构与运用、思维发展与提升、审美鉴赏与创造、文化传承与理解几个方面都获得进一步的发展；坚定文化自信，自觉弘扬社会主义核心价值观，树立积极向上的人生理想，为全面发展和终身发展奠定基础。

1. 语言积累与建构。积累较为丰富的语言材料和言语活动经验，形成良好的语感；在已经积累的语言材料间建立起有机的联系，在探究中理解、掌握祖国语言文字运用的基本规律。

2. 语言表达与交流。能凭借语感和对语言运用规律的把握，根据具体的语言情境和不同的对象，运用口头和书面语言文明得体地进行表达与交流；能将具体的语言文字作品置于特定的交际情境和历史文化情境中理解、分析和评价。

3. 语言梳理与整合。通过梳理和整合，将积累的语言材料和学习的语文知识结构化，将言语活动经验逐渐转化为具体的学习方法和策略，并能在语言实践中自觉运用。

4. 增强形象思维能力。获得对语言和文学形象的直觉体验；在阅读与鉴赏、表达与交流、梳理与探究活动中运用联想和想象，丰富自己对现实生活和文学形象的感受与理解，丰富自己的经验与语言表达。

5. 发展逻辑思维。能够辨识、分析、比较、归纳和概括基本的语言现象和文学现象，并能有理有据地表达自己的观点和阐述自己的发现；运用基本的语言规律和逻辑规则，判别语言运用的正误，准确、生动、有逻辑地表达自己的认识；运用批判性思维审视语言文字作品，探究和发现语言现象和文学现象，形成自己对语言和文学的认识。

6. 提升思维品质。自觉分析和反思自己的语文实践活动经验，提高语言运用的能力，增强思维的深刻性、敏捷性、灵活性、批判性和独创性。

7. 增进对祖国语言文字的美感体验。感受祖国语言文字独特的美，增强热爱祖国语言文字的感情。

8. 鉴赏文学作品。感受和体验文学作品的语言、形象和情感之美，能欣赏、鉴别和评价不同时代、不同风格的作品，具有正确的价值观、高尚的审美情趣和审美品位。

9. 美的表达与创造。能运用祖国语言文字表达自己的审美体验，表达自己的情感、态度和观念，表现和创造自己心中的美好形象；讲究语言文字表达的效果及美感，具有创新意识。

10. 传承中华文化。通过学习运用祖国语言文字，体会中华文化的博大精深、源远流长，体会中华文化的核心思想理念和人文精神，增强文化自信，理解、认同、热爱中华文化，继承、弘扬中华优秀传统文化和革命文化。

11. 理解多样文化。通过学习语言文字作品，懂得尊重和包容，初步理解和借鉴不同民族、不同区域、不同国家的优秀文化，吸收人类文化的精华。

12. 关注、参与当代文化。关注并积极参与当代文化传播与交流，在运用祖国语言文字的过程中，坚持文化自信，提高社会责任感，增强为中华民族伟大复兴而奋斗的使命感。

课标解读：

根据高中语文课标，学生应通过阅读与鉴赏、表达与交流等活动，全面发展语言建构与运用、思维发展与提升、审美鉴赏与创造、文化传承与理解等方面的能力。这不仅包括语言材料的积累和言语活动经验的丰富，还要求学生在语言表达、逻辑思维、形象思维、文学鉴赏等方面有所提升，同时增强对祖国语言文字的美感体验，理解和传承中华文化，并关注、参与当代文化的发展。

规划指导：

在高中阶段，语文学习不仅是学科知识的学习，更是培养综合素质和思维能力的重要途径，尤其与高考相关时更显重要。为了帮助高中生在语文学习和高考备考中取得更好的成绩，以下是一些指导建议。

第一，要深入理解高考语文考试的要求和评分标准，包括阅读理解、写作和文学鉴赏等方面。这样能够有针对性地备考，不仅提高答题的准确性，还能更好地把握时间。

第二，要扎实基础知识，包括词汇、语法、修辞手法等。这些基础知识是解答阅读理解、写作和文学鉴赏题目的基础，对于高考至关重要。

第三，多练习高考真题和模拟题，熟悉考试题型和时间管理。通过反复练习，能够提高解题效率和准确性，增强应对考试压力的能力。

第四，注重阅读与写作能力的培养。多读经典文学作品和时事材料，提高理解能力和写作水平，同时注意写作技巧和写作结构。

第五，要提升文学鉴赏能力，多进行文学作品的鉴赏和分析，理解作者意图、情感表达和文学特点，有助于答题时的深度解读。

第六，制订科学的备考计划，合理安排每天的学习时间，保证全面复习和强化训练，避免临时抱佛脚。同时，保持积极乐观的学习态度，对待考试要有信心，遇到困难及时寻求帮助，保持健康的心理状态。

· 数学的学习目标 ·

通过高中数学课程的学习，学生能获得进一步学习以及未来发展所必需的数学基础知识、基本技能、基本思想、基本活动经验（简称“四基”）；提高从数学角度发现和提出问题的能力、分析和解决问题的能力（简称“四能”）。

在学习数学和应用数学的过程中，学生能发展数学抽象、逻辑推理、数学建模、直观想象、数学运算、数据分析等数学学科核心素养。

通过高中数学课程的学习，学生能提高学习数学的兴趣，增强学好数学的自信心，养成良好的数学学习习惯，发展自主学习的能力；树立敢于质疑、善于思考、严谨求实的科学精神；不断提高实践能力，提升创新意识；认识数学的科学价值、应用价值、文化价值和审美价值。

课标解读：

课标旨在培养学生全面发展的数学能力，包括从数学角度发现问题、分析问题、提出问题以及解决问题的能力。同时，还强调了培养学生对数学的兴趣、自信心和自主学习能力以及科学精神、创新意识和实践能力的提升。

规划指导：

首先，建议学生熟悉并掌握高考数学的题型和考点分布。这包括了解各个章节的重点内容、常见题型和解题方法，以便有针对性地进行复习和练习。

其次，建议学生制订合理的学习计划和时间安排。在复习过程中，要注重分层次、有步骤地进行，先从基础知识和基本题型入手，逐步扩展到更难的题目和应用题。

再次，建议学生注重真题练习和模拟考试。通过做真题和模拟考试，可以熟悉考试规则和节奏，发现自己的薄弱环节并加以改进，提高应试能力和心理素质。

又次，建议学生注重思维方法和解题策略的培养。在解题过程中，要注重逻辑性、严谨性和方法的选择，培养良好的数学思维习惯和解题思路。

最后，建议学生保持良好的心态和健康的生活方式。要保持乐观、自信，不断鼓励自己并相信自己的潜力。同时，要合理安排作息时间，保证充足的睡眠和适度的运动，以保持身心健康和良好的学习状态。

· 英语的学习目标 ·

普通高中英语课程的总目标是全面贯彻党的教育方针，培育和践行社会主义核心价值观，落实立德树人根本任务，在义务教育的基础上，进一步促进学生英语学科核心素养的发展，培养具有中国情怀、国际视野和跨文化沟通能力的社会主义建设者和接班人。

基于课程的总目标，普通高中英语课程的具体目标是培养和发展学生在接受高中英语教育后应具备的语言能力、文化意识、思维品质、学习能力等学科核心素养。普通高中英语学科核心素养各要素的发展以三个水平划分，水平描述参见“英语学科核心素养水平划分”（见表 13、表 14、表 15、表 16）。通过本课程的学习，学生应能达到本学段英语课程标准所设定的四项学科核心素养的发展目标。

语言能力目标：具有一定的语言意识和英语语感，在常见的具体语境中整合性地运用已有语言知识，理解口头和书面语篇所表达的意义，识别其恰当表意所采用的手段，有效地使用口语和书面语表达意义和进行人际交流。

文化意识目标：获得文化知识，理解文化内涵，比较文化异同，汲取文化精华，形成正确的价值观，坚定文化自信，形成自尊、自信、自强的良好品格，具备一定的跨文化沟通和传播中华文化的能力。

思维品质目标：能辨析语言和文化中的具体现象，梳理、概括信息，建构新概念，分析、推断信息的逻辑关系，正确评判各种思想观点，创造性地表达自己的观点，具备多元思维的意识和创新思维的能力。

学习能力目标：树立正确的英语学习观，保持对英语学习的兴趣，具有明确的学习目标，能够多渠道获取英语学习资源，有效规划学习时间和学习任务，选择恰当的策略与方法，监控、评价、反思和调整自己的学习内容和进程，逐步提高使用英语学习其他学科知识的意识和能力。

课标解读：

课程旨在培养孩子应具备的语言能力、文化意识、思维品质和学习能力等核心素养，以三个水平划分各要素的发展，并设定了四项学科核心素养的发展目标，包括语言意识和运用能力、文化知识和跨文化沟通能力、思维品质和创新能力以及学习兴趣和跨学科学习能力。

规划指导：

首先，多练习真题是提高成绩的有效途径。通过熟悉历年高考英语真题的题型和考点，学生可以更好地掌握应试技巧和解题方法。

其次，注重听力训练也是至关重要的。高考英语听力占比较大，学生可以通过听英语广播、观看英语新闻等方式提高听力水平，同时做一些听力练习题来提升应试能力。

再次，扩展阅读量对提高阅读理解能力至关重要。学生可以多读英文文章，提高阅读速度和理解能力，从而更好地应对高考阅读部分的挑战。

又次，加强写作练习也是必不可少的。写作是高考英语的重要部分，学生可以多写作文，提高写作能力和表达水平。

最后，要注意加强语法和词汇的学习。良好的语法基础和丰富的词汇量是英语学习的基础，学生应该注重语法知识的掌握和词汇量的积累。

表 13　英语学科核心素养之语言能力水平划分

素养级别	素养 1：语言能力
一级	意识到英语和英语学习与个人发展、国家发展和社会进步的关系，意识到语言与世界、语言与文化和思维之间有联系；具有初步的英语语感。在熟悉的语境中，较为熟练地使用已有的英语语言知识，理解多模态语篇传递的要义、主要信息和意图，辨识语篇的整体结构和文体，根据上下文推断意义；陈述事件，传递信息，表达个人见解和情感，在熟悉的人际交往中，尝试构建恰当的交际角色和人际关系
二级	认识英语和英语学习与个人发展、国家发展和社会进步的密切关系，认识语言与世界、语言与文化和思维之间的紧密联系；具有一定的英语语感，在理解和表达中发挥英语语感的作用。在常见的语境中，较为熟练地整合性运用已有的英语语言知识，理解多模态语篇传递的要义和具体信息，推断作者的意图、情感、态度和价值取向，提炼主题意义，分析语篇的组织结构、文体特征和语篇的连贯性，厘清主要观点和事实之间的逻辑关系，了解语篇恰当表意所采用的手段；有效地陈述事件，传递信息，表达个人观点和情感，体现意图、态度和价值取向，在常见的人际交往中，建构恰当的交际角色和人际关系

续表

素养级别	素养 1：语言能力
三级	深刻认识英语和英语学习与个人发展、国家发展和社会进步的密切关系，深刻认识语言与世界、语言与文化和思维之间的紧密联系；具有较强的英语语感，在英语理解和表达中有效发挥英语语感的作用。在更加广泛的语言情境中，熟练地整合性运用已有的英语语言知识，准确理解多模态语篇传递的要义和具体信息，推断作者的意图、情感、态度和价值取向，提炼并拓展主题意义，解析语篇结构的合理性和语篇主要观点与事实之间的逻辑关系，批判性地审视语篇的内容、观点、情感态度和文体特征，赏析语篇中精彩语段的表意手段；准确、熟练和得体地陈述事件，传递信息，表达个人观点和情感，体现意图、态度和价值取向，在较为广泛的人际交往中，建构恰当的交际角色和人际关系

表 14　英语学科核心素养之文化意识水平划分

素养级别	素养 2：文化意识
一级	能够在明确的情境中根据直接提示找出文化信息；有兴趣和意愿了解并比较具有文化多样性的活动和事物；感知中外文化的差异，初步形成跨文化意识，通过中外文化对比，加深对中国文化的理解，坚定文化自信；了解中外优秀文化，形成正确的价值观；感知所学内容的语言美和意蕴美；能够用所学的英语简单介绍中外文化现象

续表

素养级别	素养 2：文化意识
二级	能够选择合适的方式方法在课堂等现实情境中获取文化信息；具有足够的文化知识为中外文化的异同提供可能的解释，并结合实际情况进行分析和比较；提高跨文化意识，在进行跨文化交流时，能够注意到彼此之间的文化差异，运用基本的跨文化交际策略；尊重和理解文化的多样性，具有国际视野，进一步坚定文化自信；感悟中外优秀文化的精神内涵，树立正确的价值观；理解和欣赏所学内容的语言美和意蕴美；有传播中国特色社会主义文化的意识，能够用所学的英语描述、比较中外文化现象
三级	能够运用多种方式方法在真实生活情境中获取文化信息；基于对中外文化差异和融通的理解与思考，探究产生异同的历史文化原因；具有跨文化意识，能够以尊重文化多样性的方式调适交际策略；领悟世界文化的多样性和丰富性，具有人类命运共同体的意识；分析、鉴别文化现象所反映的价值取向，自觉坚定文化自信；汲取优秀文化，具有正确的价值观、健康的审美情趣和道德情感；能够用所学的英语讲述中国故事，描述、阐释中外文化现象

表 15　英语学科核心素养之思维品质水平划分

素养级别	素养 3：思维品质
一级	注意观察语言和文化的各种现象，通过比较，识别各种信息的异同；根据不同的环境条件，客观分析各种信息之间的关联和差异，发现产生差异的基本原因，从中推断出它们之间形成的简单逻辑关系；根据所获得的信息，提取共同特征，形成新的简单概念，并试用新概念解释新的问题，尝试从另一个角度认识世界；针对所获取的信息，提出自己的看法，并通过简单的求证手段，判断信息的真实性，形成自己的看法，避免盲目接受或否定
二级	主动观察语言和文化的各种现象，通过比较，识别各种信息之间的主次关系；根据不同的环境条件，客观分析各种信息之间的内在关联和差异，发现产生差异的各种原因，从中推断出它们之间形成的逻辑关系；根据所获得的多种信息，归纳共同要素，建构新的概念，并通过演绎，解释、处理新的问题，从另一个视角认识世界；针对所获取的各种观点，提出批判性的问题，辨析、判断观点和思想的价值，并形成自己的观点
三级	正确观察语言和文化的各种现象，通过比较，从错综复杂的信息中，识别关键问题，把握全局；根据不同的环境条件，综合分析各种信息之间的内在关联和存在的各种矛盾，梳理产生这些矛盾的原因，从中推断出它们之间形成的各种逻辑关系；根据所获得的综合信息，归纳、概括内在形成的规律，建构新的概念，并在实践中，用于处理、解决新的问题，从多视角认识世界；针对各种观点和思想的假设前提，提出合理的质疑，通过辨析、判断其价值，做出正确的评价，以此形成自己独立的思想

表 16 英语学科核心素养之学习能力水平划分

素养级别	素养 4：学习能力
一级	认识到英语的重要性；对英语学习感兴趣；有学习动力；有学习计划；掌握英语学习的常用方法和策略；有学好英语的决心和克服困难的意志；虚心学习并向他人求教；有较强的合作精神；了解多种学习资源渠道；积极参与英语学习活动
二级	正确认识英语学习的意义；对英语学习抱有较浓厚的兴趣和较强烈的愿望；有明确的学习目标，能制订并按需调整学习计划；有稳定的学习动机；面对学习困难能分析原因并尝试解决，调节自己的情绪和情感，对英语学习有较强的自信心；能开展课外学习，能利用网络资源等扩充学习内容和信息渠道；开展自主学习和合作学习，反思学习效果并据此优化学习策略和方法，运用英语进行交流和表达
三级	全面和正确认识英语学习的重要意义；对英语学习抱有浓厚的兴趣和强烈的愿望；有长远规划和明确的学习目标，按需制订、调整并优化学习计划；有强烈的学习动机；积极拓宽课外学习资源，通过网络等多种信息渠道获取最新知识，并根据学习需要加以取舍；勇于面对学习困难并加以解决，主动调控心态和情绪，积极反思学习效果，对英语学习有很强的自信心和成就感；善于自主学习和合作学习，举一反三，积极争取和把握各种学习和表现机会，运用英语进行有效沟通和交流

当我们深入理解了每个年级的学习能力培养目标以后，制定针对性的学习规划，才能帮孩子充分发挥他们的潜力，实现他们的学习目标。

第五部分

学期规划

第十四章 制定学期规划

做好学期规划对学习至关重要，它涉及时间管理、目标设定、学习方法选择等多个方面，对孩子的学习效果和学习体验都有着深远的影响。

首先，学期规划有助于孩子精准把控时间。一个学期的时间是有限的，孩子面对的学习任务更是繁重的。通过学期规划，孩子可以将整个学期的学习任务细化成一系列可达成的小目标，并合理安排时间。这样一来，孩子就可以避免拖延和临时抱佛脚的情况，确保每一天都被有效利用，进而提高学习效率。

其次，学期规划可以帮助孩子设定明确的学习目标。每个学期，孩子都应该有自己的学习目标，可以是提高某门学科的成绩，也可以是学习某种技能或知识。这些目标都必须是具体的、可量化的，并且要和孩子的实际能力和水平相匹配。有了明确的目标，孩子的学习将更加有方向性，也更容易评估自己的学习成果，从而保持学习的动力和热情。

再次，学期规划指导孩子选择适合的学习方法。不同的学科和知识点需要不同的学习策略，如阅读、记笔记、听课、讨论等。通过学期规划，孩子能够对自己的学习情况进行深入剖析，选择最适合自己的学习方法，从而提高学习效果和效率。

又次，学期规划也包括对学习资源的合理利用。学习资源包括教材、参考书、网络资源、学习工具等。合理选择和利用这些学习资源，能够帮助孩子更好地完成学习任务，提高学习的质量。

最后，学期规划还能够帮助孩子建立良好的学习习惯和学习态度。一个良好的学期规划需要孩子坚持执行，养成良好的学习习惯，比如按时复习、定时总结、及时解决问题等。同时，孩子还需要保持积极的学习态度，对学习充满热情和动力，不断追求进步。

· 一个学习的重要时间节点 ·

一个学期通常包括开学、期中考试、期末考试、假期等重要时间节点，而其中最为重要的时间管理工具则是日查、周清、月结。把握好这些重要时间点对于规划非常有帮助。

开学标志着新的学期开始，一般是每年的 2 月中下旬和 9 月初。开学前的假期对于孩子来说是宝贵的时间，需要做好提前过渡的规划。这包括调整作息时间、准备新学期的学习用具以及制订学习和生活上的新计划。良好的开学准备可以帮助孩子顺利适应新的学习环境和学习内容，从而开启一个有序、高效的学期。

期中考试，一般是每年的 4 月中下旬和 10 月底 11 月初举行。期中考试是对孩子学习情况的中期检查，也是孩子自我评估和调整学习策略的时机。通过期中考试，孩子可以了解自己在各科目上的学习进度和掌握情况，及时调整学习重点，补充不足，以确保在期末考试时有更好发挥。

期末考试，是对整个学期的学习成果的总结和检验，通常在每年的 1 月中旬和 6 月底举行。孩子在期末考试前需要进行充分的复习和准备。孩子需要对整个学期的知识进行全面回顾和巩固，做好各科目的练习和模拟试题，以确保能够在考试中取得好成绩。

假期（寒假和暑假）则是孩子放松休息、调整状态、逆袭的重要时间段。孩子应充分利用假期的时间，总结好上一学期的不足，为下一学期的学习积累更多的能量和经验。

最后，做好平常的日查、周清、月结是最重要的。这样做可以及时发现问题并加以解决，提高学习效率，实现自我价值的最大化。

· 怎么制定学期规划 ·

为了帮助孩子更好地掌握知识，提升学习效率，通过以下几个步骤来制定并执行一个详尽的学期规划，可以为孩子打造一个有序、高效的学习环境。

第一步，设定学习目标。就是要明确本学期的学习目标，这包括学科成绩目标和技能提升目标。学科成绩目标指的是在各个学科中取得的成绩目标，比如数学达到 80 分、语文达到 85 分等。这些目标应该是具体的、可以量化的，这样才能更清晰地了解自己的目标是什么，也便于后续的评估和调整。同时，技能提升目标也很重要。这个目标可能涉及各种技能，比如阅读能力、写作能力、逻辑思维能力、沟通表达能力等。举个例子，可以设定在本学期提升阅读速度和理解能力，或者提高写作水平，或者提高解决数学问题的能力等。技能提升目标可以帮助孩子在学习中全面发展，不仅仅是为了取得好成绩，更是为了培养综合能力和学习兴趣。总之，设定学习目标时要确保目标具体、可量化，这样才能更好地指导学习计划的制订和执行，也更有利于孩子的学习兴趣和自我监控能力的培养。

第二步，分析现状和需求。这就先要看看孩子的优势，比如哪些科目学得比较好，或者在哪些技能上比较擅长。然后，也要看看孩子的劣势，例如哪些科目需要加强，或者哪些学习习惯需要改进。另外，要检查一下孩子的时间管理能力，看看是不是需要调整一下学习时间的安排。同时，还要考虑这学期可能会遇到的挑战和需求，比如学科的难度增加了，或者需要提升某些技能来应对新的学习要求。通过这样的分析，就能够更有针对性地帮助孩子制订学习计划，提升他们的学习效率和成绩。

第三步，制订学习计划。这需要根据孩子的学习目标和需求，和他们一起确定学习计划的重点。这包括每天、每周的学习安排，比如何时进行复习、预习，安排多少时间完成作业。具体来说，可以使用日程表来安排每天的学习时间，列出具体要做的事情和时间点；也可以用任务清单来记录每天的任务，有条不紊地完成每项学习任务。在制订学习计划时，要考虑到孩子的实际情况和个人习惯，合理安排学习时间，避免过度安排导致孩子感到压力过大或者无法完成任务。同时，也要给孩子一些自主权，让他们参与制订计划的过程，培养他们的学习自觉性和管理能力。这样，你就能更好地引导孩子规划学习，提高他们的学习效率和成绩。

第四步，合理安排时间。也就是把学习计划中的各项任务明确地分配到每日的特定时间段。这样可以让孩子知道每天要做什么，有助于他们建立良好的学习习惯。在合理分配时间时，要考虑任务的重要性和紧急程度，把重要的任务安排在孩子注意力集中的时间段，比如早上和下午。对于需要集中精力的任务，可以设置专门的学习时间段，避免分散注意力导致效率低下。此外，不要把任务安排得太多，应留出适当的时间给孩子休息、放松和进行课外活动。过度安排学习任务可能会增加孩子的压力，影响学习效果。因此，保持学习计划的合理性和灵活性非常重要。最后，要根据孩子的实际情况和反馈及时调整时间安排。如果发现某个时间段任务过多或者孩子感到压力过大，可以适当调整学习计划，重新安排时间，确保孩子有足够的时间和精力去完成任务，并保持良好的学习状态。这样，孩子就能更好地掌控学习进度，提高学习效率，取得更好的学习成绩。

第五步，选择合适的学习方法。根据不同的学科和任务，选择合适的学习方法和策略。比如预习、听课、复习、答题等技巧，要根据实际情况进行灵活运用。更具体的方法在《规划出来的学业成功之路　转折规划》和《规划出来的学业成功之路　学科规划》里面。

第六步，执行和调整。首先，家长应确保孩子按照学习计划执行学习任务，每天每周都要检查学习进度，确保孩子按时按质按量完成任务，并设置一些小目标和奖励机制，激励孩子坚持执行计划。其次，在每天每周结束时，家长和孩子一起进行学习任务的检查和总结。这包括查看完成的作业、复习的内容、掌握的知识点等以及对学习过程的评价和反思。这样可以及时发现问题和不足，为调整学习计划提供依据。如果在执行过程中发现孩子遇到了困难或者学习效果不佳，要及时进行调整。可以和孩子一起讨论出现问题的原因，找出解决方法，并对学习计划进行相应调整。比如，调整学习时间安排、修改学习方法、加强辅导等。最后，要保持学习计划的灵活性和可执行性。制订学习计划是为了帮助孩子好好学习，所以在调整时要考虑孩子的实际情况和能力水平，不要过于苛求完美，要注重孩子的学习体验和情感状态。通过执行和调整，可以帮助孩子更好地掌握学习方法，提高学习效率，保持学习的积极性和兴趣。同时，也可以培养孩子的自主学习能力和解决问题的能力，为他们未来的学习打下良好的基础。

第七步，评估和反馈。在每个学期结束的时候，家长和孩子应该一起对学习目标和计划进行评估。这包括检查孩子是否达到了设定的学习目标，比如在各科成绩上的表现是否达到预期水平以及是否提升了相应的学习技能和能力。在评估过程中，要客观地评价孩子的学习情况，不仅关注学习成绩，还要考虑到孩子的学习态度、自主学习能力、解决问题的能力等。这样可以全面了解孩子的学习情况，为后续的学习提供有效的反馈和指导。在评估的基础上，要及时给予孩子积极的反馈。如果孩子达到了学习目标，要及时表扬和鼓励，增强他们的学习动力和信心；如果发现问题或者需要改进的地方，要给予针对性的建议和指导，帮助孩子找到解决问题的方法，并调整下一阶段的学习计划。通过评估和反馈，可以不断优化孩子的学习计划，提高学习效果，帮助孩子在学习中不断成长和进步。同时，也可以培养孩子的自我评估和反思能力，让他们在学习过程中更加自主和成熟。

当然，前面提到的内容只是学期规划的整体框架和步骤，具体操作需要更加详细的指导。高效的学习方法包括合理的时间管理、科学的学习计划、有效的学习技巧等内容。这些内容将在《规划出来的学业成功之路　转折规划》和《规划出来的学业成功之路　学科规划》里面详细介绍。

结 语

相信读完这本书后，您对如何规划孩子的学习路径应该有了更清晰的认识。在孩子的成长过程中，每位家长都要时刻关注他们的需求和特点，给他们创造一个积极、有趣的学习环境。

孩子的成长是一场精彩而漫长的旅程，他们在不同的年龄阶段面临着各种挑战和发展任务。作为家长，您是孩子成长道路上不可或缺的引路人和支持者。通过本书内容，您可以更加深入地了解孩子的学习需求和心理特点，为他们量身打造合适的学习计划。

记住，每个孩子都有自己独特的天赋和潜能。我们要引导他们发现自己的兴趣，培养自信心和耐心，让他们在学习中快乐成长，收获满满。

最后，希望您能够将本书所述的理念和方法融入孩子的日常教育中，并成为他们学习道路上的坚强后盾和引导者。祝愿您和您的孩子梦想成真，共同创造美好的未来！

规划出来的学业成功之路

张无敌　著

转折规划

河北大学出版社

图书在版编目（CIP）数据

规划出来的学业成功之路．2，转折规划 / 张无敌著．
保定：河北大学出版社，2024．8．-- ISBN 978-7-5666-2462-8

Ⅰ．G632.46

中国国家版本馆CIP数据核字第2024VK2786号

前 言

随着孩子的成长，我们不断见证着他们从稚嫩走向成熟，从依赖家长到独立，而在这漫长的成长旅程中，学习无疑占据了极其重要的地位。每一个学习阶段都伴随着孩子的成长和变化，每一个转折点都承载着他们未来的希望和梦想。

然而，我也深知，在学习的道路上，孩子会遇到各种各样的挑战和困难。幼小衔接的焦虑、小升初的迷茫、初中阶段的学业压力……这些转折点不仅考验着孩子的意志力和适应能力，也对家长提出了更高的要求。

《规划出来的学业成功之路　转折规划》正是基于这样的考虑应运而生。希望通过这本书，与您一起深入探讨孩子在不同学习阶段可能遇到的转折点和挑战，分享我这 15 年的教育经验和成果，同时也为您提供一些实用的解决方案和策略。

在书中，我将详细分析幼小衔接、小升初、初中阶段等关键时期的学习特点和要求，揭示孩子在这些阶段可能出现的困惑和难题。同时，也会通过丰富的案例分析，让您更加直观地了解孩子在学习过程中的真实需求和感受。

更重要的是，我会和您一起探讨如何制订科学的学习计划，如何培养孩子的良好学习习惯和方法，如何帮助孩子更好地应对学习压力和挑战。我希望通过这些内容，为您提供有力的支持和帮助。我们一起为孩子的未来加油助力，让他们在学习和成长的道路上更加自信、坚定和出色。

目 录

第三部分　学习习惯

第四部分　学习方法

第一部分

转折点理论

· 转折点理论的内容 ·

在孩子的学习生涯中，存在一些关键的转折点。它们的存在意味着，即使孩子在某个阶段的学习成绩并不理想，但只要在关键的转折点上付出努力，也能实现学业的进步。

在小学、初中、高中这三个学习阶段中，每个阶段都有其独特的转折点。在小学阶段，转折点可能体现在孩子从基础知识的学习到逐渐建立学习方法和习惯的过程中。如果孩子在这个阶段能够打下扎实的基础，形成良好的学习习惯，那么这将为他们的初中学习奠定坚实的基础。

初中阶段的转折点则更多地体现在孩子对知识点的掌握和应用上。初中学习的知识点相对更加深入和复杂，孩子需要逐渐适应这种变化，并掌握有效的学习方法。如果孩子在这个阶段能够顺利掌握知识点，形成自己的学习体系，那么这将为他们的高中学习提供有力的支持。

到了高中阶段，转折点则更多地体现在孩子对知识的综合运用和解决问题的能力上。高中学习的知识点更加广泛和深入，孩子需要具备较强的思维能力和创新能力才能应对。如果孩子在这个阶段能够突破自己的局限，提升自己的综合素质，那么他们将更有可能在高考中取得优异的成绩。

但是，我发现很多家长对于学习转折点的理解并不深刻，这导致了一个令人担忧的现象：孩子在理应加倍努力的时刻却显得松懈，而在本该适度放松的时段又过度紧张。这种错位的状态往往让孩子错失了很多进步的机会。

因此，家长非常有必要了解孩子学习生涯中的这些转折点（见

表 1），并在这些关键时期给予孩子足够的支持和引导。只有这样，孩子才能在学习的道路上不断前进，实现自己的学业目标。

表 1 转折点理论的分期介绍表

转折点	时间点	关键点
幼小衔接	幼儿园大班末期至 1 年级初期	孩子从幼儿园的以游戏、活动为主的学习模式，过渡到小学的系统、规范的学习模式。这一时期，孩子需要适应新的作息、学习方式、社交环境等
3 年级现象	3 年级	孩子在这个阶段通常会遇到学习上的第一个瓶颈期。学科内容开始变得更加复杂、作业量增加，对孩子的学习能力、自我管理能力有了更高的要求
小升初	6—7 年级	孩子从小学升入初中，面临学习环境、学科内容、学习方式的巨大变化。这一时期，孩子需要适应新的学习环境，建立新的社交圈，同时应对更加复杂和深入的学科知识
7 年级上学期	7 年级上学期	孩子在 7 年级上学期通常会面临学习内容的进一步加深和拓展。同时，青春期的到来也可能带来情感和心理上的变化
8 年级现象	8 年级	8 年级通常是学习上的一个关键时期，增加了物理学科，学习内容加深
中考	9 年级末期	中考是孩子学习生涯中的一个重要转折点，中考成绩决定了孩子能否考上高中，能否考上心仪高中
高中 1 年级	高中 1 年级	高中 1 年级分科是孩子学习生涯中的又一个重要时刻。孩子需要根据自己的兴趣和未来职业规划选择合适的学科方向

但是我想要提醒各位家长，每个孩子的情况都是不同的，因此，家长需要根据孩子的实际情况，灵活调整教育策略，帮助孩子找到适合自己的学习方法和节奏。同时，家长也要保持耐心和信心，相信孩子有能力在关键时刻实现自我突破和超越。

第二部分

转折点规划

为了帮助孩子顺利度过这些关键转折点，我结合多年的教学经验，为每一个阶段提供具体的规划建议。这些建议不仅基于我对教育理论的深入理解，更融合了我在实践中积累的丰富经验和实际案例。我会详细讲解每个阶段的特点，告诉家长在这个阶段孩子可能会遇到哪些问题，并给出具体的解决方法和策略，比如怎样调整学习方法和计划。同时，我也认为家长在孩子学习过程中起着关键作用，所以，也会给出一些亲子学习的建议，帮助家长更好地陪伴和引导孩子，让孩子在学习的道路上更加顺利，不仅要提升他们的学习成绩，更重要的是培养他们的自主学习能力、解决问题的能力以及养成良好的学习习惯。这些能力和习惯，将成为他们未来成功的坚实保障，让他们在人生的道路上更加自信，从容地面对各种挑战。

第一章　幼小衔接的转折

幼小衔接，标志着孩子从幼儿园的无拘无束逐渐过渡到小学的有序学习。所以，做好幼小衔接可以帮助孩子更轻松地适应小学生活，学习也会更顺利。在这个过程中，家长的关心和引导尤为重要，他们可以帮助孩子建立良好的学习习惯和自我管理能力，让孩子更加自信地面对新的学习挑战。

· 幼儿园到小学的变化 ·

要帮助孩子顺利度过幼小衔接这一阶段，首先我们需要深入了解这个过程中的变化。这种变化涉及学习环境、学习内容、学习方式、学习责任以及社交关系等多个方面。只有理解了这些变化，我们才能更好地指导孩子适应新的学习环境和要求。

学习环境的变化。在幼儿园，孩子处于一个充满游戏和探索性质的环境中，老师注重培养孩子的社交能力、基本生活习惯以及观察、模仿、实践等能力。这种环境下，学习的形式更加灵活多样，培养了孩子的好奇心和学习兴趣。而当孩子进入小学，学习环境就会变得更加正式和有序，课程安排更加规律，有着明确的学习目标和任务。这种环境的变化，让孩子开始接触更多的学科和知识领域，学习内容也更加系统和深入。

学习内容的变化。在幼儿园阶段，主要的学习内容是围绕基础的语言、数学、社交技能等展开的，而这种学习往往以玩耍和实践为主，通过游戏和活动来培养孩子的好奇心和学习兴趣。但是，当孩子进入小学，学习内容就会发生明显的变化。小学阶段的学习更加注重基础学科，如语文、数学、英语、科学等，学习内容更加系统和深入，需要孩子逐步建立起扎实的学科基础。

学习方式的变化。在幼儿园，孩子学习的方式主要是以玩耍、观察、模仿为主，通过情感体验和感知认知来获取知识。而在小学，学习方式更加注重课堂学习和自主学习。学生需要掌握阅读、写作、计算等基本技能，并逐渐培养解决问题和合作学习的能力。这种学习方式的改变，也让孩子逐渐从被动接受知识转变为主动获取知识，培养了他们的学习兴趣和学习动力。

学习责任的增加。在幼儿园阶段，学习责任相对较轻，主要是培养孩子的好奇心和学习兴趣。而在小学，学习责任就会增加。孩子需要完成作业、准备考试，并逐渐培养良好的学习习惯和时间管理能力。这种学习责任的增加，让孩子逐渐意识到学习的重要性，培养了他们的学习自觉性和学习自律性。

社交关系的变化。在幼儿园阶段，孩子主要在玩耍和交流中建立社交关系，主要是和同龄朋友与老师互动。而在小学，社交关系就会变得更加丰富和复杂。孩子会遇到更多的同龄朋友，需要学会合作、沟通和解决问题，同时也会面临更多的社交挑战和机会。这种社交关系的变化，让孩子逐渐学会了如何与他人合作、如何与他人交流，培养了他们的社交能力和人际关系。

以上的五点变化具体见表 2 的总结。

表 2　幼儿园到小学的变化情况表

方面	幼儿园	小学
学习环境	游戏和探索性质的学习环境	正式的课堂学习环境
学习内容	基础的语言、数学、社交技能等	更加系统和深入的语文、数学、英语、科学等学科知识
学习方式	玩耍、观察、模仿为主	课堂学习和自主学习相结合，注重基础技能和问题解决能力
学习责任	较轻，培养好奇心和学习兴趣	增加，包括完成作业、准备考试等，培养学习习惯和管理能力
社交关系	主要在玩耍和交流中建立	更丰富，面临更多社交挑战和合作机会

若家长未能妥善处理幼小衔接，孩子可能会在学习上遇到重重困难。

首先，孩子可能会遇到学习上的困难。由于幼儿园和小学的教学方式、学习节奏和内容都有很大的不同，如果孩子没有进行适当的过渡和准备，很可能会感到不适应。他们可能会觉得学习变得更为复杂和困难，难以跟上新的学科进度和学习节奏。这会导致孩子在课堂上感到压力巨大，学习成效不佳。

其次，孩子的学习兴趣可能会下降。面对更为正式和系统的学习方式，孩子可能会觉得学习变得枯燥乏味，失去了原有的学习动力。他们可能会对学习失去兴趣，变得消极被动，甚至产生厌学情绪。

再次，社交方面的变化也可能给孩子带来困扰。进入小学后，孩子需要适应新的社交圈子和交往方式。如果他们无法顺利融入新的集体，可能会与同学之间出现沟通障碍，难以建立良好的人际关系。这会影响孩子的社交能力和情感发展。

最后，我们还需要关注孩子的情绪问题。幼小衔接不良可能引发孩子的焦虑、抑郁等情绪问题。面对新的学习环境和压力，孩子可能会感到不安、紧张和挫败。这些情绪问题不仅会影响孩子的学习效果，还可能对其心理健康产生长期影响。

· 案例分享 ·

案例一：

乐乐不久前换了一所新幼儿园，父母之所以把她送进这里，主要是因为这个幼儿园不但从中班开始就要求写书面家庭作业，而且要学习奥数、珠心算、英语和其他兴趣班。园长向乐乐的父母郑重承诺，经过如此“幼小衔接”后，本园的孩子可以比其他幼儿园的孩子更顺利地完成向小学的过渡，在小学阶段能取得更优异的成绩。这个幼儿园在家园联系栏上一般也都写着当天的家庭作业，包括书写当天学习的两个汉字，写几遍几行都有明确的规定，以及书写1到10之间的所有数字。另外还要求孩子背诵小学1年级语文课本上的一首古诗，并预习新课。然而，乐乐刚去了这所幼儿园一个星期，就跟妈妈说不想去这所幼儿园了。

案例分析：

乐乐换了一所新幼儿园后，面对的教育环境和要求显然与之前的经历有着显著的不同。这所幼儿园不仅从中班开始就布置了书面家庭作业，还涉及奥数、珠心算、英语等多个学科的学习以及其他兴趣班的培养。园长的承诺是，经过这样的“幼小衔接”教育，孩子可以更加顺利地过渡到小学，并在小学阶段取得更好的成绩。

然而，对于乐乐来说，这种高强度、高压力的学习环境可能并不适合她。对于一个幼儿园中班的孩子来说，书写汉字、学习数字以及背诵古诗等任务可能过于繁重，超出了她的年龄和能力范围。这样的教育方式不仅让乐乐感到学习枯燥无味，还可能对她的学习兴趣和积极性产生负面影响。

此外，乐乐在短短一个星期内就表示不想去这所幼儿园了，这很可能是她对这种高强度学习方式的一种抵触和逃避。孩子通常需要在一个相对宽松、自由的环境中成长和学习，过于严格和刻板的教育方式可能会让他们感到压抑和不适。

因此，作为家长，需要认真考虑乐乐的感受和需求。虽然我们都希望孩子能够在未来的学习中取得好成绩，但更重要的是要关注孩子的心理健康和全面发展。如果乐乐确实不适应这种高强度的学习方式，家长可以考虑与幼儿园沟通，寻求更适合孩子的教育方案。同时，也可以尝试引导乐乐发现学习的乐趣，培养她的学习兴趣和自主学习能力，为她未来的学习和成长打下更坚实的基础。

案例二：

小玲在幼儿园时一直是个表现出色的孩子。她聪明伶俐，喜欢参加各种活动，无论是绘画、手工还是游戏，她都能投入其中，积极学习。幼儿园的老师也常常表扬她，说她是班上的小明星。然而，进入小学后，小玲渐渐发现自己的学习兴趣和动力不如以前了。在幼儿园时，她每天都能接触到多样化的学习内容，既有趣又富有启发性。但是到了小学，她发现课程变得单一而枯燥，大部分时间都在学习学科知识和基础技能，让她觉得有些无趣。小玲努力尝试适应这种新的学习方式，但她发现自己越来越难以集中精力在课堂上。她常常分心，想着以前在幼儿园时那些有趣的活动。她的作业也变得马虎，不再像以前那样认真完成。渐渐地，小玲的成绩也开始下滑。她不再是那个总能取得好成绩的孩子，而是变得越来越焦虑和不自信。她开始怀疑自己的能力，甚至对学习产生了抵触情绪。

案例分析：

小玲在幼儿园时期表现优秀，积极参与各种活动，学习态度积极。然而，在进入小学后，她的学习兴趣和动力却出现了明显的下降。造成这一变化的原因是多方面的。

首先，学习环境和学习方式的改变对小玲产生了较大的影响。幼儿园的教育注重游戏化教学，课程内容丰富多彩，包括绘画、手工、游戏等多种活动，这种寓教于乐的方式让小玲觉得学习既有趣又有意义。而进入小学后，教学方式转变为更为正式和系统的学科知识学习，课程内容相对单一，更加注重基础知识的掌握和技能的训练。这种转变让小玲感到不适应，她可能觉得小学的学习变得枯燥无味，缺乏趣味性。

其次，小玲可能面临着心理压力和适应困难。幼儿园和小学是两个截然不同的教育阶段，孩子需要适应新的环境、新的老师和同学以及新的学习要求。对于小玲来说，这种变化可能带来了一定的焦虑和压力。她可能感到自己无法迅速适应新的学习节奏和方式，担心自己的表现不如以前，这种担忧和不安可能进一步影响了她的学习兴趣和动力。

最后，家庭环境和家长的教育方式也可能对小玲产生了一定的影响。家长在孩子的成长过程中扮演着重要的角色，他们的教育方式和态度会直接影响孩子的学习态度和兴趣。如果家长过于强调学习成绩，忽视孩子的兴趣和需求，或者缺乏与孩子的有效沟通，都可能导致孩子对学习产生抵触情绪。

· 如何做好幼小衔接 ·

那么该怎么做好幼小衔接呢？家长可以在以下几个方面努力，帮助孩子更好地适应新的学习环境和要求。

培养孩子的听、读、写能力。这是孩子学习的基础。通过培养孩子的听力，他们可以更好地理解老师在课堂上讲解的内容，从而更好地掌握知识。而读、写能力则是帮助孩子将所学知识转化为文字表达的重要手段，能够加深对知识的理解和记忆。

首先，培养孩子的倾听能力至关重要。家长在与孩子交流时，要保持耐心和专注，让孩子感受到倾听的重要性。同时，可以通过讲故事、播放儿歌等方式，引导孩子认真倾听，并鼓励他们复述所听到的内容。这样不仅可以锻炼孩子的听力，还能提升他们的语言表达和理解能力。

其次，家长要关注孩子的阅读能力的培养。在选择读物时，要根据孩子的年龄和兴趣来挑选，确保内容既有趣又有教育意义。在阅读过程中，家长要耐心指导孩子，帮助他们理解故事情节和内容，并引导他们提出问题和思考。此外，家长还可以设置固定的阅读时间，让孩子养成良好的阅读习惯。

再次，在培养孩子写作能力方面，家长可以从简单的绘画和涂鸦开始，逐渐引导孩子用文字来表达自己的想法和感受。比如可以让孩子尝试写一些简单的日记或故事，并给予积极反馈和建议。同时，家长还可以教孩子正确的书写姿势和笔画顺序，培养他们的书写规范。

又次，家长还可以通过一些日常活动来培养孩子的听、读、写能力。例如，可以带孩子参加一些朗诵比赛或演讲比赛，让他们在实践中锻炼自己的口才和表达能力；也可以组织一些家庭阅读活动，让孩子在家庭中感受到阅读的乐趣和重要性。

最后，家长也要相信孩子的能力，给予他们充分的信任和自由，让他们在成长的道路上更加自信和坚定。

让孩子学会和朋友们相处。孩子入学后需要适应新的朋友圈子，这就需要他们有良好的人际交往能力。如果孩子不善于和同伴交流，或者不会与他人友好相处，遇到问题也不敢向老师求助，那他们可能会感到孤独和沮丧，对学习也失去兴趣。因此，在幼儿园要注重培养孩子的人际交往能力，这对他们的学校生活和主动性发展都很重要。

第一，家长要成为孩子学习的典范。孩子的模仿能力极强，他们会通过观察家长的行为来学习如何与人交往。因此，家长在与他人交流时，应展现出友善、尊重、理解和包容的态度。无论是在家庭聚餐、社区活动还是日常交往中，家长都要用言语和行动向孩子传递积极的交往信号，让孩子从中学到与人相处的智慧和技巧。

第二，为孩子创造多样化的社交环境。家长应积极组织或参与各种集体活动，如家庭旅行、社区义工、兴趣小组等，让孩子有机会接触不同背景、性格和兴趣的人。在这些活动中，鼓励孩子主动发起对话，分享自己的经历和感受，同时也要引导他们学会倾听和尊重他人的观点。此外，家长还可以邀请孩子的同学或朋友来家里玩，为他们提供一个宽松、愉快的社交场所。

第三，家长要注重培养孩子的沟通技巧和表达能力。教孩子如何礼貌地打招呼、提出请求、表达感谢和歉意等，这些都是人际交往中必不可少的技能。此外，引导孩子学习非言语性的沟通方式也同样重要，如眼神交流、面部表情和肢体语言等。这些技巧能够帮助孩子更好地表达自己的想法和感受，也能让他们更准确地理解他人的意图和需求。

第四，培养孩子的同理心和共情能力也至关重要。家长要引导孩子关注他人的情绪和需求，学会换位思考，理解他人的立场和感受。当孩子看到别人难过时，鼓励他们去安慰对方；当别人遇到困难时，提醒孩子主动提供帮助。同时，家长也要教会孩子如何处理冲突和分歧，让他们学会以和平、理性的方式解决问题。

第五，建立孩子的自信心和自尊心也是人际交往能力的关键。家长要给予孩子充分的肯定和鼓励，让他们知道自己的优点和长处。当孩子取得进步时，要及时表扬和奖励；当孩子遇到挫折时，要耐心引导和帮助他们克服困难。同时，家长也要尊重孩子的个性和选择，不要强迫他们去做自己不喜欢的事情，这样才能让孩子在自信和自尊的基础上更好地与人交往。

第六，家长要密切关注孩子的情绪变化和心理需求。当孩子因为人际关系问题而感到沮丧或不安时，家长要及时发现并关心他们的感受。可以与孩子进行深入的沟通，了解他们的想法和需求，给予他们适当的建议和支持。同时，也要教会孩子如何调整自己的情绪和心态，以积极、乐观的态度面对生活中的挑战。

学会遵守规则和完成任务。孩子进入小学后会面对很多新规则，比如要向老师报告、课前要把书摆放整齐等，这对他们来说可能比较难记和遵守，导致他们常常受到批评。同时，学校里的学习也是一项必须完成的任务，但孩子有时候难以意识到这一点。因此，幼儿园需要培养孩子的规则和任务意识，特别是在大班阶段，这有助于孩子更好地适应小学的环境和要求。

首先，家长可以与孩子一起制定家庭规则，并确保孩子明确理解这些规则的意义和重要性。规则应该具体、明确，比如“饭前要洗手”“玩完玩具后要放回原处”等。当孩子遵守规则时，家长要及时给予鼓励和表扬；当孩子违反规则时，家长要耐心引导，让孩子明白自己的错误，并一起寻找改进的方法。

其次，家长可以通过日常生活中的小事来培养孩子的任务意识。例如，可以给孩子分配一些简单的家务任务，如收拾自己的床铺、整理书桌等，并设定明确的时间限制。在孩子完成任务的过程中，家长要给予必要的指导和帮助，让孩子学会如何有效地规划时间和完成任务。

再次，家长还可以与孩子一起模拟小学的学习环境，让孩子提前适应新的规则和任务要求。例如，可以设置一张小课桌，模仿小学的上课场景，让孩子练习课前准备、上课听讲、课后整理等环节。同时，家长可以引导孩子理解学校的规章制度，比如向老师报告、课前把书摆放整齐等，并告诉孩子这些规则的重要性以及如何遵守这些规则。

又次，家长要教会孩子如何面对批评。在孩子进入小学后，难免会因为不熟悉规则或任务完成得不够好而受到批评。家长要引导孩子正确看待批评，把它当作进步的机会，而不是打击自己的信心。同时，家长要鼓励孩子勇敢面对挫折，从失败中吸取教训，不断提高自己的能力和水平。

最后，家长要给予孩子足够的支持和鼓励。在孩子适应新规则和新任务的过程中，难免会遇到困难和挫折。家长要耐心倾听孩子的困惑和担忧，给予积极的建议和指导，让孩子感受到家长的关心和支持。同时，家长要相信孩子的能力，鼓励他们勇敢地面对挑战，不断尝试新的事物。

培养主动积极的态度。在幼儿园，我们要培养孩子自信、积极的态度，让他们对参与活动充满欲望和兴趣。同时，给孩子提供选择、计划和决策的机会，鼓励他们尝试新事物，从中获得成功的体验。有主动性的孩子思维活跃，对学习和人际交往更有信心，他们入学后更容易适应新环境，学习成绩也会更好。

首先，家长要给予孩子充分的自主权，让他们在选择、计划和决策中发挥自己的主动性。比如，在选择玩具或活动时，可以让孩子自己挑选；在安排日常活动时，可以让孩子参与制订计划，甚至可以让他们负责一些简单的家务任务。这样，孩子会感受到自己的价值和能力，从而更加自信地面对生活中的各种挑战。

其次，家长要鼓励孩子尝试新事物，不要因为担心孩子受伤或失败而过分限制他们的探索欲望。当孩子遇到困难和挫折时，家长要给予积极的支持和引导，帮助他们分析问题、找到解决方法，并从中获得成功的体验。这样，孩子会学会面对困难时不退缩、不放弃，积极寻找解决问题的办法。

再次，家长还要学会赞美和鼓励孩子。当孩子取得进步或做出好的行为时，家长要及时给予肯定和表扬，让孩子感受到自己的努力得到了认可。同时，家长也要教会孩子自我激励的方法，让他们学会从内心深处激发自己的积极性和动力。

最后，家长要以身作则，成为孩子学习的榜样。家长自己的态度和行为会潜移默化地影响孩子。因此，家长要保持积极、乐观的心态，面对困难和挑战时要勇于面对、积极解决。这样，孩子才能从家长身上学到如何面对生活中的各种挑战和困难。

培养独立自理的能力。小学生需要自己管理课间和课余时间，自己处理生活事务，因此他们需要具备较强的独立能力。在幼儿园，我们要培养孩子的时间观念和独立意识，让他们知道什么时候该做什么事情，并主动去完成，逐渐减少对成人的依赖。

首先，家长要帮助孩子建立明确的时间观念。可以制定一张简单的时间表，让孩子了解每天需要完成的任务和时间安排。例如，起床、洗漱、吃饭、上学、做作业、睡觉等，都可以设定固定的时间段。这样，孩子就能逐渐养成按时完成任务的习惯，不再过分依赖家长的提醒和催促。

其次，家长要鼓励孩子独立完成生活事务。从简单的穿衣、洗漱开始，逐渐过渡到整理床铺、收拾书包等更复杂的任务。在孩子完成任务的过程中，家长要给予适当的指导和帮助，但也要让孩子学会独立思考和解决问题。当孩子遇到困难时，家长要耐心引导，让他们学会从失败中汲取教训，不断提高自己的独立能力。

再次，家长还要培养孩子的独立意识。在日常生活中，可以让孩子参与一些家庭决策，比如选择晚餐的菜品、安排周末的活动等。这样，孩子就能感受到自己的重要性和责任感，从而更加主动地参与到家庭生活中来。同时，家长也要尊重孩子的选择和决定，给予他们足够的信任和支持，让他们学会独立思考和做出决策。

最后，家长要教会孩子如何管理自己的时间和情绪。小学的生活节奏相对较快，孩子需要学会在有限的时间内高效地完成任务。家长可以教孩子制订学习计划，合理安排学习和娱乐时间，并学会调整自己的情绪，保持积极、乐观的心态。

· 幼小衔接的误区 ·

在整个幼小衔接的过程中，很多家长都会陷入一些误区，导致孩子无法顺利适应新的学习环境。那么，幼小衔接过程中到底存在哪些常见的误区呢？

误区一：将幼小衔接等同于择校。

许多家长认为，只要为孩子选择一所好的学校，幼小衔接的问题就迎刃而解了。但实际上，择校只是幼小衔接的一部分。一个优秀的学校并不意味着所有老师都适合孩子，而一所普通的学校也可能有出色的老师。因此，家长在幼小衔接过程中，除了关注学校的选择外，还应重视与孩子的沟通，了解他们的需求和兴趣，帮助他们适应新的学习环境。

误区二：认为幼小衔接只与大班相关。

幼小衔接并不仅仅是幼儿园大班时期需要关注的问题，它是一个从幼儿园阶段开始，一直持续到小学 1 年级的长期过程。在这个过程中，家长需要逐渐引导孩子适应小学的学习和生活节奏，培养他们的自理能力、社交能力等基本素养。

误区三：过度依赖幼小衔接培训班。

一些家长认为，参加幼小衔接培训班可以让孩子更好地适应小学的学习生活。然而，过度依赖培训班可能会导致孩子对学习产生厌倦感，而且每个孩子的个性和需求都是不同的，一刀切的培训方式可能并不适合所有孩子。因此，家长在选择培训班时，应充分考虑孩子的兴趣和需求，避免盲目跟风。

误区四：过分强调知识学习。

许多家长在幼小衔接阶段过于关注孩子的知识学习，认为只有掌握更多的知识才能让孩子在小学阶段取得好成绩。然而，这种观念是片面的。幼小衔接更重要的是培养孩子的适应能力、学习兴趣和良好的学习习惯。家长应该注重孩子的全面发展，关注他们的身心健康和社交能力等方面的培养。

误区五：过度焦虑。

在幼小衔接阶段，家长往往会对孩子的表现过度焦虑。这种情绪可能会影响到孩子的心理状态，导致他们在面对新的环境和学习任务时感到紧张和不安。因此，家长需要保持平和的心态，给予孩子足够的支持和鼓励，帮助他们建立自信心和积极的心态。

误区六：忽视孩子的个性差异。

每个孩子都有独特的个性和发展特点，他们在幼小衔接过程中的需求和适应能力也会有所不同。因此，家长在幼小衔接过程中应该充分了解孩子的个性特点和发展需求，制订个性化的衔接计划，避免一刀切的做法。

误区七：过度干预和指导。

一些家长在幼小衔接阶段会过度干预孩子的学习和生活，试图为他们安排好一切。然而，这种做法可能会限制孩子的自主性和独立思考能力的发展。家长应该给予孩子适当的自由和空间，让他们学会独立解决问题和应对挑战。

误区八：忽视家庭教育环境。

家庭教育环境对孩子的成长和发展有着至关重要的影响。在幼小衔接阶段，家长应该积极营造良好的家庭教育环境，与孩子共同制订学习计划，帮助孩子养成良好的学习习惯和生活习惯等。同时，家长还应该与学校保持密切沟通，共同促进孩子的全面发展。

误区九：忽视与学校和老师的沟通。

幼小衔接不仅仅是家长和孩子的任务，也需要学校和老师的支持和配合。因此，家长应该积极与学校和老师进行沟通，了解孩子在学校的表现和问题，及时寻求解决方案。通过有效的沟通，家长和学校可以共同为孩子的顺利过渡和发展提供有力的支持。

误区十：学习观念过于功利化。

一些家长在幼小衔接阶段过于注重孩子的学习成绩和竞争力，将学习过程视为一种竞争和比拼。这种过于功利化的学习观念可能会让孩子对学习产生厌倦感，影响他们的学习兴趣和动力。因此，家长应该树立正确的学习观念，注重培养孩子的综合能力，让他们在未来的学习和生活中更加自信和从容。

家长在规划孩子幼小衔接的过程中，一定要避开上面提到的常见的误区，以免给孩子带来不必要的困扰和负面影响。幼小衔接不仅是知识的过渡，更是孩子身心发展的重要阶段。

第二章　3 年级的转折

孩子在升入小学 3 年级后，学习成绩和课堂表现出现显著的下滑现象，被称为“3 年级现象”。在 1—2 年级时，孩子还能够轻松应对学习任务，成绩优秀，但到了 3 年级，随着课程难度的增加和学习要求的提高，很多孩子开始感到力不从心，出现成绩下滑、学习兴趣降低等一系列问题。

如果把孩子的学习过程比作盖房子，那么 3 年级无疑就是地基打造的关键时刻。地基是否稳固，直接关系到将来房子的质量。很多优秀的老师更是直言不讳地说，小学 3 年级是一个重要的分水岭。

· 3 年级发生的变化 ·

3 年级相较于 1—2 年级，学习上的差距可谓质的飞跃。这一转变不仅仅体现在知识难度的提升上，更体现在学习方法、学习习惯以及心理适应等多个方面的显著差异。

首先，学科内容方面有较大的增加和深化。在语文方面，学生开始接触古诗文、成语故事等，这些传统文化元素不仅丰富了学生的阅读体验，更拓宽了他们的文化视野。同时，阅读理解和写作的难度明显增加，要求学生能够更深入地理解文本，并能运用所学知识进行创造性表达。在数学方面，学生开始接触简单的代数，如算式、方程等，这不仅提升了学生的计算能力，还锻炼了他们的逻辑推理和问题解决能力。英语方面则增加了更多的单词和基础语法知识，开始进行简单的对话和阅读理解，让学生逐渐适应英语表达，理解并运用更多的英语表达方式。

其次，学习任务方面也有明显增加。随着课程内容的增多，孩子需要掌握的知识点和技能也相应增加，无论是语文阅读、数学运算还是英语表达，都要求学生付出更多的努力。同时，作业量也有所增加，这要求学生不仅要掌握基础知识，还要能够灵活运用所学知识解决实际问题。

再次，对学习方法和技能的要求提高。相比于 1—2 年级时注重基础知识的掌握和记忆，3 年级的学习更注重培养学生的综合素质。学生需要培养更好的学习习惯和自主学习能力，来应对日益繁重的学习任务。

最后，在学习环境和氛围方面，3 年级学生也面临着显著的变化。相较于低年级时较为轻松、以玩耍为主的学习环境，3 年级的学习氛围逐渐变得更为严肃和专注。孩子需要适应更高的学习要求，将更多的精力投入学习中。同时，随着学习任务的难度增加，学生可能需要更多的支持和指导。家长需要更加关注学生的学习进度和情绪变化，提供及时的帮助和鼓励，以帮助他们更好地适应新的学习环境。

通过上述内容，我们了解了 3 年级与 1—2 年级在诸多方面都有所不同，它们各自的不同之处可参考表 3 的内容。

表 3　3 年级与 1—2 年级学习特点总结表

方面		1—2 年级	3 年级
学科内容	语文	基础阅读和简单写作	古诗文、成语故事，加深阅读和写作难度
	数学	基础算术和简单几何	简单代数和问题解决能力
	英语	基础单词和基本语法	增加单词和基础语法知识，开始进行简单对话和阅读理解
学习任务		掌握基础知识和技能，作业量较少	掌握更多知识点和技能，作业量增加
学习方法与技能		注重基础知识的掌握和记忆	培养学习习惯和自主学习能力
学习环境和氛围		氛围轻松、以玩耍为主的学习环境	严肃和专注的学习氛围，更高的学习要求

· 为什么会出现“3 年级现象” ·

“3 年级现象”的出现，主要是由于孩子在学习、心理和生活环境等方面都发生了显著的变化，而孩子、家长和老师可能都没有及时适应这些变化。

从学习方面来看，3 年级的学习内容相较于 1—2 年级难度有了明显的提升。这些变化要求孩子具备更强的自主学习能力和良好的学习习惯。然而，有一部分孩子在 1—2 年级时过于依赖家长和老师的监督，没有养成良好的学习习惯和自主学习能力，导致在 3 年级时无法适应学习难度的提升，成绩出现下滑。

从心理方面来看，3 年级的孩子开始进入少年期，心理也发生了变化。他们开始有更强的自我意识和学习动机，但同时也可能遇到更多的挫折和困难。如果家长和老师没有及时发现并引导孩子处理这些情绪问题，孩子可能会因为无法适应而产生厌学情绪。

此外，家长方面也存在一些问题。一些家长对于教育形势缺乏明晰的判断，没有根据孩子的实际情况和教育政策的变化来调整教育策略。他们可能过于关注孩子的成绩，而忽略了孩子学习习惯和自主学习能力的培养。同时，一些家长在孩子进入 3 年级后，没有及时调整自己的角色和期望，仍然像 1—2 年级那样过度干预孩子的学习，导致孩子缺乏自主性和独立性。

如果孩子没有及时适应 3 年级带来的变化，那么他们可能会面临一系列严重的问题。

第一，孩子的学习成绩可能会出现大幅度的下滑。进入 3 年级后，学科知识变得更加深入和复杂，如果孩子没有适应这种变化，或者没有找到适合自己的学习方法，那么他们在学习新知识时就会感到吃力，导致作业完成质量差，考试成绩不理想。

第二，孩子可能会逐渐对学习失去兴趣和热情。随着学习任务的加重和难度的提升，如果孩子觉得学习变得困难重重，无法取得明显的进步，他们可能会逐渐对学习产生厌倦和抵触情绪。这种情绪一旦形成，孩子就会变得更加被动和消极，甚至可能产生逃学、厌学等行为。

第三，孩子的学习能力可能会受到长期的制约。3 年级是形成良好学习习惯和掌握基础知识的关键时期，如果这个阶段孩子没有打好基础，那么他们在后续的学习中可能会面临更大的困难。比如，如果孩子的阅读能力、计算能力等基础技能没有得到充分锻炼，那么他们在学习更高层次的知识时就会感到力不从心。

第四，孩子还可能出现一系列的情绪和心理问题。学习困难和压力会让孩子产生焦虑、烦躁、自卑等负面情绪，这些情绪会进一步影响他们的学习和生活。

因此，为了避免“3 年级现象”的出现，需要家长、孩子的共同努力。家长需要了解孩子的实际情况和教育政策的变化，制定合适的教育策略；同时关注孩子的心理变化和学习困难，及时给予指导和帮助。孩子则需要调整自己的学习态度，努力适应新的学习内容和要求。

· 案例分享 ·

案例一：

陶陶妈妈最近真是头疼，老师经常找她去学校，说的都是陶陶的一堆问题：上课走神，作业不交，成绩还一个劲儿往下滑。她跟陶陶聊过，但好像也没啥用。想想陶陶 1—2 年级时，成绩多好呀，每次都拿高分，陶陶妈妈都没怎么操心过，他出门在外是个受欢迎的“别人家的孩子”。那时候，陶陶都是自己学，陶陶妈妈工作忙，也就看看成绩单，觉得儿子挺棒的。

可到了 3 年级，一切都变了。陶陶的数学原来能考 95 分以上，现在突然降到 80 分，语文也差得不行，才 70 多分。陶陶妈妈放假给他补习，发现这孩子很多东西都不会：英语单词背不出来；语文生字没几个会写的，作文也不会写；数学更是一塌糊涂，除法、应用题啥都不会，好像从来没上过课似的。

案例分析：

陶陶在进入 3 年级后，学习成绩出现了明显的下滑，同时伴随上课分心、不完成作业等问题，这就是典型的“3 年级现象”。

首先，陶陶在之前的学习阶段中，成绩一直较为优异，这使得他在 1—2 年级时可能形成了一种固有的学习模式和心态。然而，随着年级的升高，学习内容增多且学习难度也有所增加，而陶陶可能并没有及时适应这种变化。原有学习模式的惯性可能在一定程度上导致了他在 3 年级时的困境。

其次，陶陶可能在学习方法和习惯上存在一些不足。1—2 年级时，他或许能够凭借自己的聪明和记忆力取得好成绩，但随着知识体系的扩展和深化，单纯依靠记忆力已经无法满足学习需求。陶陶可能缺乏有效的学习方法和习惯，如预习、复习、归纳总结等，这导致他在面对新知识时感到困惑和无从下手。

最后，家庭环境和教育方式也可能对陶陶的学习产生了一定影响。陶陶妈妈平时工作繁忙，可能没有足够的时间和精力关注陶陶的学习情况，这在一定程度上削弱了家庭教育的力度。同时，当陶陶出现学习问题时，陶陶妈妈可能缺乏有效的应对策略，这进一步加剧了问题的严重性。

为了解决这些问题，我们需要从多个方面入手。首先，陶陶需要调整自己的学习模式，以适应更高难度的学习内容。其次，家长需要更加关注陶陶的学习情况，及时发现问题并寻求解决方案，让孩子知道学习不是一种负担，而应是一种乐趣和享受。

案例二：

小宇的家庭是典型的“望子成龙型”，所以从幼儿园开始，父母就给他报了好多辅导班，像数学课、英语外教课、作文课这些，一个接一个。别的孩子放学都在玩，小宇就得去上课。周末更是连轴转，兴趣班、补习班排得满满当当，几乎没有喘气的机会。刚开始，小宇还觉得挺新鲜的，加上爸妈的鼓励和夸奖，他也能勉强跟上这快节奏的学习生活，成绩自然也是班里的佼佼者。每次看到成绩单上的“优”，爸妈都笑得合不拢嘴，小宇心里也美滋滋的。但到了3年级，事情就变了。晚上，他坐在书桌前，眼睛盯着书本却一个字也看不进去。周末本该是休息的时候，对小宇来说却是最头疼的，因为还得去上更多的课。上课他不爱举手回答问题了，老走神儿，眼睛盯着窗外发呆，心里想着什么时候能下课。作业也变得拖拖拉拉，以前很快就能完成的题目，现在却要磨蹭到很晚，有时候还要被爸妈责备几句才肯动笔。每当提到学习、考试、辅导班这些词，他就特别反感。小宇也知道爸妈是为他好，但是真的太累了……

案例分析：

小宇的故事，实际上揭示了现代家庭教育中一个普遍存在的问题——过度辅导。这种高强度的学习方式虽然暂时提升了他的学业成绩，但到了3年级，却引发了一系列问题。

首先，小宇面临着巨大的学习压力。长时间的学习和频繁的辅导班让他身心俱疲，缺乏休息和娱乐的时间。这种紧张的学习节奏逐渐消磨了他的学习兴趣和动力，让他对学习感到厌倦。

其次，过度辅导剥夺了小宇自主学习和探索的机会。在辅导班中，他往往是被动地接受知识，缺乏主动思考和探索的空间。这种填鸭式的教学方式使得他在 3 年级时难以适应更高层次的学习要求，导致他在课堂上难以集中注意力，对新知识的学习也显得吃力。

最后，过度辅导还给小宇带来了心理困扰。他发现自己与其他同学相比，学习变得更为吃力，这让他产生了挫败感和自卑情绪。他开始怀疑自己的学习能力，对学习产生了抵触情绪。现在，他对学习几乎失去了兴趣，作业能拖就拖，对书本也毫无兴趣。

综上所述，小宇的案例给我们敲响了警钟。过度辅导真不是个好办法，它会给孩子带来长期的负面影响。作为家长应该关注孩子的全面发展，让他们能自己去探索和学习。只有这样，孩子才能真正学到东西，也才能对学习保持热情。

· 如何防止“3 年级现象”出现 ·

在《规划出来的学业成功之路　学龄规划》中，我们已经了解到，3 年级是学习习惯训练关键期的最后阶段，因此想防止“3 年级现象”出现，一定要抓住这个关键时机。这段时间需要家长引导孩子养成良好的学习习惯，具体要培养哪些习惯，怎么培养，将在本书的第三部分进行详细解释说明。

除了学习习惯，还有下面的这些方面也需要注意到。

首先，了解孩子的学习状况至关重要。这包括评估孩子的学习能力，可以通过了解他们在课堂上的表现、完成作业的速度与准确性以及老师的反馈和学校提供的成绩报告来初步评估。同时，了解孩子的兴趣爱好也非常重要。通过与孩子深入交流，了解他们喜欢做什么、对什么感兴趣，可以为他们选择适合的学习资源和课外活动提供指导。

其次，我们需要考虑短期和长期目标。短期目标应该是具体、可衡量的，例如每周完成一定数量的阅读、提高某个科目的成绩等，有助于孩子保持学习的动力和方向。而长期目标可以是学期末或学年末要达到的学习成绩或技能水平，这些目标可以帮助孩子明确学习方向，并为之付出努力。同时，我们还应该鼓励孩子树立自己的理想，让他们明白学习是实现理想的重要途径，这有助于激发他们的学习热情和内在动力。

再次，我们需要详细安排学习任务，根据孩子的学习目标制订每天的学习计划，包括预习、上课、复习、完成作业等各个环节。这有助于确保学习任务既有挑战性又不过于繁重，并合理安排时间，确保孩子有充足的休息和娱乐时间，避免长时间连续学习引发疲劳和厌学情绪。

又次，还要关注孩子的身心健康。保证孩子有充足的睡眠时间，鼓励他们参加各类体育活动和户外锻炼。在运动中，孩子通过不断挑战自我、克服困难，可以逐渐增强自信心和自尊心，提升自我价值感。同时，体育活动和户外锻炼也有助于提高他们的注意力、记忆力和集中力，缓解学习压力。更重要的是，户外锻炼能让孩子亲近大自然，呼吸新鲜空气，释放情绪，减轻压力，促进身心健康。

最后，加强家校沟通也是非常重要的。家长应与老师保持联系，了解孩子在学校的表现和进步情况，并积极参与学校的家长会、亲子活动等，增进与孩子的亲子关系。定期总结和调整规划也是必要的，与孩子一起回顾学习进度和成果，总结经验和教训，根据孩子的实际情况和学习进度适时调整学习目标和计划，确保规划的针对性和有效性，为孩子的健康成长和全面发展提供有力的支持。

· 需要注意的误区 ·

在孩子 3 年级的学习阶段，家长在教育孩子的过程中，很容易陷入一些误区。

误区一：过度强调超前学习。

许多家长为了让孩子在学业上取得优势，往往过早地引入高年级的知识内容，试图让孩子提前掌握。然而，这种超前学习的做法往往忽略了孩子的认知发展规律和学习兴趣。孩子在没有充分理解和消化当前阶段知识的情况下，被迫接受更高难度的内容，很容易产生挫败感和厌学情绪。这不仅不利于孩子的学习进步，还可能对其未来的学习兴趣和动力产生负面影响。

误区二：过分关注成绩排名。

部分家长常常陷入过分关注孩子成绩排名的误区。他们过分追求孩子在班级或学校的名次，将成绩作为衡量孩子学习成果的唯一标准。然而，这种过分关注成绩的做法往往忽视了孩子的学习过程、学习态度和综合能力的发展。孩子的成绩排名受到多种因素的影响，包括考试难度、题目类型、心态等，单纯追求成绩排名并不能全面反映孩子的学习状况。家长应该更加注重孩子的学习方法和学习态度的培养，帮助他们建立正确的学习观念，提高自主学习能力。

误区三：忽视孩子的情感需求。

在关注孩子学业的同时，家长很容易忽视孩子的情感需求。3 年级是孩子心理发展的关键时期，他们可能会面临各种挑战和困惑，需要家长的关心和支持。然而，一些家长只关注孩子的学习成绩，忽视了与孩子的情感交流和沟通。这样做可能会让孩子感到孤独和无助，影响他们的心理健康和成长。家长应该多关注孩子的情感状态，与他们保持密切的联系和沟通，了解他们的需求和困扰，给予及时的关心和支持。

误区四：过度干预孩子的学习。

有些家长过于干预孩子的学习，从作业到课外辅导都一手包办，不给孩子独立思考和解决问题的机会。这种做法虽然短期内可能让孩子取得好成绩，但长期来看却不利于孩子的自主学习能力和创造力的发展。家长应该学会适当放手，让孩子学会自己管理学习和生活，培养他们的自主性和独立性。

家长在防止“3 年级现象”出现时需要注意避免这些误区。他们应该尊重孩子的成长规律和学习兴趣，关注孩子的学习过程和学习态度，制定合理的期望目标，同时关注孩子的情感需求和心理变化。这样才能更好地帮助孩子度过 3 年级这个关键时期。

第三章　小升初的转折点

6年级作为小学阶段的最后一个年级，它的承上启下的核心地位不容忽视。它既是对小学过去五年学习成果的梳理与强化，又是通往中学学习之路的重要桥梁。6年级更是一场激烈的“开山之战”。一些中学在入学前会进行严格的入学测试，这不仅是对学生小学阶段学习成果的全面检验，更是通往理想初中的必经之路。对于有直升名额或特殊班级的学校而言，这场考试的重要性更是不言而喻。

· 6年级发生的变化 ·

实际上，孩子们心里很清楚，这一年和往常很不一样，对他们来说，最大的难题就是如何面对升学的压力。其中，成绩作为衡量学生能力和水平的重要指标，自然变成了升学压力的重要来源。小升初考试的成绩，直接关系到学生能否进入心仪的初中和班级。因此，每一次的测试、作业以及课堂表现，都成为孩子格外关注的焦点。他们担心自己的成绩不够理想，会错失进入好学校的机会，这种焦虑感给他们带来了不小的压力。

同时，家长的期望也是孩子的压力来源。家长都希望自己的孩子能够进入一所优秀的初中。因此，他们会对孩子的学习提出更高的要求，希望孩子能够取得更好的成绩。这种来自家庭的期望，无形中增加了孩子的压力，使他们感到必须达到家长的期望，否则就会让家人失望。

另外，在6年级这个阶段，孩子开始更加清晰地感受到同学之间的竞争关系。他们希望在考试中取得好成绩，以此证明自己的实力和能力。这种竞争心理虽然可以激发孩子的学习动力，但同时也给他们带来了不小的心理压力。

如果没有办法帮孩子及时疏解这些压力，孩子会面临以下这些情况。

学习动力不足。小升初考试和升学压力如影随形，让孩子对考试成绩过度在意，害怕失败，学习动力逐渐减弱。这种长期的焦虑状态会影响他们的学习效率。同时，长期的压力和焦虑下，一些孩子开始觉得学习变得枯燥无味，对学习内容失去兴趣，积极性大幅下降，甚至产生消极情绪和抵触心理。

亲子关系紧张。家长对孩子学习的高期望和严格要求，往往给孩子带来沉重的心理负担。家长的过度关注、指责和批评，容易让孩子感到压抑，甚至导致家庭氛围变得紧张。

同伴关系问题。同学之间的竞争日益加剧，孩子们之间可能会出现攀比心理、嫉妒情绪和竞争压力。这种竞争可能导致同伴之间关系紧张，甚至出现冲突和矛盾，影响学习和生活的和谐。

自我价值感受挑战。如果孩子的学习成绩无法达到自己或家长的期望，可能会对其自我价值感受造成挑战。他们可能会产生自我怀疑、自卑感和失落感，降低自信心和自尊心，影响个人发展和心理健康。

· 案例分享 ·

案例一：

小元在6年级的时候，父母就把他送到了爷爷奶奶家。奶奶曾是位小学老师，她把小元看成是个什么都需要家长管的小孩子。尤其是在学习上，小元奶奶总是把一切都安排得妥妥帖帖。小元每次做作业的时候，奶奶都会坐在小元旁边。有时候小元想要试着自己做一些习题，还没等他思考，陪伴在身边的奶奶就会指出他的错误，同时告诉他正确的做法，这让小元的学习变得非常被动，也形成了依赖性。有时候小元也会提出来自己要先思考，但是只要看到小元思考了一会儿后还没有结果，奶奶就等不及了。她会及时告诉他答案，以保证他能快速完成作业。在这样的情况下，作业上的事情有了奶奶操心，小元干脆不管不顾了。有时候他甚至不去记今天要做的作业是哪些——反正不记得了，奶奶会帮他打电话询问。在这样的"包办"方式下学习，小元的学习积极性慢慢消失了，凡事都依赖奶奶。从奶奶家回来后，失去了依赖，他的成绩一落千丈。

案例分析：

在小元的学习过程中，过度依赖成了一个显著的问题。奶奶曾是位小学老师，对小元的学习投入了大量的心血，但这种全面的介入实际上剥夺了小元独立思考和解决问题的机会。每当小元做作业时，奶奶都会坐在他旁边，即时指出错误并告诉他正确答案。这种"即时反馈"的方式让小元逐渐形成了对奶奶的强烈依赖，使得他在遇到学习难题时不再主动思考，而是等待奶奶的指导。长期下来，小元的思维能力得不到充分锻炼，学习上的自主性和主动性也逐渐丧失。

与此同时，奶奶的"包办"方式也导致了小元学习动力的丧失。在奶奶的帮助下，小元几乎不需要付出努力就能完成作业，这种轻松的学习方式让他对学习失去了热情和动力。他不再关注自己的学习成果和进步，也不再思考如何提高自己的学习能力。这种缺乏学习动力的状态，使得小元在学习上难以取得持续进步。

另外，自主性缺失也是小元面临的一个重要问题。在奶奶的“包办”下，小元失去了独立解决问题的能力。每当遇到问题时，他习惯于依赖奶奶的指导，而不是自己尝试去解决。这种依赖性让小元在面对学习中的困难时显得手足无措，不知道如何应对。同时，他也失去了自主安排学习计划和时间的机会，导致学习变得被动和盲目，无法有效地利用时间和资源来提高学习效率。

案例二：

强强是个 6 年级的小学生，他虽不太擅长和人交流，但学习一直很努力。他的爸爸妈妈希望他能进入市里的好初中，这样他以后的学习会更有保障。为了实现这个目标，爸爸妈妈给强强报了很多补习班，还请了家教来教他。但强强对这些都不太感兴趣，他觉得很累，压力也越来越大。小升初考试的日子终于到了，强强紧张得不得了。他担心自己考不好，让爸爸妈妈失望。结果，因为太紧张了，他数学试卷都没做完，英语也犯了很多小错误。最后，强强的成绩比平时的要低了 20 多分，没能进入他想去的好初中。他特别难过，觉得自己很失败。而爸爸妈妈也很失望，不明白为什么付出了这么多，却没有得到想要的结果。

案例分析：

通过强强这个案例，可以发现几个非常明显的问题。首先，家庭期望过高成为他面临的首要挑战。强强的父母对他寄予了极高的期望，希望他能进入顶尖的重点初中。然而，这种期望忽略了强强个人的实际情况和兴趣所在，给他带来了沉重的心理负担。每当面对考试时，他都会感到异常紧张，而这种紧张情绪进一步影响了他的发挥。同时，父母的高期望往往伴随着严厉的管教和频繁的对比，导致强强因为成绩未达到父母要求的标准而频繁受到责备，自信心受到严重打击。

其次，缺乏有效沟通也是强强面临的一个重要问题。强强与父母之间的沟通并不顺畅，他很少主动表达自己的想法和感受，而父母也往往因为忙碌而忽略了对他的倾听。这种缺乏有效沟通的状态导致强强内心的压力和困惑无法及时得到解决，问题逐渐积累，最终影响了他的学习状态和考试成绩。

最后，学习方法不当也是强强面临的一个关键问题。在学习过程中，他盲目地跟随补习班的进度，没有根据自己的实际情况进行调整和优化。这种学习方法不仅让他感到疲惫不堪，还导致他的学习效果不佳。尽管他在某些科目上投入了大量的时间和精力，但成绩却没有明显提升。

以上这两个案例，无论是小元还是强强，他们的经历都是对家庭教育方式的一次深刻反思。作为家长，我们应当在关爱与放手之间找到平衡，让孩子在自由与责任中成长，最终成为独立、自信、有担当的人。

· 如何做好小升初的准备 ·

我在《规划出来的学业成功之路　学龄规划》中提到 4—6 年级是学习方法训练关键期，如果到了 6 年级还有学习方法上的问题，一定要在这个时候解决。具体的学习方法可以看本书的第四部分。另外，孩子还需要注意以下几方面。

首先，孩子需要保持冷静和平常心。面对考试失利或挫折时，保持冷静的心态非常重要。不要过分沉湎于失败或焦虑中，而是要冷静分析考试结果，找出问题所在，及时总结经验教训，查漏补缺。通过仔细分析考试成绩和试卷，孩子可以找出自己知识上的漏洞和不足之处，然后有针对性地进行补习和强化。尤其是加强对基础学科（如语文、数学、英语）的学习。通过反复练习和巩固基础知识，对初中的学习会有很大的帮助。这需要制订合理的学习计划，合理安排时间，并持之以恒努力学习。

其次，保持积极的学习态度也至关重要。面对挑战和困难时，孩子应该保持积极乐观的学习态度，坚信自己拥有克服一切困难的力量，相信只要通过努力，就可以取得进步和成功。这种积极的态度将激发他们的内在潜能，帮助他们克服困难，保持前进的动力。

最后，学会寻求帮助和支持。在学习过程中，难免遇到困难或不明白的地方，孩子应该及时向老师、家长或同学请教和求助，学会倾听他人的建议和意见，接受正确的指导和帮助，这不仅能迅速解决当前难题，还能培养孩子的合作精神和社交能力。

与此同时，家长也是需要做一些准备的。

首先，要深入了解当地升学政策，这是确保孩子升学顺利的第一步。不同地区的升学政策有所不同，家长要仔细研究，明确目标，以便为孩子制订合适的升学计划。同时，不论选择公办还是民办学校，家长和孩子都需要对目标学校进行深入了解，确保学校的教育理念、课程设置和师资力量等方面符合孩子的需求和期望。

其次，制订合理的学习计划也是关键所在。家长应与孩子共同制订学习计划，确保内容有针对性且符合孩子的实际水平。计划中要明确具体的学习时间和目标，让孩子有计划地进行复习和预习。同时，家长要关注孩子的学习进度和效果，及时给予指导和帮助，确保孩子能够高效学习。

再次，孩子的身体健康也是不容忽视的。家长要关注孩子的饮食结构和运动时间，确保孩子有足够的营养和体力应对学习和考试。

最后，家长要帮助孩子调整心态。除了要缓解学习压力和考试压力外，还要在升入初中前，做好心理建设。面对新的学习环境和陌生的老师和同学，孩子可能会感到不适应。家长要给予孩子足够的支持和鼓励，引导他们积极面对挑战，适应新的生活，让他们以积极的心态迎接新的挑战和机遇。

· 小升初的误区 ·

小升初是学习路上的一道重要门槛，家长满怀对孩子未来的殷切期望的同时，也带着不少焦虑，一不小心就容易走进以下几个常见的误区。

误区一：盲目追求名校，缺乏长远规划。

许多家长认为只有进入名校，孩子的未来才有保障，因此盲目追求名校成为一种普遍现象。过分看重学校的名气、排名和升学率，忽略了孩子的兴趣、特长和发展需求，这种做法可能导致孩子在不适应的环境中学习，失去对学习的热情和兴趣，甚至产生厌学情绪。

误区二：考试成绩至上。

过分关注孩子的考试成绩，认为考试成绩决定了孩子的未来。家长可能会对孩子施加过多的学习压力，频繁询问、比较和批评，让孩子产生自卑、叛逆或逃避等负面情绪。这种偏重考试成绩的观念，有可能忽视了孩子的兴趣和个性发展，导致孩子在学习上缺乏动力和兴趣。

误区三：过度干预与剥夺自主。

有些家长过分干预孩子的学习和生活，从学习计划到课外辅导都亲力亲为。他们为孩子安排满满当当的日程，剥夺了孩子自主学习和探索的机会。这种做法可能导致孩子缺乏独立思考和解决问题的能力，过度依赖家长和老师的指导。

误区四：忽视情感陪伴。

在备战小升初的过程中，家长可能会忽视与孩子的情感交流和陪伴，只注重学习任务完成，忽略了孩子的情感需求和心理健康。家长可能对孩子的内心世界、真实想法及面临的压力与挑战知之甚少，而孩子也可能因为害怕被责备或误解而选择隐瞒自己的感受与困难。这种信息的不对等导致双方难以形成共鸣与支持。长期的沟通不畅容易在家长与孩子之间筑起一道无形的墙，使得亲子关系变得疏远。孩子可能感到自己不被理解，而家长则可能因孩子的沉默或反抗而感到困惑与无助。然后在缺乏沟通的环境下，微小的误解往往容易被放大，甚至演变为冲突。家长可能基于自己的经验或期望来评判孩子的行为，而孩子则可能觉得家长不尊重自己的选择与感受，从而加深彼此的误解。

误区五：攀比与期望过高。

家长之间可能存在攀比心理，看到其他孩子进入名校或取得好成绩，就觉得自己的孩子也不能落后。这种心态容易导致家长对孩子产生过高的期望和要求，给孩子带来过大的压力。每个孩子的成长轨迹都是不同的，他们有自己的发展速度和节奏。过高的期望和要求可能让孩子感到无法承受，产生挫败感和自卑情结。

误区六：盲目跟风。

有些家长会盲目跟风，听信各种谣言和不实信息，导致对孩子的教育规划和学习方式产生误导。现在各种教育观点、方法和成功案例层出不穷，有的家长在缺乏深入了解和判断的情况下，很容易受到外界舆论的影响，盲目跟从所谓的"热门"或"流行"的教育方式。比如过度强调某种学习方法的有效性，他们可能不顾孩子的实际情况和需求，强行将孩子置于不适合的学习环境中，或是强迫孩子接受不适合他们的学习方式。

还有的家长盲目跟从其他家长的选择，比如盲目跟风报名某些热门课外班或特长班。他们可能认为这些班级或课程是"必须"的，而忽略了孩子的兴趣和意愿。这种做法不仅可能加重孩子的学业负担，还可能让他们失去对学习的兴趣和热情。

误区七：过于单一的学习方式。

部分家长可能过于依赖传统的填鸭式教学或题海战术，即通过大量的习题练习来巩固知识。这种方式固然有其优势，但同时也存在明显的弊端。它忽视了学生作为学习主体的地位，忽略了他们的个体差异和学习需求，导致孩子的学习兴趣不高。更重要的是，这种单一的学习方式无法充分激发学生的想象力和创造力，限制了他们思维的广度和深度。

为了避免这些误区，家长需要保持冷静和理性，根据孩子的实际情况和需求做出合理的决策。同时，家长应加强与孩子的沟通，了解他们的想法和需求，与孩子共同制定适合他们的学习规划和升学策略，及时给予关心和支持，帮助他们顺利度过小升初阶段。

第四章　7 年级上学期的过渡期

7 年级上学期之所以说是过渡期，是因为这时候孩子从小学升到了初中，来到了一个全新的地方，得和新老师、新同学打交道。他们能不能很快适应新环境、新老师和新同学，将在很大程度上决定他们在 7 年级一整年甚至初中 3 年的整体表现。因此，孩子需要迅速调整自己的学习方式和生活节奏，以适应新的环境和要求，确保能够平稳而顺利地度过这一重要的过渡期。

· 7 年级上学期会面临的变化 ·

孩子在 7 年级面临的挑战，涵盖了学科难度、学习方法、学习要求、时间管理以及青春期的挑战等方面。

学科难度的大幅提升。7 年级的学科知识难度相较于小学有了显著的提升。例如，在数学中，孩子不仅要掌握基础的算术和几何知识，还需要理解更加复杂的代数和函数概念；在语文中，他们需要阅读更加深奥的文学作品，并学会深入分析文本；在英语中，词汇量的增加和语法结构的复杂化都给他们带来了不小的挑战。这种难度的提升要求孩子具备更强的学习能力和思维能力，否则可能会感到学习压力骤增。

学习方法的全新调整。在小学阶段，孩子往往习惯于被动地接受知识，而 7 年级则需要他们主动探索和学习。他们需要学会独立思考、自主学习和解决问题。这种学习方法的转变对一些孩子来说并不容易。他们可能不知道如何有效地规划学习时间和任务，也不知道如何寻找适合自己的学习方法和资源。因此，他们可能会感到迷茫和无助，需要老师和家长的引导和帮助。

学习要求的显著提高。7 年级不仅要求孩子掌握更多的学科知识，还对他们的综合素质提出了更高的要求。例如，在语文课上，老师可能会要求他们撰写观点独到、论据充分的作文；在数学课上，需要他们解决复杂的问题，并学会用数学语言进行表达；在英语课上，则强调口语和听力的训练，要求他们能够进行流利的交流和表达。这些高要求让孩子需要付出更多的努力和时间来适应和满足。

时间管理的严峻挑战。进入 7 年级后，孩子不仅要应对繁重的学业任务，还要参加各种课外活动。如何在有限的时间内合理安排学习和活动，成为他们需要面临的重要问题。他们需要学会制定时间表、分配时间和优先级，以确保每项任务都能得到妥善处理。然而，对于一些孩子来说，这种时间管理的能力并不是一蹴而就的，他们可能需要一段时间来适应和掌握。

青春期的特殊挑战。7 年级的孩子正处于青春期，身心都在经历着巨大的变化。他们可能会遇到各种生理和心理上的问题，如情绪波动、身体发育、对异性的好奇等。这些问题可能导致他们在学习上分心，甚至产生叛逆行为。同时，他们也开始更加注重同伴关系，可能会受到同伴压力的影响，追求时尚和潮流。在这个特殊时期，他们需要更多的理解和支持，家长和老师也需要更加关注他们的心理变化，给予他们适当的引导和教育。

孩子在 7 年级会面临的变化可参考表 4 的总结。

表 4　孩子在 7 年级会面临的变化总结表

发生的变化	小学	7 年级
知识难度的提升	主要注重基础知识，学科内容相对简单	学科数量和难度大幅提升，学习压力增加，需要更强的学习能力
学习方法的调整	依赖老师和家长的监督和引导，学习方法相对固定	需要培养自主学习和解决问题的能力，学习方法要转变，可能感到迷茫和无助
更高的学习要求	注重基础知识和技能掌握	要求掌握更多知识和技能，需要付出更多努力和时间
时间管理挑战	课业相对简单，时间管理相对轻松	面对繁重的学业，需要学会有效管理时间和任务，挑战较大
青春期特殊挑战	身心发育相对平稳，主要关注学业	身心发育变化大，面临更多生理和心理问题，需要更多理解和支持

如果孩子在 7 年级没有快速适应初中生活，后续可能会产生一系列不良影响。学业上，初中知识难度的增加可能会让孩子感到吃力，无法及时调整学习方法和态度将导致成绩下滑，从而影响他们的学习积极性和自信心。心理上，无法适应新环境可能使孩子感到焦虑、孤独或自卑，长期下去甚至可能引发心理问题。同时，社交方面也可能受到波及，错过结交新朋友的机会，会导致孩子在学校生活中感到被孤立。这些影响不仅限于 7 年级，更可能延续到 8 年级、9 年级。因此，家长和老师需要密切关注孩子的适应情况，及时提供必要的支持和帮助，确保他们能够顺利融入初中生活，为未来的学习和成长奠定坚实基础。

· 案例分享 ·

案例一：

小风是一个聪明又活泼的孩子，小学时他就像是班里的“小明星”，每次考试都能轻松拿高分，老师和同学们都特别喜欢他。可是，进入初中后，一切都变了样。刚上初中，小风发现要学的东西变得好多好多，而且每一门课都比小学时难了好多。他像以前那样认真听课、做作业，但成绩却不再像以前那样优秀了。这让他很困惑，甚至开始怀疑自己：“我是不是变笨了？”小风的家长和老师看到他的成绩下滑，都很着急。他们希望小风能快点找回以前的状态，所以给了他更多的学习任务和压力。但这样一来，小风反而更加难受了，他觉得好像被一座大山压得喘不过气来。这个初中的“初相遇”对小风来说，真的有点“不友好”。他感到迷茫、挫败，甚至开始逃避学习，每天都很不开心。

案例分析：

小风进入初中后，真的感受到了和小学完全不一样的挑战。

首先，从知识结构的层面来看，他遭遇了意想不到的学科繁杂性和知识深度。初中的知识体系相较于小学，不仅学科数量大幅增加，而且每个学科的知识点都更加深入和细致，需要他具备更高的逻辑思维能力和抽象理解能力。这种知识结构的显著变化，对小风来说无疑是一次巨大的考验。

其次，从心理压力的角度来看，小风所承受的压力也是前所未有的。家长和老师的期望以及自身对成功的渴望，形成了一股巨大的心理压力，让他感到无所适从。这种压力不仅影响了他的学习效果，更对他的心理健康产生了负面影响。他可能会因为一次考试失利而陷入深深的自责和挫败感中，难以自拔。

最后，从学习方法的层面来看，小风面临着学习方法转型的难题。小学时期，他可能更依赖于记忆和模仿的学习方式，但这种方法在初中阶段已经难以为继。他需要学会独立思考、主动探究和合作学习等新的学习方法，以适应初中学习的需要。然而，这种转型并非一蹴而就，需要他在实践中不断摸索和尝试。

案例二：

宁女士有一个12岁的女儿佳佳。佳佳目前就读于一所重点中学的7年级。近期，宁女士表示，佳佳的行为开始变得叛逆，与自己之间的关系也日趋紧张，矛盾频发，让宁女士倍感痛苦和困惑，她不知如何是好。同时，她与女儿之间的矛盾已成为家中的“主要矛盾”。

“上次一起出去吃饭的时候，我心情本来不错，但佳佳却滔滔不绝地谈论起班上的一个男孩，说他不仅长得帅气、球技出众，声音也迷人，甚至提到班上的女生都为之倾倒。”宁女士回想起那顿饭时，语气中充满了不满和失望，“如果只是简单聊聊也就算了，但她的学业成绩竟然下降了，我认为这一定是受到了那个男孩的影响。”

然而，佳佳却有着不同的看法。她感到十分委屈，对母亲的行为和态度表示不满：“我真的受不了我妈妈了，她总是听风就是雨，唠叨个不停，还总是无端猜疑，脾气也越来越坏。

那天吃饭时，我看她心情不错，就随口说了些班级里的事情，没想到她还没听完就大发雷霆，指责我不专心学习，还质问我怎么不知道脸红。我真的很不理解，那个男孩在班里确实受欢迎，但我对他并没有特别的感情，只是觉得好玩才跟妈妈提起的。她怎么就这么容易翻脸呢？”

佳佳还表示：“无论我做什么，都似乎不能让妈妈满意。其实我的成绩一直是班里前三名，上次只是考了第四名，她就大发雷霆，不停地埋怨我。在她的眼里，我仿佛一无是处。”

宁女士也承认，自从那次吃饭的争吵后，母女俩已经好几天没有说话了。佳佳现在一回家就把自己关在房间里，对宁女士视而不见。这种冷漠和隔阂让宁女士感到十分失望和无奈。

案例分析：

宁女士和佳佳母女俩之间的矛盾，核心在于几个大问题。首先，沟通上是个大难题。宁女士容易多想，总以为佳佳的行为背后有深意，而佳佳呢，感觉被妈妈误解，像被绑了根绳子，自由不了。这种沟通不畅，让她们之间的误会和不满越积越多。

其次，宁女士对佳佳有很高的期待，希望她在学习和做人上都能很出色。但佳佳只是个 12 岁的孩子，成长路上变数多，不可能事事都按妈妈的期望来。这种期望和现实之间的差距，让宁女士感到失望，也让佳佳压力大。

再次，佳佳正处于青春期，开始想要自己做主，不想什么都听爸妈的。但宁女士可能还没适应这个变化，还是像以前那样管得多。这种“管太多”让佳佳觉得烦，更加叛逆，母女俩的关系就更紧张了。

最后，宁女士和佳佳之间可能缺乏共同的兴趣爱好和话题，这使得她们在沟通时难以找到共同语言，进一步加深了误解和隔阂。

这些因素加起来，就像一道道无形的墙，横亘在宁女士和佳佳之间，让母女俩之间的距离越来越远。

透过这两个案例，我们可以深刻认识到 7 年级上学期作为孩子从小学到初中过渡的关键时期，其重要性不容忽视。这一学期不仅是孩子知识结构和学习方法转型的起点，也是心理适应和家庭关系调整的重要阶段。

· 怎么做好 7 年级上学期的过渡 ·

为了帮助孩子更快更好地适应初中生活，家长和孩子都需要付出努力，并在多个方面进行协作，以帮助孩子顺利度过这个关键时期。具体而言，孩子自身的努力是不可或缺的一环。

调整心态，积极面对挑战。孩子首先需要认识到初中生活与小学的不同，并接纳这种变化。他们应该明白，初中是一个新的开始，意味着更多的机会和挑战。因此，孩子需要保持积极的心态，勇于面对新的环境和挑战。同时，他们也要学会调整自己的期望，不要过分追求完美，而是要在不断尝试和错误中学习和成长。当然，孩子还应该设定一些小目标，如每天完成一项学习任务等。通过不断实现这些小目标，孩子可以逐渐建立起自信，增强适应能力。

增强社交能力，融入集体。在初中，孩子需要面对一个新的社交环境。为了尽快融入集体，孩子需要主动与同学交流，参加班级和学校的集体活动。通过参与这些活动，孩子可以展示自己的才能和特长，增强自信心，同时也可以结交新朋友。此外，孩子还需要学习倾听和表达技巧。在与同学交流时，既要尊重他人的观点，避免冲突和争吵，又要勇于表达自己的想法和需求，让别人了解自己的内心世界。

掌握学习方法，提高学习效率。初中课程相对较多，学习难度也有所增加，原有的小学学习方法可能已不足以应对当前的学习任务。所以孩子需要调整学习策略，将多种学习方法融会贯通。除了记忆知识点，更应注重理解和应用。可以尝试归纳总结、复述讲解、制作思维导图等多元化的学习方式，以更深入地掌握知识并构建自己的知识体系。同时，独立思考能力的培养至关重要。遇到难题时，孩子应首先尝试自己分析、推理和解答，通过独立思考过程加深对问题的理解，并提升思维能力。当然，独立思考并不意味着孤立学习，闭门造车会耽误很长时间，如果无法解决，可以寻求老师或同学的帮助，共同讨论解决方案。

合理的时间管理。学科增多了，但每天的时间还是那么多，所以时间管理至关重要。首先，孩子需要制订一个详细的学习计划，包括每天的学习任务、科目分配以及具体的学习时间。这样的计划能够帮助孩子清晰地了解学习目标，避免盲目学习和时间浪费。其次，合理安排每个科目的学习时间也至关重要。可以根据科目的难易程度和重要程度来分配时间，确保重点科目得到足够关注，同时也不忽视其他科目。利用碎片时间进行学习也是一个好方法，如课间休息、午休前等，这些时间虽然短暂，但积少成多，也能取得不小的进步。当然，孩子还需要调整学习状态，保持专注和高效是学习的关键。

家长需要在以下几个方面倾注更多的努力。

家长要做的最重要的事情就是学会与青春期的孩子交流。青春期是孩子成长过程中的一个特殊阶段，他们开始独立思考，有自己的观点和想法，同时也面临着身份认同、情感波动等种种困惑。家长作为孩子最亲近的人，应该成为他们倾诉和交流的对象。通过与孩子的深入交流，家长可以更好地了解孩子的内心世界，理解他们的需求和困惑，从而给予更精准的引导和支持。

首先，家长要做到倾听和理解。青春期孩子的情绪波动较大，他们可能会因为一些小事而发脾气或感到沮丧。家长要耐心倾听孩子的诉说，不要轻易打断或指责，要尝试理解孩子的感受，给予他们情感上的支持和安慰。

其次，家长要学会用正确的方式与孩子交流。青春期孩子往往比较敏感和叛逆，如果家长采用过于严厉或命令式的语气，很容易引起孩子的反感和抵触。因此，家长应该用温和、平等和尊重的语气与孩子交流，让他们感受到自己的尊重和关心。家长还可以尝试提出一些开放性的问题，引导孩子主动思考和表达自己的想法。

最后，家长要给予孩子足够的信任和自由。青春期孩子渴望独立和自由，家长应该尊重他们的选择和决定，给予他们适当的自由空间。当然，这并不意味着放任孩子不管，而是在信任的基础上，引导孩子学会自我管理和自我约束。

· 需要注意的误区 ·

家长在陪伴孩子度过这个关键的学习阶段时，需要特别注意避免一些常见的误区。

误区一：唯成绩论。

家长总是把孩子的考试成绩当成衡量孩子好坏的唯一标准，忽略了每个孩子都有自己的特点和潜力，也让孩子错过了很多其他方面的发展机会。如果家长总是盯着成绩看，孩子可能会感到压力巨大，觉得学习就是为了考试，变得一点也不快乐。长期这样，孩子可能会对学习产生抵触情绪，甚至厌学，对知识的探索和自我成长的兴趣也会慢慢消失。

误区二：沟通态度强硬。

因为孩子在青春期，难免会表现出一些叛逆情绪，这是成长过程中的正常现象。然而，有些家长在与孩子沟通时，却未能充分考虑到这一点，他们习惯性地摆出一副高高在上的姿态，用强硬甚至命令式的口吻与孩子交流。这种沟通方式不仅无法有效传达家长的关爱与期望，反而很容易激起孩子的反感和抵触情绪，进一步加剧亲子关系的紧张程度。

这些误区可能影响孩子的学习和成长，因此家长需要注意避免这些误区，以促进孩子全面发展和健康成长。

第五章　8 年级是分水岭

有一句经典概括："7 年级不分上下，8 年级两极分化，9 年级天上地下。"这句话可谓言简意赅，将 8 年级的特点概括得非常到位。从 8 年级开始，同学之间的差距开始逐渐拉开。7 年级成绩很好的孩子可能 8 年级成绩并不理想，而有些孩子却可能成为"黑马"。

· 8 年级产生差距的原因 ·

8 年级作为初中阶段的转折点，孩子之间的差距也越来越大，产生这种差距的原因主要是以下这两点。

知识难度大。8 年级的学科内容增多、难度增大，对孩子学习能力的要求也越来越高。以数学为例，7 年级学的是纯基础部分，学习难度并不大，而到了 8 年级后，数学知识点的难度有了大幅度的提升，尤其是几何的大量抽象思维使很多同学很难适应，摸不着头脑"悟"不了；代数中的分式和根式也增加了理解难度。此外，还增加了物理这个新学科，知识点多、概念多，知识点衔接紧密，对学生实验能力要求高，这要求学生有一个较长的适应期，无疑是"雪上加霜"。

教学速度快。8 年级教学进度要比 7 年级快很多，尤其是下学期，这是为了给 9 年级留出充足的时间进行系统复习，以最佳状态迎接中考的挑战。老师需要在有限的时间内覆盖大量的知识点，这可能导致孩子对知识的理解和吸收不够深入，部分孩子可能仅仅停留在机械记忆的阶段，而没有真正掌握知识的精髓。同时，这种高强度、快节奏的教学模式也会增加孩子的学习压力，使他们感到疲惫和焦虑，甚至对学习本身产生抵触心理，逐渐失去兴趣和动力。

另外，8年级可以说是到了青春期的“巅峰”，孩子情绪起伏较大，容易因为一些小事情而产生强烈的情绪波动。他们可能时而充满热情，时而情绪低落，这种情绪的不稳定性无疑给他们的学习和生活带来了额外的挑战与困扰。

如果没有做好相应的措施，孩子可能会面临一系列不良的结果。

首先，学习成绩的突然下滑。这种学习挫败感会对孩子的自信心造成严重的打击，他们会开始怀疑自己的学习能力，甚至产生自卑心理。时间一长，孩子可能就会对学习失去兴趣，进入一个“越不想学就越学不好”的怪圈。

其次，从心理角度来看，孩子会因为学习压力、人际关系等多方面的挑战，而出现焦虑、抑郁等心理问题。这些心理问题会让孩子心情低落，很难集中精力去学习。

最后，出现严重偏科的现象。孩子在某些科目上表现很好，但在另一些科目上却成绩不理想。这样一来，他们的总成绩就会受影响，导致在班里或年级里的排名落后。而且，偏科还容易让孩子对那个学不好的科目产生害怕或者讨厌的情绪，这样一来，他们就更不愿意学那个科目了，学习状态也就越来越差。

· 案例分享 ·

案例一：

小钱的女儿是班里的学习委员，文科成绩一直特别棒，小钱因此特别骄傲。但自从上了8年级，情况就有点不对劲了。小钱的女儿文科还是一如既往地好，可理科，特别是数学，成绩就像坐滑梯一样往下滑。其实，这问题在7年级的时候就已经有点苗头了，只是那时候小钱没太当回事。女儿现在对数学是真的头疼，感觉那些知识点怎么都绕不过弯来。物理还能靠多做题勉强跟上，但数学是真的难住了她。以前作业都是早早就搞定，现在因为数学，经常要熬到半夜一两点，第二天上课自然就提不起精神了。小钱看在眼里，急在心里。他自己文科出身，对现在的理科知识早就忘得差不多了，想帮女儿也帮不上忙，只能干着急，鼓励女儿多找老师问问。可就算老师一遍遍讲，女儿做题时还是一脸蒙，成绩上不去，女儿自己也越来越没信心，甚至开始想放弃了。

案例分析：

小钱的女儿，那个曾经让家人引以为傲的孩子，进入8年级后，她的理科成绩却像坐滑梯一样，尤其是数学，直线下滑。

首先，学习是个不断爬坡的过程。随着年级的增长，学习的内容变得越来越深奥和复杂。特别是到了8年级，数学不再是简单的加减乘除，而是需要严密的逻辑思维和强大的空间想象能力。这对于小钱的女儿来说，无疑是一个巨大的挑战。她的思维可能还没完全适应这种转变，导致在学习新知识时感到力不从心。

其次，是学习习惯和方法。以前，小钱的女儿习惯了通过死记硬背来应付考试，但这种方法在初中阶段显然行不通了。数学需要的是理解和运用，不是简单记忆。如果她缺乏主动思考和探索的能力，那么在面对难题时就会感到无从下手，无法找到解题的突破口。

最后，学习环境和心态也是关键。随着学习压力的增加和竞争的加剧，小钱的女儿可能感到越来越焦虑和紧张。这种负面情绪不仅会影响她的学习效果，还会让她失去学习的信心。如果她对数学失去了兴趣，那么在学习过程中就很难保持积极的态度和专注力。

案例二：

小杰是8年级的学生，他在班上的学习成绩属于中等偏下。小杰从小父母离异，与外婆相依为命。由于父亲经济拮据，很少能够给予他足够的关心和照顾。而他的母亲再婚后，曾尝试让小杰与继父一起生活，但继父对小杰的教育方式较为严格，曾因小杰犯错而对他进行责罚。这段经历让小杰对继父产生了深深的抵触情绪，之后他选择回到外婆的身边。在小学时，小杰各科成绩都很优秀，是老师和同学眼中的好学生。进入初中后，小杰开始感到有些吃力。在一次期中考试没有取得好成绩之后，小杰的情绪变得特别低落，经常感到头痛、不适，甚至产生了厌学情绪。

8年级开学后，班级里一个同学向小杰推荐了打游戏，从此小杰便迷恋上了这个游戏。他开始沉迷其中，上课的时候总是无精打采，无法集中注意力，不知道老师讲到什么地方。老师发现小杰的变化后，多次对他进行批评教育，但由于缺乏父母的关心和管教，小杰对老师的劝导并不在意。

他开始不愿意听课，不愿意记笔记，甚至开始逃课，每当拿起课本时就感到烦躁。由于学习成绩的持续下降，小杰对学习失去了兴趣和信心，形成了一个恶性循环：成绩越下降，他就越不愿意学习；越不愿意学习，成绩就越下降。

案例分析：

小杰从小生活在单亲家庭中，父母关爱的缺失使得他的性格变得内向、自卑、孤僻，难以与同龄人融合。这种家庭环境让他变得很内向，总觉得自己不如别人，也不太愿意跟同学们玩。每当遇到学习上的难题或者心里不舒服的时候，他都是自己憋着，不跟别人说，因为家里也没人能帮他。时间一长，他就越来越不想学习了，对学习有了抵触情绪。

上了初中后，学习压力一下子增加了很多，科目的增多和难度的提升让他感到吃力。小杰对自己期望很高，同时压力也越来越大。由于缺乏有效的学习方法和策略，他在学习上屡屡受挫，成绩不断下滑。这种挫败感削弱了他的学习动力和信心，让他开始逃避学习，转而寻求其他方式来填补内心的空虚。

在 8 年级，小杰遇到了新的诱惑——游戏。一开始是同学带他玩的，结果他一下就被吸引住了，天天想着玩游戏，连学习都忘了。游戏成了他逃避学习的借口，他也越来越不在乎学习了。最后，他干脆就不去上学了，整天就想着玩游戏。

这两个案例提醒家长们，要关注孩子的心理变化，和他们一起想办法尽快适应学习难度的提升，营造和谐的家庭氛围，指导孩子学会理性面对诱惑，共同帮助孩子度过 8 年级这个关键时期。

· 8 年级怎么学 ·

要想顺利度过“8 年级的分水岭”，需要孩子和家长的共同努力，效果才能翻倍。

孩子方面，首要任务是明确学习重点与优先级。孩子需要识别出哪些科目是中考或未来学业的关键科目，如数学、语文、英语、物理等。这些科目往往不仅分值高，而且对其他学科有着深厚的影响和基础作用。接下来，孩子需进行一次深入的自我剖析，诚实地评估自己对这些关键科目的掌握情况。这一步至关重要，它要求孩子既不过度自信，也不妄自菲薄，而是客观地找出自己的知识短板与优势领域。通过这样的自我评估，孩子能够清晰地认识到自己的学习现状，为后续的学习规划打下坚实基础。基于自我评估的结果，孩子再合理规划学习时间，设定明确的学习优先级。这意味着他们要将宝贵的时间和精力优先分配给那些亟须加强的科目和知识点，进行有针对性的强化训练。同时，也不忘兼顾其他科目，保持学习的全面性和均衡性，确保总成绩能够稳步提升。

同时，孩子需要保持积极的心态，面对学习中的困难和挑战时，相信自己有能力克服，将挑战视为成长的机会。同时，孩子也需要学会放松与休息，合理安排学习和休息的时间，避免长时间连续学习导致疲劳和厌倦。通过运动、听音乐、与朋友交流等方式来放松心情，保持良好的学习状态。此外，当孩子遇到问题时，不要独自承担压力，可以向父母、老师或同学寻求帮助和支持，共同解决问题，减轻压力。最后，孩子还需要学会管理时间，制定时间表并严格执行，避免拖延和浪费时间，确保每天都有足够的时间用于学习和放松。如果不清楚的话，可以去看本书第四部分，里面有详细的说明。

家长要做的就是成为孩子坚实的后援力量，为他们提供不可或缺的情绪价值。首先，作为孩子学习的坚实后盾，家长需要密切关注孩子的学习进展。这不仅仅是询问成绩，而是要定期与孩子交流，了解他们在学校的学习情况。当孩子遇到问题时，家长应扮演引导者的角色，提供策略性的建议和鼓励，而非直接给出答案，让孩子在解决问题的过程中学会独立思考和成长。

其次，当孩子被学习压力、挫折或困惑包围的时候，家长的情感支持尤为重要。这时，家长应成为孩子最坚实的依靠，用耐心倾听他们的心声，用理解和鼓励的话语驱散他们心中的阴霾。一个拥抱、一句“你辛苦了，我相信你”，都能成为孩子重拾信心、勇往直前的力量源泉。

最后，家长要学会看到孩子身上的闪光点。每个孩子都是独一无二的，他们有着不同的优点和潜能。家长应当积极肯定孩子的每一点努力和进步，无论大小。这种认可和鼓励不仅能够增强孩子的自信心和成就感，更能激发他们的内在动力，让他们在成长的道路上更加自信、坚定地前行。

· 常见的误区与挑战 ·

进入 8 年级，孩子正步入一个身心急剧转变的关键时期，这一阶段充满了探索与挑战，也伴随着诸多不易察觉的误区。孩子们在这一过程中，往往会步入以下几个常见的误区。

误区一：对新科目的迷茫。

进入 8 年级后，孩子会接触一些全新的学科，如物理。面对全新的领域，很多孩子会感到迷茫和不安。他们可能不知道这些科目具体学什么、如何学习以及这些科目与之前的学科知识有何联系。由于缺乏明确的学习目标和方向，他们可能会在学习过程中迷失方向，不知道该如何入手。此外，由于对新科目的恐惧和不确定性，一些学生可能会产生畏难情绪，对新科目的学习失去信心，从而影响到他们在这些科目上的学习效果。

误区二：青春期太过随心所欲。

8 年级的学生希望拥有更强的自主性，他们想表达自己的想法，追求个性。但有时候，这种“想独立”的感觉可能会让他们过度随心所欲，对老师和家长的意见产生怀疑，甚至对学习产生抵触。有些孩子可能会因为过于追求自己的兴趣和爱好，而忽略学习。他们可能觉得游戏、社交媒体或其他娱乐活动更有吸引力，从而忽视了学习的重要性。这会导致他们的学习成绩下降，以后想再追上来就太难了。

误区三：对异性的过度关注。

在青春期这个特殊的阶段，孩子对异性的兴趣和关注会显著增加。这本是成长过程中的自然现象，但如果过度关注异性同学的一举一动，将大量时间和精力投入与异性的互动中，就可能成为一个潜在的误区。想象一下，如果某个孩子整天都在社交媒体上与异性聊天，时刻关注着他们的动态，或者因为与异性的关系问题而分心、烦恼，那么他们的注意力自然会被分散，难以集中在学习上。这种过度关注不仅可能导致他们错过重要的学习机会，还可能因为分心而降低学习效率，进而影响到学习成绩。

误区四：缺乏自我管理能力。

孩子面临的学业压力逐渐增大，但有的孩子还是无法有效规划和管理自己的时间和学习任务。他们可能会拖延作业、熬夜学习或在课堂上分心，无法充分利用时间来提高学习效率。此外，一些学生可能缺乏自律性，容易受到外界干扰和诱惑，无法保持专注和坚持。这种缺乏自我管理能力的现象可能导致学生学业成绩下降，甚至影响到他们的身心健康。

误区五：对成绩和排名的过度追求。

孩子开始面临中考的压力，对成绩和排名的追求可能变得更为迫切。然而，一些孩子可能会过度追求成绩和排名，过分关注每一次考试的分数和排名，将学习变成了一种竞争和攀比的过程。这种过度追求可能导致孩子产生焦虑和抑郁情绪，影响他们的学习效率，也失去了学习的乐趣和动力。

同时，家长也会面临一系列常见的误区。

误区一：对孩子青春期变化的误解和担忧。

8 年级的孩子步入了青春期，身体开始发育，心理也变得更加复杂。他们开始注意自己的外貌、穿着，对异性也产生了浓厚的兴趣。这些变化是自然的，但家长可能会过度解读，担心孩子“学坏”或“早恋”。因此，有的家长会过度限制孩子的社交活动，甚至试图监控孩子的情感生活。然而，这样做往往让孩子感到被束缚，难以自由表达自己的情感和想法，从而导致亲子关系紧张。青春期是孩子成长的关键阶段，家长应该给予理解和支持，而不是过度担忧和限制。

误区二：剥夺孩子的自主权和独立性。

随着孩子慢慢长大，他们开始有自己的想法和看法，也希望在一些事情上能自己做决定。但有的家长还是习惯性地替孩子做决定，安排他们的生活和学习。他们可能觉得孩子还不够成熟，不能做出正确的选择。其实，这种做法是在剥夺孩子独立思考和自主决策的机会。长期这样，孩子可能会变得没有主见，不会自己拿主意，这对他们未来的发展很不好。所以，家长应该尊重孩子的意愿，给他们一些独立做决定的机会，让他们学会独立思考和自主决策。

误区三：与孩子沟通方式的老旧和错误。

8 年级的孩子已经不再是那个只会听家长话的小娃娃了，他们有了自己的想法和判断。这时候，他们更希望和家长进行平等、开放的交流。但遗憾的是，有些家长还在用那种“我说你听，我批你改”的老旧方式跟孩子沟通。家长可能觉得这种方式能让孩子乖乖听话，但实际上，孩子心里早就反感了。他们可能会觉得家长不理解自己，不关心自己的想法和感受，甚至产生叛逆情绪。所以，要多听听孩子的想法，尊重他们的选择。当孩子分享他们的想法时，家长应该给予积极的反馈和支持，而不是直接否定或指责。这样，孩子才会觉得被重视，也更愿意和家长分享他们的心事。

所以，家长和孩子得一起努力，避免走进那些常见的误区，顺利度过 8 年级这个阶段。

第六章　9 年级的重要转折

9 年级是直面中考的一年，考不考得上高中、能去哪所高中，这一年都会给出答案。所以，一定要全力以赴，把 9 年级当作通往更好未来的关键一步来走。

· 9 年级为什么难 ·

相较于 7 年级和 8 年级的轻松与探索，9 年级的学习生活发生了翻天覆地的变化，带来了前所未有的挑战。

学习强度的显著提升。除了日常的课堂学习，家庭作业和复习任务也变得更加繁重。孩子需要投入更多的时间和精力来应对各科目的学习，尤其是数学、物理等需要深度理解和掌握的科目。每天的学习时间被安排得满满当当，孩子需要高效地利用时间，既要完成日常的学习任务，又要留出足够的时间进行复习和准备模拟考试。这种高强度的学习状态对孩子的体力和精力都是严峻的考验。

知识整合与复习。孩子除了要学习新知识，还得把 7 年级、8 年级所学的知识进行全面回顾和整合，把分散的知识点串联起来，形成完整的知识体系。这就需要他们理解各个知识点之间的联系和关系，以便更好地运用在解题和考试中。在复习过程中，孩子还需要注重查漏补缺，找出自己的薄弱环节并进行针对性强化。

考试形式的变化。在 7 年级和 8 年级，考试往往具有“模块化”性质，即考试内容主要集中在最近所学的知识点上。这种考试形式有助于学生巩固当前所学知识，并且容易让学生发挥正常水平。然而进入 9 年级后，考试形式发生了显著变化，转变为“全面性”特点。

每次考试的内容基本覆盖了 7 年级、8 年级的所有内容，不再局限于当前所学知识点。这种考试形式要求学生具备更加全面和深入的知识储备，能够综合运用所学知识解决问题。因此，很多孩子在进入 9 年级后，由于知识储备不足或综合运用能力不强，成绩可能会走下坡路。

心理压力的加重。随着中考的临近，9 年级孩子的心理压力也逐渐加重。他们不仅要面对升学的压力，还要面对来自家长、老师的期望和关注。这种压力可能会导致孩子的焦虑、紧张等情绪到达巅峰，影响他们的学习效果和身心健康。

具体来说，7 年级、8 年级与 9 年级的区别可参见表 5。

表 5　9 年级与 7 年级、8 年级的区别

变化	7 年级、8 年级	9 年级
学习强度的显著提升	学习任务适中，课堂学习与家庭作业相对平衡	学习任务繁重，家庭作业和复习任务显著增加，需要投入更多时间和精力
知识整合与复习	知识点相对独立，复习以当前所学为主	学习新知识的同时，全面回顾和整合 7 年级、8 年级所学知识，形成完整的知识体系，并注重查漏补缺
考试形式的变化	模块化考试，集中考查当前所学知识	全面性考试，内容覆盖 7 年级、8 年级所有知识点，考查学生综合运用能力
心理压力的加重	面对日常学习和小测验，压力较小	面对中考的临近，升学压力、家长和老师的期望与关注，导致心理压力显著增加

· 案例分享 ·

案例一：

煊赫原本是一名9年级的学生，因为抑郁休学在家，作息时间昼夜颠倒，打游戏，脾气暴躁，仇视父母，拒绝和父母沟通交流，尤其是不能听到父母提“学习”二字，每次听到都是一通发泄。一家人为了培养煊赫费尽心思，尤其煊赫妈妈更是一心扑在儿子的学习上，为了让儿子专注学习，甚至还辞职陪读过一段时间。可眼下煊赫马上就要中考了，成绩却一落千丈，更糟糕的是，煊赫干脆选择休学，整天在家浑浑噩噩地打游戏。煊赫的父母接受不了儿子自甘堕落。为了让煊赫复学，他们打过、骂过，也闹过，可一脸冷漠的煊赫丝毫不为所动。煊赫妈妈说：“如果孩子不回学校上课，就断绝母子关系。”即使这样，煊赫依旧无动于衷。

案例分析：

煊赫从一个承载着家庭希望的9年级学生，逐渐变成了昼夜颠倒、沉迷游戏、脾气暴躁且拒绝与父母沟通的“问题少年”，这背后有着复杂的原因。

首先，是心理压力的累积。在成长过程中，煊赫可能面临着来自学业、家庭、社交等多方面的压力。特别是在学业上，随着中考的临近，他对自己的期望和家人的期望叠加在一起，形成了一座难以翻越的大山。这种压力让他感到无法承受，从而产生了逃避和反抗的心理。

其次，是家庭环境的影响。煊赫的家庭环境可能并不理想，父母可能过于关注他的学业成绩，而忽视了他的心理健康和兴趣爱好。尤其是煊赫的母亲，为了儿子的学习甚至辞职陪读，这种过度的关注可能让煊赫感到窒息，觉得自己被束缚在了学习的枷锁中。同时，父母之间的沟通方式、对待煊赫的态度等也可能对他的心理产生负面影响。

再次，是社交问题的困扰。在青春期，同伴关系对青少年的影响非常大。如果煊赫在社交上遇到了问题，比如被同学孤立、欺凌或者感到自己不被接纳，这些都可能对他的心理造成创伤，让他更加封闭自己，不愿意与他人交流。

最后，是个体心理特质的因素。每个人的心理特质都是不同的，有些人可能更容易受到外界因素的影响，产生消极的情绪和行为。煊赫可能就是这样一个人，他在面对压力和挑战时，缺乏足够的应对能力和自我调节能力，从而导致抑郁情绪的产生和恶化。

案例二：

成成是9年级学生，马上就面临中考，但英语是短板，他妈妈给他报了线上英语网课学习，还有两节线下英语课。每天的课程安排都比较满，上完课也没有时间完成老师布置的作业。有一次周末，去上英语课时，他说老师布置的作业没完成，不愿意去上课了，妈妈看孩子确实很累就给他请假了。下午6点30分上完数学课，7点有语文课，送他去上课的路上，看见他情绪低落，妈妈问他原因，他不说。他妈妈就说：“如果你这样，我们晚上的语文课就不上了。”孩子就哭着说：“妈妈我不是不想去上课，我什么都考不好，数学120分的试卷，我考了109分，有同学考了119分，我考得不好我很生气。”成成学习一直比较自觉，也很努力，年级排名在100名左右，最好考过50多名，英语120分的卷子能考到100分，平时学习的事，他都不让父母操心。现在他妈妈也不知道怎么才能帮到他，报线下课也是孩子主动要报的，但是成绩比较尴尬，在能与不能上省重点高中之间，现在父母很担心孩子心理出问题。

案例分析：

成成出现当前现象的原因是多方面的。

首先，他的学习压力真的很大。每天的课程排得满满的，不仅有线上英语网课，还有线下英语课和数学课、语文课。这样一来，他几乎没有时间来完成所有作业，感觉总是处于赶时间的状态。

其次，成成对自己的要求特别高。他希望自己能在所有科目上都取得好成绩，尤其是英语这个他一直觉得难攻克的科目。但是，当他看到班上有些同学考得比他好，尤其是英语成绩比他高很多的时候，他就特别沮丧，觉得自己再怎么努力也赶不上别人。

再次，成成的情绪也积累了不少。长时间的学习压力让他感到很累，但他又不敢轻易放松，怕一放松就落后了。这种情绪一直压在心里，直到有一次去上英语课时他实在绷不住了，才向妈妈坦白了自己的困扰。其实，他并不是不想去上课，而是真的觉得太累了，作业也做不完。

又次，成成的学习方法可能也有待改进。虽然他很努力，但可能没有找到最适合自己的学习方式。有时候，盲目地报班上课并不一定能解决问题，反而会让他更加迷茫。

最后，家庭环境对成成也有一定的影响。父母对他的期望很高，这让他感到巨大的压力。同时，家庭氛围的紧张或轻松也会影响到他的心理状态和学习效率。

案例三：

小海是一名9年级学生，一直学习优秀，是个听话的好孩子。最近小海的班主任时不时就打电话给小海的父亲，说小海没来上课，是不是生病了。父亲就告诉老师小海不舒服。有一天，父亲送小海去上学，但是小海进校门看见父亲走后又溜出校门，跑到网吧去玩了，结果老师打电话给父亲说小海今天又没来。父亲说他亲自把小海送到学校的，看着他进校门的。但是班主任坚持说小海没来。结果中午的时候，小海回家了，父亲质问他去哪了，小海知道又是班主任告状了，也不再掩饰，说等父亲走后就溜到网吧玩去了。父亲听了责骂道："都送你到学校了，你还不安分点，你到底还读不读书了！"小海反驳："书上的内容没什么好学的，整天除了背还是背，所以我想退学不读了。况且从小到大，你们都是偏爱大哥的，对我也不怎么上心。我在网上有一大堆关心我的好朋友，他们让我找到了存在的意义。所以这些事你也少管。"这番话严重伤了父亲的心，一直听话的好孩子，怎么变成现在这个模样了。

案例分析：

小海，一个曾经学习优秀、听话的学生，9年级时却开始频繁逃学，背后是有多重原因的。

首先，学习动力的缺失是关键。随着学习难度的增加，小海可能觉得课程内容枯燥无味，传统的死记硬背方式让他失去了学习的兴趣。他感到学习变得毫无意义，因此选择了逃避。

其次，家庭环境的影响也不容忽视。小海感受到家庭内部存在偏爱现象，觉得自己被忽视，这种情感上的不满足让他对家庭和学校都产生了不满。他渴望得到更多的关注和认可，但在现实中却感到被边缘化，因此更加倾向在网络世界中寻找安慰。

再次，网络社交的吸引力也是小海逃学的一个重要原因。在网络上，他能够找到与自己志同道合的朋友，获得认同感和归属感。这种虚拟的社交关系让他感到自己是有价值的，从而更加沉迷其中，无法自拔。

最后，更深层次的问题在于小海与父亲之间缺乏有效的沟通。当父亲发现小海逃学时，虽然表达了不满和责备，但并未真正了解小海内心的想法和需求。这种沟通障碍使得问题得不到根本性解决，反而可能加剧亲子关系的紧张。

· 9 年级怎么学 ·

9 年级这一年到底应该怎么学呢？孩子和家长应该在哪些方面做出努力呢？在这一年里，孩子需要付出比以往更多的努力，并采取更加高效的学习方法，以确保能够在中考这一重要关卡中取得优异的成绩。

明确目标，制订计划。做好计划的重要性，不需要我再重复阐述了，尤其是在 9 年级，一个好的、合理的学习计划，可以让孩子在短时间内迅速提高成绩。

针对性复习，突破难点。9年级的学习内容相对较多，而且各个科目之间也有一定的关联性。因此，孩子在复习时，需要根据自己的学习情况，有针对性地进行复习。首先，孩子要清楚自己的薄弱环节和难点所在。这可以通过分析平时练习和考试中的错题来实现。对于自己的薄弱环节和难点，孩子需要多花时间和精力去攻克。可以通过做更多的练习题、寻求老师或同学的帮助等方式来加强自己的理解和掌握。同时，孩子还要注重知识的串联和整合。各个知识点之间往往有着紧密的联系，通过将这些知识点串联起来，可以形成完整的知识体系，有助于加深理解和记忆。例如，在复习数学时，孩子可以将相关的公式、定理和解题方法联系起来，形成一个系统的知识网络。

考后分析，查漏补缺。考试是检验学习成果的重要方式。每次考试后，孩子都要认真分析自己的错题和不足之处，找出自己的问题所在，并及时进行查漏补缺。首先，孩子要仔细查看自己的错题，分析错误原因。分析是因为基础知识掌握不牢固，还是因为解题思路不清晰，或者是粗心大意导致的失误。通过分析错题，孩子可以更加清晰地了解自己的问题所在。其次，孩子要针对自己的问题，制定具体的解决方案。对于基础知识掌握不牢固的问题，可以通过加强记忆和练习来解决；对于解题思路不清晰的问题，可以通过多做题、多总结来培养自己的思维能力；对于粗心大意的问题，可以通过提高注意力、细心审题来避免类似错误的发生。通过考后分析和查漏补缺，孩子可以更加清晰地了解自己的学习情况，及时发现并解决问题，提高自己的学习效率和质量。

调整心态，保持自信。9年级的学习压力大，孩子容易出现焦虑、紧张等情绪问题。因此，调整心态、保持自信是非常重要的。首先，孩子要学会放松自己，缓解学习压力。可以通过运动、听音乐、与朋友交流等方式来放松身心。同时，孩子还要相信自己的能力和潜力，要相信通过自己的努力和付出，一定能够取得优异的成绩。

当然，在这一关键时期，家长应当全力以赴，成为孩子最坚实的后盾。

给予情感支持。家长需要给予孩子足够的情感支持。要倾听孩子的心声，理解他们的压力和焦虑，给予他们关心和鼓励，让他们感受到家庭的温暖和支持，增强他们的自信心和安全感。

给予生活支持。家长需要关注孩子的生活情况，确保他们有足够的营养和休息时间。要合理安排孩子的饮食和作息时间，让他们保持良好的身体状态和精神状态。同时，也要陪伴孩子一起度过这段紧张而重要的时光，让他们感受到家庭的温暖和支持。

· 中考怎么复习 ·

为了更好地帮助孩子在中考中取得优异的成绩，我特地将中考复习环节独立出来讲解。中考复习过程通常被划分为三轮，每轮都有其特定的目标和策略。

第一轮复习：全面系统，夯实基础。

这一轮复习是整个中考复习的基础和关键。其目标是确保孩子对教材内容的全面理解和深入掌握，为后续的深入学习打下坚实的基础。

按章节顺序复习。孩子需要严格遵循教材的章节顺序，逐一进行复习。这样做的好处是能够使知识系统化，便于理解和记忆。每个章节的知识点都要认真梳理，确保没有遗漏。同时，要特别注意每个章节的重点和难点，这些往往是中考的热点和易错点。

深入理解难点概念。在复习过程中，孩子会遇到一些难以理解或容易混淆的概念。对于这些难点，孩子需要反复研读、反复理解，直至彻底掌握。可以通过查阅教辅资料、向老师请教、与同学讨论等方式来加深对难点概念的理解。同时，还可以尝试通过实例、图表等方式来辅助理解，使抽象的概念具体化、形象化。

重视基础知识训练。基础知识是中考考查的重点，也是后续深入学习的基础。因此，孩子在复习时要特别重视基础知识的训练。可以通过大量的基础题和示例题来加深对基本概念和原理的掌握。这些题目不仅能够帮助孩子巩固所学知识，还能够提高解题能力和应试技巧。在训练过程中，孩子要注意总结归纳，掌握解题方法和技巧，以便在中考中更加熟练地运用。

第二轮复习：专题突破，强化训练。

经过第一轮全面系统复习后，孩子已经扎实地掌握了基础知识。在第二轮复习中，我们需要针对中考的重点和难点进行专题突破，通过大量的专题训练来提高解题能力和应试技巧。

分析中考命题趋势和题型特点。在开始第二轮复习之前，孩子需要仔细研究近几年中考的试卷，分析命题趋势和题型特点。这有助于他们了解中考的考查方向，明确复习的重点和难点。通过对比不同年份的试卷，孩子可以发现一些常见的考点和题型，为后续的专题复习提供指导。

确定复习重点和难点。在分析中考命题趋势和题型特点的基础上，孩子需要确定自己的复习重点和难点。这些重点和难点往往是根据个人学习情况而定的，因此孩子需要结合自己的实际情况进行确定。一旦确定了复习重点和难点，孩子就可以有针对性地进行学习和训练。

深入学习和训练专题。针对每个专题，孩子需要进行深入的学习和训练。他们可以通过查阅相关资料、参加辅导班或请教老师等方式来加深对专题知识的理解和掌握。同时，他们还需要进行大量的专题训练，通过不断练习来提高自己的解题能力和应试技巧。

在专题训练中，孩子需要注重方法和技巧。不同的学科和题型有不同的解题方法和技巧，孩子需要掌握这些方法和技巧，以便更加高效地解决问题。例如，在数学中，孩子需要掌握代入法、排除法、特殊值法等常用的解题方法；在语文中，孩子需要学会分析题眼、快速把握出题人的意图等技巧。

第三轮复习：综合模拟，冲刺提升。

经过前两轮的深入复习，孩子已经对中考所需的知识和技能有了全面掌握。第三轮复习作为中考前的最后冲刺阶段，其目标是通过综合模拟训练，全面提升孩子的应试能力和心理素质，确保孩子在中考中能够发挥出最佳水平。

全面模拟考试。在这一轮复习中，孩子需要进行全面的模拟考试。模拟考试应该尽可能模拟真实的考试环境和流程，包括考试时间、考试科目、考试形式等，让孩子在模拟中提前适应中考的节奏和压力。通过模拟考试，孩子可以更加清晰地了解自己的考试水平和应试能力，找出自己的不足之处和需要改进的地方。

错题分析与反思。模拟考试后，孩子需要认真分析自己的错题和失分点。对于每一道错题，孩子都需要仔细分析错误的原因，是知识掌握不牢固，还是解题方法不当，或者是粗心大意导致的。同时，孩子还需要制定相应的解决方案，避免在中考中再次犯同样的错误。此外，孩子还需要对自己的考试状态和心理素质进行反思和调整，确保在中考前能够保持良好的心态和状态。

冲刺训练。除了模拟考试外，孩子还需要进行有针对性的冲刺训练。冲刺训练主要是针对中考中的重点和难点进行集中突破，通过大量的练习来提高孩子的解题能力和应试技巧。在冲刺训练中，孩子需要注重方法和技巧的运用，掌握一些高效的解题方法和技巧，以便在中考中更加熟练运用。

调整作息与心态。在中考前的最后阶段，孩子还需要注意调整自己的作息和心态。保持良好的作息习惯有助于孩子在考试中保持最佳状态，避免因为疲劳而影响发挥。同时，孩子还需要保持积极的心态，相信自己能够取得好成绩，避免因为紧张或焦虑而影响考试表现。

总之，中考复习是一个漫长而复杂的过程，通过三轮复习的策略和方法，孩子能够全面系统地掌握中考所需的知识和技能，提高自己的解题能力和应试技巧，当然也要保持良好的心态和状态，才能为中考做好充分的准备。

· 常见的误区 ·

9 年级学生在学习过程中，常常会面临一些常见的误区，这些误区可能会对他们的学习效果和中考成绩产生不良影响。

误区一：盲目追求题海战术。

认为只要大量做题，就能覆盖所有的知识点，从而在考试中取得好成绩。然而，这种题海战术往往并不能带来预期的效果，甚至可能产生负面影响。首先，题海战术缺乏针对性。每个学生都有自己的学习情况和薄弱点，如果只是盲目地追求做题数量，而不去关注题目的质量和针对性，那么很可能做了很多题，但对自己的薄弱环节并没有太多帮助。其次，题海战术往往忽视了深入理解。做题的目的不仅仅是得到答案，更重要的是理解题目背后的知识点和解题思路。如果只是机械地做题，而不去深入思考和总结，那么即使做了再多的题，也难以真正掌握知识，更别提灵活运用了。

误区二：无头苍蝇式复习。

很多孩子在复习时，常常陷入一种“无头苍蝇式”的困境。他们往往没有明确的复习计划和目标，导致在复习过程中感到迷茫和焦虑，不知道从哪里开始复习，也不知道哪些知识点是重点。这种无计划的复习方式存在很多问题。首先，效率低下。由于没有明确的目标和计划，孩子在复习时可能会东一榔头西一棒槌，无法集中精力深入学习和掌握某个知识点。这不仅浪费了宝贵的时间，而且学习效果也不尽如人意。其次，容易遗漏重要的知识点。中考的知识点那么多，如果没有明确的复习计划，孩子很容易在复习过程中遗漏一些重要的知识点。这些遗漏的知识点可能会在考试中成为丢分的关键。

误区三：死记硬背，不求甚解。

9 年级的孩子在备考过程中，常常过分依赖死记硬背来记住知识点和公式。他们认为只要记住了，就能在考试中取得好成绩。然而，这种学习方式虽然在短期内看似有效，能帮助孩子快速记住一些知识，但从长远来看，却存在很大的问题。首先，死记硬背的学习方式并不能真正掌握知识。孩子可能能够在考试中回忆起某些知识点或公式，但由于缺乏深入理解，他们往往无法灵活运用这些知识解决实际问题。这样的学习是表面的，无法形成真正的知识体系。其次，死记硬背的学习方式容易导致知识遗忘。记忆是短暂的，如果没有通过理解和应用来巩固知识，那么这些知识很快就会从记忆中消失。这种学习方式下的知识记忆是短暂的、不牢固的，不利于孩子的长期发展。最后，过分依赖死记硬背会阻碍孩子思维能力的发展。学习不仅仅是记忆知识，更重要的是培养思维能力、解决问题的能力。通过深入理解和应用知识，孩子可以锻炼自己的思维能力，提高自己的综合素质。而死记硬背则限制了孩子的思维发展，使他们难以适应复杂多变的题型。

误区四：心态失衡，情绪化学习。

面临着中考的巨大压力，有的孩子可能会因为过于焦虑、紧张或沮丧等情绪化因素，导致心态失衡，进而影响学习效果。首先，过度的焦虑和压力会使孩子难以集中注意力。在紧张的情绪下，孩子可能会感到难以静下心来学习，思维变得混乱，难以有效地理解和记忆知识。其次，情绪化学习容易让孩子陷入恶性循环。当孩子在学习上遇到困难或挫折时，如果情绪没有得到及时调整和控制，就可能会产生沮丧、失望等负面情绪，这些情绪会进一步影响学习效果，形成恶性循环。

总之，9 年级学生在中考备考过程中，应当警惕并努力避免上面提到的误区。只有通过科学的学习方法、明确的复习计划、深入理解与掌握知识以及积极稳定的心态，才能在这场知识与心理的双重考验中脱颖而出，迈向更加辉煌的未来。

· 小结 ·

在孩子的成长道路上，每一个转折点都承载着新的希望与挑战。从幼儿园到小学，再到初中阶段的每一个年级，孩子都会面临不同的变化与困境。通过本部分的系统规划和深入探讨，我们旨在为家长和孩子提供一份详细的导航图，帮助他们更好地应对这些转折点，顺利度过每一个成长阶段。

在幼小衔接、3 年级现象、小升初、7 年级上学期、8 年级分水岭以及 9 年级重要转折等关键节点，我们不仅要关注孩子学业上的变化，更要关注他们心理和情感上的需求。通过案例分享和误区剖析，我们希望能够帮助家长更准确地把握孩子成长的脉搏，避免走入误区，为孩子的未来奠定坚实的基础。

同时，我也再次强调，每个孩子都是独一无二的，他们的成长路径和速度各不相同。因此，家长在规划孩子的成长道路时，需要充分尊重孩子的个性和需求，灵活调整策略和方法。只有这样，才能真正实现“因材施教”，让每个孩子都能在适合自己的道路上茁壮成长。

第三部分

学习习惯

“习惯决定命运”并非一句空话，而是经过历史和时间验证的真理。习惯，这个看似微小却蕴含着巨大能量的力量，实则在我们生活和工作的方方面面都发挥着至关重要的作用。

正如古人所言：“积行成习，积习成性，积性成命。”习惯的力量在于它的持久性和稳定性，一旦形成，便会成为我们生活中不可或缺的一部分。

在学习领域，学习习惯更是扮演着至关重要的角色。叶圣陶说：“什么是教育？简单一句话，就是要养成习惯。”可见，良好的学习习惯有多重要。

首先，良好的学习习惯能够极大地提升孩子的学习效率。好的习惯能培养孩子对学习的浓厚兴趣和好奇心，激发他们主动探索新知识的欲望。孩子会更加积极地投入学习，通过掌握有效的学习方法和技巧，不断提升学习技能，从而在学习上取得更好的成绩。此外，随着学习成果的积累，孩子的自信心也会得到显著提升。

其次，学习习惯并不仅仅局限于学习时间的安排，更包括学习任务的完成和质量的提升。良好的学习习惯要求孩子能够按时完成作业、积极复习功课，并主动参与课堂讨论。这些习惯不仅有助于培养孩子的学习责任感，还让他们学会尊重他人的时间和努力。自主学习能力在当今社会尤为重要，因为随着知识的迅速更新和科技的不断发展，人们需要不断地学习和提升自己，以适应社会的变化。自主学习能力是终身学习的关键，它能够帮助人们保持竞争力，不断在职业和生活中取得进步。

最后，良好的学习习惯有助于培养孩子的自律意识和毅力。学习是一个长期且充满挑战的过程，需要孩子具备自律意识和毅力来应对各种困难。这些习惯能够帮助孩子集中精力、坚持不懈地追求目标。在面对学习中的挫折和困难时，孩子需要依靠自律和毅力来克服不良念头，坚持完成学习任务。同时，自律在孩子的学习和成长中扮演着至关重要的角色。它不仅是学习上的需要，也是面对生活中各种诱惑时保持清醒和坚定的重要素质。

所以，良好的学习习惯是孩子成长路上最宝贵的财富。这些习惯将伴随孩子一生，成为他们追求知识、实现梦想的有力武器。因此，家长应当成为孩子的引路人与同行者，努力帮助孩子培养良好学习习惯，让他们在未来的道路上更加自信、坚定前行，书写属于自己的精彩人生。

在接下来的篇章里，我会根据孩子成长路上的每个重要阶段，来细细讲述学习习惯是怎么一步步形成和变化的。我的目标就是，用更接地气、更易懂的方式，给家长送上实用的习惯养成方法！

第七章　幼儿早期（0—3 岁）的习惯养成

孩子在幼儿早期（0—3 岁），不仅身体发育迅速，心理和社会能力也在飞速发展。在这个阶段，孩子开始形成自我意识，性格特征逐渐显现，同时也在逐渐形成一些生活习惯和社交技能。因此，作为家长，我们有责任和义务帮助孩子在这一阶段打下良好的基础，培养良好的习惯。

· 建立规律的作息习惯 ·

在幼儿早期，孩子的作息习惯对于他们的身心健康和成长发育具有重要影响。建立规律的作息习惯不仅有助于孩子适应日常生活，还有助于培养他们的自控能力和时间管理能力。

首先，家长需要为孩子设定一个固定的作息时间表，并在日常生活中坚持执行。这个时间表应该包括起床、吃饭、玩耍和睡觉等各个环节。家长可以根据孩子的年龄和需要，逐渐调整时间表的安排，使其更加符合孩子的成长需求。

其次，家长需要为孩子创造一个安静、舒适的睡眠环境。在孩子睡觉前，可以播放一些轻柔的音乐或讲故事，帮助孩子放松心情，进入睡眠状态。同时，家长也需要确保孩子的睡眠环境足够安全，避免孩子在睡眠中发生意外。

最后，家长需要教会孩子遵守作息时间表。在孩子刚开始接触时间表时，他们可能会感到不适应或抗拒。这时，家长需要耐心引导，逐步让孩子适应规律的作息习惯。同时，家长也需要在日常生活中遵守作息时间表，为孩子树立良好的榜样。

· 培养基本生活自理能力 ·

在幼儿早期，孩子开始逐渐掌握一些基本的生活技能，如洗手、穿脱衣物、使用餐具等。这些技能不仅有助于孩子在日常生活中更加独立自主，还有助于培养他们的责任感和自信心。

首先，家长需要逐步引导孩子学习基本的生活技能。在孩子刚开始接触这些技能时，家长可以给予适当的帮助和指导，让孩子逐渐掌握正确的操作方法。同时，家长也需要根据孩子的年龄和成长需求，逐步增加学习的难度和复杂度。

其次，家长需要为孩子提供适合他们年龄和能力的玩具和用品。

这些玩具和用品应该具有安全性和易用性，能够激发孩子的兴趣和好奇心。同时，家长也需要定期清洗和消毒这些玩具和用品，确保它们的卫生和安全。

最后，家长需要鼓励孩子独立完成一些力所能及的事情。当孩子尝试自己完成某些任务时，家长应该给予积极的支持和鼓励，让他们感受到自己的成长和进步。同时，家长也需要耐心地等待孩子逐渐掌握这些技能，不要过分干涉或指责孩子的错误。

· 树立良好的卫生习惯 ·

在幼儿早期，孩子开始逐渐接触外部环境和人群，容易感染各种病毒。因此，树立良好的卫生习惯对于孩子的健康至关重要。

首先，家长需要教会孩子正确的洗手方法。洗手是预防病菌传播的有效措施之一，家长可以教孩子使用儿童专用的洗手液，并让他们模仿大人的洗手动作。同时，家长也需要在日常生活中监督孩子的洗手情况，确保他们在接触食物、玩具或外出回家后都能够及时洗手。

其次，家长需要告诉孩子在咳嗽或打喷嚏时遮掩口鼻。这可以避免病菌通过空气传播给他人，保护他人的健康。家长可以使用纸巾或手肘内侧代替手掌遮掩口鼻，避免使用手部直接触碰口鼻。

最后，家长需要定期为孩子修剪指甲、清洁口腔等。这些措施可以保持孩子的个人卫生，预防各种疾病的发生。同时，家长也需要教育孩子注意个人卫生，让他们养成良好的卫生习惯。

· 鼓励独立探索与尝试 ·

在幼儿早期，孩子的好奇心旺盛，喜欢探索新事物。作为家长，我们应该鼓励孩子独立探索与尝试，培养他们的好奇心和探索精神。

首先，家长需要为孩子提供安全、丰富的探索环境。这个环境应该具有足够的空间、适合孩子年龄和能力的玩具和用品以及易于孩子观察和探索的物品。同时，家长也需要确保这个环境的安全性，避免孩子在探索过程中发生意外。

其次，家长需要给予孩子足够的自由度和选择权。当孩子想要尝试某些新事物时，家长应该给予积极的支持和鼓励，让他们自己尝试和完成。同时，家长也需要根据孩子的年龄和能力，逐步增加探索的难度和复杂度，激发孩子的挑战欲望和成就感。

最后，家长需要陪伴孩子一起探索和学习。当孩子遇到困难或挫折时，家长可以给予适当的帮助和指导，让他们感受到自己的支持和关爱。同时，家长也需要与孩子一起分享探索的成果和喜悦，增强彼此之间的情感联系和互动。

· 发现并培养兴趣爱好 ·

在幼儿早期，孩子开始逐渐表现出自己的兴趣和爱好。家长需要细心观察孩子的兴趣和爱好，为他们提供相应的资源和支持。

首先，家长需要关注孩子的日常行为和表现。当孩子对某个事物表现出浓厚的兴趣时，家长可以给予更多的关注和鼓励，让他们深入了解这个事物并尝试探索其中的奥秘。

其次，家长可以为孩子提供多样化的活动选择。这些活动应该具有趣味性和教育性，能够激发孩子的兴趣和好奇心。同时，这些活动也应该根据孩子的年龄和能力进行适当的选择和调整，确保孩子在参与过程中能够获得乐趣和成长。具体来说，家长可以为孩子准备一些适合他们年龄段的玩具和游戏，如积木、拼图、音乐盒等。这些玩具和游戏不仅能够锻炼孩子的动手能力、思维能力和创造力，还能够激发他们的想象力和探索欲望。

最后，家长还可以带孩子参加一些亲子活动，如亲子阅读、亲子运动、亲子游戏等。这些活动不仅能够增进亲子之间的情感联系，还能够为孩子提供更多的社交机会，培养他们的社交能力和合作精神。

在培养孩子的兴趣爱好时，家长还需要注意以下几点。

尊重孩子的个性和选择。每个孩子都有自己的独特个性和兴趣爱好，家长应该尊重孩子的选择，不要将自己的喜好强加给孩子。同时，家长也应该关注孩子的反馈和表现，及时调整活动内容和方式，以满足孩子的需求和兴趣。

适度引导和鼓励。在培养孩子的兴趣爱好时，家长需适度引导和鼓励孩子，让他们感受到自己的成长和进步。但是，家长也应避免过度干涉或指责孩子的错误，以免打击孩子的积极性和自信心。

保持耐心。培养孩子的兴趣爱好需要时间和耐心。家长需要给予孩子足够的时间和空间去探索和学习，不要急于求成或期望过高。同时，家长也需要保持耐心，陪伴孩子一起成长和学习。

· 建立亲子沟通与信任关系 ·

在幼儿早期，亲子之间的沟通和信任对于孩子的成长和发展至关重要。作为家长或照顾者，我们需要积极与孩子建立亲子沟通和信任关系，为他们提供一个温馨、安全、稳定的成长环境。

首先，家长需要多与孩子进行交流和互动。在日常生活中，家长可以与孩子分享自己的喜悦和烦恼，倾听孩子的心声和想法。这不仅能增进亲子之间的情感联系，还能促进孩子的语言表达和思维能力发展。

其次，家长需要给予孩子足够的关爱和支持。当孩子遇到困难和挫折时，家长应该给予积极的支持和鼓励，帮助他们克服困难并取得成功。同时，家长也需要给予孩子足够的关注和陪伴，让他们感受到自己的存在和价值。

最后，家长需要建立与孩子的信任关系。在日常生活中，家长需要遵守承诺、言行一致，给予孩子稳定和可靠的信任感。同时，家长也需要尊重孩子的个性和选择，让他们感受到自己的自由和权利。这种信任关系不仅有助于孩子的身心健康和成长发展，还能够为他们未来的社交和人际关系奠定良好的基础。

通过建立规律的作息习惯、培养基本生活自理能力、树立良好的卫生习惯、鼓励独立探索与尝试、发现并培养兴趣爱好以及建立亲子沟通与信任关系等方式，家长可以为孩子提供一个温馨、安全、稳定的成长环境，促进他们的身心健康和全面发展。

第八章　幼儿园阶段（3—6 岁）的习惯养成

孩子在 3—6 岁的时候，语言能力、自我管理能力等方面都得到了显著提高。我接下来主要讲的是语言习惯和时间观念怎么培养，从而帮助孩子养成良好的习惯，这将为他们以后的学习打下坚实的基础。

· 培养良好的语言习惯 ·

3—6 岁是培养孩子语言习惯的关键时期。在这一阶段，孩子的词汇量快速增长，语法结构逐渐成熟，表达能力也显著提升。他们能够更流畅、更准确地表达自己的想法和需求，并开始对文字产生浓厚的兴趣，开始学习识字和阅读。为了帮助孩子在这一阶段养成良好的语言习惯，家长可以采取以下策略。

使用简单明了的语言。家长用简单明了的语言来沟通，这不仅仅是为了让孩子能够听懂家长的话，更是为了激发他们的表达欲望，培养他们的语言习惯。举个例子来说，当家长想要带孩子去超市购物时，使用复杂的句子“我们去超市买些生活必需品”可能会让孩子感到困惑。相反，如果家长简化句子，说“我们一起去超市买好吃的和好玩的”，这样的表达方式既简洁又直观，孩子一听就能明白家长的意图，也更容易激发他们的好奇心和兴趣。

除了简化句子，家长还可以通过使用孩子已经熟悉的词汇来与他们交流。例如，当谈论天气时，可以说：“今天天气真好，我们可以去公园玩。”而不是使用孩子可能不熟悉的词汇，如“阳光明媚”或“风和日丽”。

此外，家长还可以利用肢体语言、面部表情和音调来辅助表达。比如，当说“这个玩具很有趣”时，可以加上一个兴奋的表情和音调，让孩子更加直观地感受到家长的情感。

重复与强调。对于3—6岁的孩子来说，掌握新词汇和表达方式需要一定的时间和实践。因此，家长在与孩子交流时，可以通过重复和强调来帮助孩子加深记忆，从而更好地掌握语言。

以孩子在玩耍时的一个场景为例，当孩子指着某个玩具说：“我想要那个。”家长可以立即回应并重复孩子的话，同时强调具体的物品名称。比如，家长可以回应说：“哦，你想要那个红色的球吗？”通过重复“想要”和“那个”这两个词汇，并在后面加上具体的物品名称“红色的球”，家长不仅确认了孩子的需求，同时也为孩子提供了清晰的词汇示范。

这样的重复与强调有助于孩子理解词汇的用法和语境，从而更快地掌握它们。随着时间的推移，孩子会在多次的重复和强调中逐渐熟悉这些词汇，并能够在自己的表达中准确地使用它们。

值得注意的是，家长在重复与强调时，要保持耐心和积极的态度。不要因为孩子没有立即掌握某个词汇或表达方式而感到沮丧或不耐烦。相反，要鼓励孩子尝试表达，给予他们足够的时间和机会来练习和巩固所学内容。

阅读优质绘本。阅读优质绘本是家长与孩子共度美好时光并促进语言发展的重要方式。选择适合孩子年龄和兴趣的绘本，能够让孩子在阅读中感受到乐趣，同时吸收丰富的知识和信息。

绘本中的丰富色彩、生动插图和有趣故事能够迅速吸引孩子的注意力，激发他们的阅读兴趣。通过图画和文字的双重呈现，绘本为孩子创造了一个丰富多彩的想象世界，让他们在阅读中体验不同的情感和思考方式。

在阅读过程中，家长应该扮演引导者的角色，帮助孩子理解故事情节、人物形象和语言表达。家长可以用生动的语言和动作来讲述故事，让孩子更好地理解故事内容和角色情感。同时，家长还可以引导孩子关注绘本中的细节，如颜色、形状、动作等，帮助孩子建立对世界的认知和观察能力。

除了阅读绘本本身，家长还可以与孩子一起讨论书中的内容。例如，当孩子看到故事中的主人公面临一个选择时，家长可以问："你觉得这个故事里的主人公为什么会这样做？"这样的问题能够引导孩子关注故事中的细节，并尝试从主人公的角度去思考问题。通过回答这样的问题，孩子不仅能够锻炼自己的分析能力，还能学会站在他人的角度思考问题，培养同理心。

另外，家长还可以采用假设性的提问来激发孩子的想象力和创造力。比如，在阅读完一个故事后，家长可以问："如果你是故事中的主人公，你会怎么做呢？"这样的问题能够让孩子跳出故事的框架，发挥自己的想象力，构思出不同的情节和结局。通过回答这样的问题，孩子不仅能够锻炼自己的想象力和创造力，还能学会如何面对问题和挑战，培养解决问题的能力。

在提问的过程中，家长需要注意以下几点。

提问要具有针对性。家长应该根据孩子的年龄、兴趣和故事的内容来选择合适的提问方式，确保问题能够引起孩子的兴趣和思考。

提问要具有启发性。家长应该通过提问来引导孩子深入思考，而不是简单地给出答案。在提问时，可以使用一些开放性的问题，让孩子有更多的发挥空间。

提问要具有互动性。家长应该与孩子进行积极的互动，鼓励孩子表达自己的想法和感受。当孩子回答问题时，家长可以给予适当的反馈和引导，帮助孩子更好理解和表达。

家长应该注重提问的技巧和方法，通过提问来激发孩子的兴趣和思考，让他们在愉快的氛围中学习和成长。

通过阅读优质绘本，孩子不仅能够增加词汇量、提高语言表达能力，还能培养阅读习惯和兴趣。这些都将为孩子未来的学习和成长打下坚实的基础。因此，家长应该重视与孩子的阅读时光，选择适合孩子的绘本，共同享受阅读的乐趣。

在挑选绘本时，家长应综合考虑孩子的年龄、兴趣、阅读水平以及绘本的质量，选择最适合他们的。

孩子的年龄。不同年龄段的孩子对绘本的需求和兴趣不同。对于幼儿，可以选择色彩鲜艳、插图丰富、文字简单的绘本。这些绘本能够吸引孩子的注意力，激发他们对阅读的兴趣。对于稍大一些的孩子，可以选择内容更丰富、主题更深入的绘本，这些绘本能够帮助孩子理解更复杂的情感和主题。

孩子的兴趣。每个孩子都有自己的喜好和爱好，家长可以选择与孩子兴趣相关的绘本。如果孩子喜欢动物，可以选择与动物有关的绘本；如果孩子喜欢冒险，可以选择冒险类绘本。这样的绘本能够让孩子在阅读中找到乐趣，孩子更愿意主动阅读。

孩子的阅读水平。孩子的阅读水平会随着年龄的增长而提高，家长应根据孩子的阅读水平选择适当的绘本。对于刚开始学习阅读的孩子，可以选择简单易懂的绘本，能够帮助孩子建立阅读信心；

对于已经有一定阅读基础的孩子，可以选择更有挑战性的绘本，内容更丰富，主题更深入，能够锻炼孩子的阅读能力和思考能力。

绘本的质量。选择质量较高、内容精彩、语言简洁的绘本是非常重要的。这样的绘本不仅能够提高孩子的阅读兴趣，还能够让孩子在阅读中学到更多知识和道德观念。家长可以选择一些获奖的绘本，这些绘本在图画设计、故事情节等方面都非常出色，能够给孩子带来更好的阅读体验。

此外，家长在选择绘本时还可以注意以下几点。

绘本的插图。绘本的插图是非常重要的，它们应该与故事情节相契合，能够生动地展现故事中的场景和角色。家长可以选择那些插图精美、色彩鲜艳的绘本，这些绘本能够吸引孩子的注意力，让他们更愿意阅读。

绘本的纸张和装帧。绘本的纸张应该厚实、不易撕破，装帧应该精美、耐用。这样的绘本能够经受孩子的反复翻阅和折腾，保持较长时间的使用寿命。

绘本的主题。绘本的主题应该多样化，涵盖情感、科学、历史等多个领域。这样的绘本能够让孩子在阅读中接触到更广泛的知识和主题，丰富他们的视野和认知。

总之，在挑选绘本时，家长应综合考虑孩子的年龄、兴趣、阅读水平以及绘本的质量等因素，选择那些适合孩子阅读的绘本，让孩子在阅读中感受到乐趣和成长。

利用游戏多互动。游戏是孩子最喜爱的活动之一。游戏不仅是孩子释放天性的乐园，也是家长与孩子进行亲密互动、促进语言发展的绝佳机会。在角色扮演游戏中，家长可以巧妙地引导孩子使用新的词汇和表达方式，同时培养他们的社交能力和情感表达能力。

以“小小医生”的游戏为例，家长可以扮演生病的“病人”，而孩子则扮演负责任的“医生”。在游戏开始前，家长可以简单地介绍游戏的规则和背景，比如设定一些常见的“病症”和“治疗方法”。孩子会充满好奇和热情地投入“医生”的角色中，问家长：“你哪里不舒服？”此时，家长可以故意表现出一些“病症”，比如“头疼”或“肚子疼”。孩子会根据家长的描述，尝试用他们有限的医学知识来“诊断”病情，然后给出“治疗方案”，如“你要多喝水”“你要多休息”或者“你要吃这个药”等。在这个过程中，家长可以适时地引导孩子使用新的词汇或表达方式，比如：“你觉得这种药适合我吗？”或者：“除了多喝水，还有没有其他的方法可以缓解我的头疼？”

这样的游戏不仅让孩子在轻松愉快的氛围中学习了新的词汇和表达方式，还培养了他们的同情心和关爱他人的品质。孩子会学会倾听他人的需求，尝试理解他人的感受，并给出积极的回应和建议。这些能力在未来的社交和情感表达中都是非常重要的。

此外，家长还可以根据孩子的兴趣和喜好，设定不同的游戏场景和角色。比如，可以让孩子扮演老师、消防员、警察等角色，通过不同的游戏场景来拓展孩子的词汇量和表达方式。

积极反馈和鼓励。当孩子尝试表达自己的想法或感受时，他们的每一次尝试都值得家长的鼓励和赞赏。无论孩子的表达是否准确或完整，家长都应该以积极的态度来回应，因为这样的反馈对于孩子来说是非常重要的。

比如，孩子说：“我今天很开心。”即使他们可能没有完全表达出开心的具体原因或细节，家长也可以以理解和支持的态度回应："看到你开心我也很高兴！能告诉我为什么今天特别开心吗？"这样的回应不仅肯定了孩子的感受，还鼓励他们进一步分享和表达。如果孩子的表达有误或不够完整，家长也不应该急于纠正或打断他们。相反，可以用更加温和和引导的方式帮助孩子完善表达。例如，可以说："我听到了你说'很开心'，是不是因为今天发生了什么特别的事情呢？我们可以一起聊聊。"

重要的是让孩子感受到，无论他们表达得如何，家长都会认真倾听，并给予积极反馈。这样的鼓励和支持可以让孩子更加自信地表达自己的想法和感受，同时也促进了他们与家长的沟通和交流。

因此，家长在与孩子交流时，应该保持耐心和理解，用积极和鼓励的态度来回应孩子的每一次表达尝试。这样，孩子不仅能够在语言表达上得到锻炼和提升，还能够在与家长的亲密互动中建立更加稳固的情感连接。

创造丰富的语言环境。为孩子创造一个丰富的语言环境是至关重要的，它能够有效促进孩子的语言发展。如果家长具备多种语言能力，那么与孩子用不同语言沟通会是一个很好的选择。这不仅能让孩子从小接触多种语言，还有助于他们日后学习外语时更加轻松自如。同时，与孩子一起观看不同类型的电视节目和书籍也是丰富语言环境的好方法。家长可以选择一些优质的儿童动画片或纪录片，这些节目通常具有生动的画面和丰富的词汇，能够吸引孩子的注意力并激发他们的学习兴趣。在观看过程中，家长可以引导孩子关注画面中的细节，鼓励他们描述所看到的场景，或者就节目内容展开讨论，让孩子表达自己的观点和感受。这样的互动不仅可以增加孩子的词汇量，还可以锻炼他们的思考能力和表达能力。

此外，家长还可以利用日常生活中的各种机会来丰富孩子的语言环境。例如，在购物时，可以教孩子认识商品的名称和用途；在做饭时，可以告诉孩子食材的名称和烹饪方法；在户外活动时，可以引导孩子描述自然景观和动物特点。通过这些日常活动，孩子能够接触到更多的词汇和表达方式，并逐渐将这些知识应用到自己的语言中。

家长可以通过多种途径帮助孩子培养良好的语言习惯，提高他们的语言表达能力。同时，家长还需要保持耐心和鼓励，给予孩子足够的支持和肯定，让他们更加自信地表达自己的想法和感受。

· 培养时间观念 ·

3—6 岁是孩子开始理解时间概念的初始阶段。虽然他们的时间观念尚未成熟，但家长可以通过一系列有趣且适合孩子年龄的活动，帮助他们建立初步的时间认知。这些活动不仅能为孩子的日常生活建立规律，让他们更好地适应日常的节奏，如按时起床、吃饭、玩耍和睡觉，还能有助于形成健康的生活习惯。早期的时间观念培养尤为重要，因为它能为孩子未来的学习和工作打下坚实的基础。通过培养时间观念，孩子将能够更好地管理自己的时间和资源，实现更高的效率和成就。

利用日常生活活动引导孩子认识时间。在日常生活中，家长可以通过一系列具体的活动和例子，引导孩子逐渐认识和感知时间。首先，在早上叫孩子起床时，可以指着墙上的钟表说："宝贝，现在是早上 7 点了，小鸟也起床了，我们也要起床穿衣服，准备去幼儿园和小朋友们一起玩耍。”这样，孩子就能将“早上 7 点”这个时间点与具体的活动联系起来，形成初步的时间认知。

同样，在准备午餐时，家长也可以告诉孩子：“现在我们要开始做午餐了，等到指针指到 12 点的时候，香喷喷的饭菜就会摆在你的面前，我们就可以一起享用美味的午餐了。”这样，孩子就能直观地感受到时间的流逝，并理解时间的长度。

为了进一步加深孩子对时间的认识，家长可以与孩子一起制定简单的日程表。这个日程表可以包括每天的主要活动和时间节点，如早上几点起床，几点吃早餐，几点看书，几点玩耍等。在每个活动开始前，家长可以提醒孩子现在的时间以及需要做的事情。这样，孩子就能逐渐理解时间的顺序和安排，形成规律的生活习惯。

在制定日程表时，家长还可以根据孩子的兴趣和喜好进行调整。例如，如果孩子喜欢画画，可以在日程表中安排一段时间专门用于绘画；如果孩子喜欢户外活动，可以安排一些户外游戏或运动的时间。通过让孩子参与日程表的制定和调整，他们可以更加主动地管理自己的时间，增强时间观念。

通过游戏和活动增强孩子的时间观念。除了日常生活活动外，家长还可以通过一些有趣的游戏和活动来增强孩子的时间观念。例如，使用沙漏或计时器进行时间挑战游戏。家长可以设定一个时间限制，让孩子在有限的时间内完成某项任务，如“在 3 分钟内完成拼图”或“在 5 分钟内整理好玩具”。这样，孩子就能感受到时间的紧迫性，并学会在规定的时间内完成任务。

此外，模拟日常生活场景也是一个很好的方法。家长可以模拟一些常见的场景，如“现在是医生看病的时间，你需要等待一会儿”

或“现在是超市购物的时间，我们需要排队结账”。在这些模拟场景中，家长可以设定一个计时器或沙漏来模拟时间的流逝，让孩子在模拟中体验时间的流逝。

引导孩子理解时间的价值。让孩子明白时间的宝贵和有限性，是培养他们时间观念的关键。家长可以通过讲述一些与时间有关的故事或寓言来引导孩子理解时间的价值。例如，讲述一个关于守时的小兔子的故事，小兔子因为守时而赢得了朋友们的喜爱和尊重。通过这个故事，孩子就能明白守时的重要性，并学会珍惜时间。

同时，家长还可以与孩子一起制定小目标，并规定完成的时间。例如，家长可以告诉孩子：“我们争取在 30 分钟内完成这个拼图。”然后与孩子一起努力实现这个小目标。当孩子按照时间计划完成任务时，家长要及时给予肯定和鼓励，让孩子感受到坚持和珍惜时间带来的成就感。

此外，家长还可以引导孩子反思时间利用情况。例如，在晚上睡觉前，与孩子一起回顾一天的活动，思考哪些活动是有意义的、哪些活动是浪费时间的。通过反思和讨论，孩子就能逐渐明白如何更好地利用时间、提高学习效率。

通过利用日常生活活动、设计有趣的游戏和活动以及引导孩子理解时间的价值等多种方式相结合，可以帮助孩子逐步建立起对时间的感知和理解，为未来的学习和生活打下坚实的基础。

总之，3—6 岁是孩子语言和时间观念培养的重要时期，家长应抓住这一时期，帮助孩子提高语言能力和建立时间认知。这有助于孩子更好地适应日常生活，并为未来的学习和工作打下基础。

第九章　1—3 年级（6—9 岁）的习惯养成

我在《规划出来的学业成功之路　学龄规划》中提到，1—3 年级是学习习惯训练关键期，这时候孩子开始步入更为系统化和规范化的学习轨道。相较于单一追求学习成绩，培养他们稳固而积极的学习习惯显得更为关键。良好的学习习惯不仅能促进孩子对知识的高效吸收，提升整体学习能力，更能在长远的学习道路上为他们筑牢坚实的基础。

· 良好的作息习惯 ·

培养良好的作息习惯对 6—9 岁的孩子来说非常重要。这个年龄段是他们开始独立学习和生活的重要时期。良好的作息习惯不仅能帮助他们在学校中表现得更好，还能促进他们的身心健康和全面发展。

讨论并达成共识。建立固定的作息时间的第一步，是和孩子展开深入的沟通和讨论。家长需要耐心地解释为什么保持规律的作息是如此重要。可以告诉孩子，一个固定的作息时间表不仅有助于他们的身体发育，如骨骼和肌肉的生长，还能促进大脑功能的完善，提升他们的注意力、记忆力和创造力。此外，规律的作息还能使孩子在学习和生活中更加高效，因为他们会在最佳的状态下迎接新的挑战。在解释这些好处的同时，家长需要让孩子明白这是为了他们的健康和未来而设立的。通过引导孩子思考作息规律与个人成长的关系，他们更能够理解和接受这一习惯的重要性。接下来，鼓励孩子参与到设定起床和睡觉的时间中来。让孩子知道他们有权决定自己的作息时间，并在合理的范围内给予他们选择权。例如，家长可以提出一个大致的时间范围，然后让孩子在这个范围内选择他们认为最合适的时间。这样的做法不仅让孩子感到被尊重，也让他们更有动力去遵守自己设定的作息时间。

通过这样的讨论和共识，孩子会更愿意接受并遵守固定的作息时间，因为他们知道这是为了自己的健康和成长而设立的。同时，这样的过程也有助于培养孩子的自主性和责任感，让他们学会为自己的行为负责。

使用可视化工具，直观理解作息时间。为了让孩子更加直观地理解作息时间，家长可以巧妙地运用各种可视化工具来标记起床和睡觉的时间。一个有效的方法是在孩子的卧室里放置一个特别的卡通闹钟。这种闹钟不仅外观可爱，吸引孩子的注意力，而且功能实用，能够帮助孩子清晰地了解时间。

首先，家长可以引导孩子一起挑选一个他们喜欢的卡通闹钟。让孩子参与到选择的过程中，会让他们对这个闹钟更有感情，也更容易接受用它来管理自己的时间。接着，家长要教会孩子如何正确地设定闹钟时间。这不仅是一项实用的技能，也是孩子学习独立和自我管理的重要一步。家长可以耐心地示范给孩子看，如何转动闹钟的指针，或者如何在数字闹钟上设定时间。在孩子设定好闹钟后，家长要在睡前提醒孩子检查闹钟是否已设定好。这可以是一个简单的提醒，比如："宝贝，别忘了检查一下你的闹钟哦，确保它能在你设定的时间准时响起。"这样，孩子就能确保自己在规定的时间内起床。

通过使用卡通闹钟这样的可视化工具，孩子可以更加直观地理解作息时间，并逐渐形成规律的作息习惯。这不仅有助于孩子的身体健康，还能培养他们的时间管理能力和自律精神。

维持周末作息一致性。在培养孩子固定作息习惯的过程中，周末的作息一致性同样重要。

为了确保孩子的生物钟不被打乱，家长需要尽量让周末的作息时间与平日保持一致。周末虽然是休息和放松的日子，但并不意味着可以完全打破平时的作息规律。过度的放松和晚睡晚起会扰乱孩子的生物钟，导致他们在周一上学时难以迅速调整回正常的作息状态。这不仅会影响孩子的学习效率，还可能对他们的身体健康产生不良影响。因此，家长在周末可以允许孩子稍微晚起一些，但不应超过半小时至一小时的时间范围。

这样可以让孩子在周末得到适当的休息和放松，同时也不会过度打乱他们的生物钟。此外，家长还可以鼓励孩子在周末也保持一定的学习和活动安排。例如，可以安排一些户外活动、阅读时间或者兴趣课程，让孩子在周末也能保持一定的规律和活力。

通过维持周末作息的一致性，家长可以帮助孩子更好地适应学校生活，保持稳定的生物钟。这将有助于孩子在学习和生活中保持高效和健康的状态。

父母以身作则，树立良好作息榜样。在引导孩子建立并维持健康作息习惯的过程中，父母的角色是不可或缺的。父母不仅是孩子的第一任老师，他们的每一个行为和选择都在无声中传递着教育的信息。为了让孩子养成良好的作息习惯，父母首先需要以身作则，展现出健康、规律的作息模式。

具体来说，父母应该保持固定的作息时间，晚上按时休息，早上按时起床，并在工作日和周末都尽量保持一致。这样不仅能够保证父母的身体健康，提高工作效率，更能为孩子树立一个积极、稳定的作息榜样。当孩子看到父母每天都能准时起床、准时休息，他们自然也会受到影响，逐渐培养出良好的作息习惯。

此外，父母应避免在孩子面前熬夜或频繁改变作息时间。因为这不仅会打乱孩子的生物钟，让他们难以适应学校的作息安排，还会传递给孩子一个错误的信息，即作息规律是可以随意打破的。父母应该通过实际行动告诉孩子，规律的作息是健康生活的基石，是需要坚持和尊重的。

为了更好地引导孩子，父母还可以与孩子一起制定作息时间表，并共同遵守。这不仅可以让孩子感受到被尊重和理解，还能增强家庭的凝聚力。在制定时间表时，父母可以充分听取孩子的意见，让他们参与到决策过程中来，这样孩子会更愿意遵守自己参与制定的作息时间表。

灵活调整以适应变化。在培养孩子固定作息习惯的过程中，虽然强调稳定性很重要，但我们也必须考虑到实际生活中的灵活性。孩子的成长过程充满了变化，无论是家庭活动、社交活动还是突发的健康状况，都可能要求我们对作息时间做出调整。

当孩子因特殊情况需要改变作息时间时，如外出旅游、家庭聚会或生病等，家长应及时与孩子进行沟通，并解释调整作息时间的原因。这样的沟通能够让孩子理解并接受这种变化，减少因作息调整带来的不适和困惑。

在适应新的作息时间后，家长应逐步引导孩子调整回原来的规律。这可能需要一些时间，因为生物钟的调整是一个渐进的过程。

但重要的是，我们要让孩子明白，尽管生活中充满了变化，但固定的作息习惯仍然是我们保持健康和高效学习的基础。

通过灵活调整以适应变化，我们不仅能够让孩子更好地适应不同的生活环境，还能让他们学会在遵守作息规律的同时，也具备适应变化的能力。这种能力对于孩子的成长和未来发展都具有重要意义。

· 倾听的习惯 ·

经过科学研究发现，在人们的各种交流方式中，听的比重占据了 45%。相比之下，说占 30%，读占 16%，写占 9%。这一连串的数字阐述了一个事实：听是日常交流的重要组成部分，同时也是人们获取知识的主要途径之一。因此也可以说，不会倾听的学生是不会学习的学生。因为在学习的过程中，倾听不仅是接收信息的关键环节，也是理解和掌握知识的重要途径。因此，培养和提高倾听能力，对于孩子的学习效果具有至关重要的影响。

创造良好的倾听环境。首先，家长需要为孩子提供一个安静、无干扰的倾听环境。这意味着在孩子听别人说话时，要尽量减少周围的噪声和干扰，如电视声、嘈杂的玩具声等。一个宁静的环境有助于孩子集中注意力，更好地倾听和理解他人的话语。此外，与孩子保持面对面的交流也非常重要。这种交流方式可以让孩子看到我们的表情和口型，从而更直观地理解我们的话语。这种非言语的交流方式对于孩子的语言发展和理解能力有着积极的促进作用。

培养孩子的耐心。有些孩子可能比较急躁、好动，缺乏耐心去倾听别人的话语。在这种情况下，我们可以通过语言引导来帮助他们学会安静和耐心。我们可以温柔地告诉他们："好好听，不着急。"这样的引导可以让孩子逐渐学会控制自己的情绪和冲动，静下心来倾听他人的话语。同时，家长还可以利用一些有趣的活动来培养孩子的耐心。例如，我们可以和孩子一起进行绘画、拼图等需要耐心和专注力的活动，让孩子在实践中逐渐提高耐心和倾听能力。

练习复述和转述。家长可以与孩子一起玩一些有趣的游戏，如大小声、听话传话、听指令做动作等。在这些游戏中，孩子需要认真倾听并做出反应，这有助于锻炼他们的倾听能力。在游戏结束后，可以鼓励孩子用自己的话复述或转述所听到的内容。这不仅可以检验他们的倾听效果，还可以锻炼他们的语言表达能力和理解能力。当孩子能够准确地复述或转述时，我们要及时给予肯定和鼓励，让他们感受到自己的进步和成就，从而激发他们继续提高倾听能力的兴趣和动力。

·认真书写的习惯·

字体工整、认真的书写习惯，对于孩子的学习和生活都有着深远的影响。在考试中，字体工整的作文更容易吸引老师的目光，使老师有耐心阅读下去，从而增加得分的机会。而对于中高年级的学生来说，字迹工整更加重要，因为随着考试形式的改变，电脑判卷已经成为常态。如果字迹不清楚，电脑无法准确识别，那么孩子就有可能因此丢分，影响最终的成绩。因此，在小学低年级阶段，家长就应该开始关注孩子的书写习惯，帮助他们养成认真的书写习惯。

设定固定的练字时间。为了让孩子养成良好的书写习惯，家长应每天为孩子设定一个固定的练字时间段。例如，晚上 7 点到 7 点

15分，这段宝贵的时光被专门用于孩子的练字活动。在这个时间段内，孩子可以心无旁骛地专注于书写练习，避免被电视、游戏或其他娱乐活动所干扰。这样的安排不仅有助于孩子形成稳定的练字习惯，让他们每天都能有一个固定的时间段来练习和提升自己的书写能力，而且能够逐步提高他们的专注力。

随着时间的推移，孩子会逐渐适应并享受这个练字的过程，将书写视为一种日常的学习和娱乐方式。他们将发现，通过不断练习，自己的书写能力不仅得到了提升，而且书写的过程本身也充满了乐趣和成就感。

选择适合的字帖。在培养孩子的书写习惯时，选择一本适合的字帖是至关重要的。家长应该根据孩子的年龄和当前的书写水平，精心挑选一本合适的字帖。

对于刚开始练习书写的孩子，建议选择笔画简单、结构清晰的字帖。这样的字帖能够让孩子更容易上手，帮助他们掌握基本的笔画和字形结构。随着孩子书写水平的逐步提高，家长可以逐渐选择难度适中的字帖，让孩子挑战更复杂的字体和书写技巧。

在选择字帖时，家长还可以考虑孩子的兴趣和喜好。例如，如果孩子喜欢卡通形象，可以选择一些以卡通字体为主的字帖；如果孩子对历史文化感兴趣，可以选择一些以经典诗词或古文为主的字帖。这样不仅能增加孩子练字的乐趣，还能让他们在学习书写的过程中接触到更多的知识和文化。

明确练字要求。在练字之前，家长需要与孩子进行明确的沟通，让孩子明白练字的目的和要求。首先，家长要向孩子解释练字的重要性，让他们明白整洁、规范书写对于提高学习效率、培养耐心等方面都有着积极的影响。同时，书写也是传承和弘扬中华文化的一种方式，它承载着丰富的历史和文化内涵。接下来，家长需要设定练字的标准和要求。这些要求可以根据孩子的年龄、书写水平和兴趣来制定。例如，对于初学者，家长可以要求他们掌握正确的笔顺和笔画，书写时要保持姿势端正、字迹清晰；对于有一定基础的孩子，家长可以要求他们注重字形的比例和结构的合理性，书写时要流畅自然、富有美感。同时，家长还要鼓励孩子积极参与并表达自己的看法。家长可以与孩子一起探讨书写的方法和技巧，听取他们的意见和建议，帮助他们更好地理解练字的要求和标准。

通过这样的沟通，孩子会更加明确练字的目的和要求，从而更加主动地参与到练字活动中来。他们会在不断的练习中逐渐提高自己的书写水平，并享受到书写带来的乐趣和成就感。

循序渐进，逐步提高。在练字的过程中，家长应当遵循循序渐进的原则，逐步提高孩子的书写难度和对孩子的要求。这样可以确保孩子在稳固的基础上不断挑战自我，从而取得更大的进步。首先，可以从基础的笔画开始练习。笔画是构成汉字的基本单位，掌握正确的笔画顺序和力度对于书写规范至关重要。家长可以引导孩子观察每个笔画的起始和结束位置以及运笔的方向和速度，帮助他们逐渐熟悉并掌握笔画的书写技巧。接下来，可以逐渐引入偏旁部首的练习。偏旁部首是构成汉字的重要组成部分，它们具有一定的规律和特点。家长可以选取一些常见的偏旁部首，让孩子进行反复练习，帮助他们熟悉和掌握这些偏旁部首的书写方法。

当孩子对笔画和偏旁部首有了一定的掌握后，就可以开始过渡到整个汉字的书写和结构布局了。在这个阶段，家长可以选择一些简单的汉字，让孩子先练习书写整个字的外形和结构，再逐渐细化到每个笔画的书写。同时，也要根据孩子的实际情况，适时调整练习的难度和要求，确保孩子能够在不断的挑战中取得进步。

及时表扬与鼓励。当孩子在练字过程中取得进步时，家长应及时给予表扬和鼓励，这是提高他们自信心和积极性的重要手段。孩子的每一个小进步，都值得被看见和肯定。

家长可以具体指出孩子的进步所在，例如："你今天的字写得真整齐，笔画也很有力，真棒！"又如："我注意到你写字的时候姿势很端正，这样写字既好看又省力。"这样的具体表扬，能让孩子更加明确自己的进步方向，也更能激发他们的学习热情。

此外，家长还可以设置一些小奖励制度，如每完成一次练字任务，就给孩子一个小贴纸或积分，积累到一定程度可以兑换小礼物。这样的小奖励能让孩子更有动力去练字，也能让他们感受到自己的付出得到了回报。

· 自主阅读的习惯 ·

在 1—3 年级，孩子开始正式接触和学习基础学科，如语文和数学。这些学科不仅要求孩子掌握基本的知识技能，更需要他们具备良好的阅读和理解能力。因此，培养阅读习惯在这一时期显得尤为重要。通过持续阅读，孩子能够更好地理解和掌握知识点，提高学习效果。此外，阅读也是情感与价值观塑造的重要途径。在阅读各种故事和书籍的过程中，孩子能够接触到不同的情感体验和价值观念，这些都将帮助他们形成积极、健康、向上的心态。同时，随着阅读量的不断增加，孩子的阅读能力也将逐渐提升，他们能够更加深入地理解文本内容，准确提取信息，并理解作者的意图和表达方式。这种阅读能力的提升对提高他们的学习能力有很大的帮助。

选择适合孩子的书籍。为了确保孩子能够顺利进入阅读的世界，家长需要精心选择适宜他们年龄和兴趣的书籍。

确保书籍的适宜性。对于1—3年级的孩子而言，他们的阅读能力和兴趣正处在一个快速发展的阶段。在刚入小学时，为了让孩子更好地适应阅读文字的过程，家长应选择图画丰富、文字简单的绘本和图画书。这些书籍的词汇难度适中，句子结构简单，易于孩子理解，能够有效吸引他们的注意力。随着孩子阅读能力的逐步提高，可以逐渐引入文字量适中、情节简单的书籍，帮助他们从图画书过渡到章节书，使孩子逐渐提升阅读层次和深度，以更好地培养他们的阅读习惯和兴趣。

满足孩子多元兴趣。孩子的兴趣是多样化的，因此，在选择书籍时，家长需要充分考虑孩子的个人喜好。对于喜欢冒险和奇幻故事的孩子，可以选择一些充满想象力和冒险元素的故事书；对于对科学和自然感兴趣的孩子，可以选择一些有趣的科普读物，满足他们对知识的渴望。家长通过帮助孩子挑选到他们真正喜欢的书籍，可以激发他们的阅读热情。

为了拓宽孩子的阅读视野和兴趣范围，家长还需要注重书籍的多样性。在选择书籍时，我们可以尝试为孩子选择不同类型、不同主题的书籍，如故事书、科普读物、幻想小说等。同时，我们也可以鼓励孩子尝试阅读不同作者的书籍，以了解不同的写作风格和表达方式。通过多样化的阅读体验，孩子可以更加全面地了解世界，培养广泛的阅读兴趣。

关于课内外读物的建议：

义务教育阶段要激发学生读书兴趣，要求学生多读书、读好书、读整本书，养成良好的读书习惯，积累整本书阅读的经验。

阅读材料包括适合学生阅读的各类图书和报刊，下列推荐的读物仅为举例，可作为整本书阅读等学习任务群的内容，也可推荐学生在课外阅读。

童话，如安徒生童话、格林童话、叶圣陶《稻草人》、张天翼《宝葫芦的秘密》等。

寓言，如中国古今寓言、《伊索寓言》等。

故事，如成语故事、神话故事、民间故事、中外历史故事等。

诗歌散文作品，如鲁迅《朝花夕拾》、冰心《繁星·春水》、艾青《艾青诗选》、方志敏《可爱的中国》和《革命烈士诗抄》、中外童谣、儿童诗歌等。

长篇名著，如吴承恩《西游记》，施耐庵《水浒传》，老舍《骆驼祥子》，罗广斌、杨益言《红岩》，埃德加·斯诺《红星照耀中国》，斯威夫特《格列佛游记》，夏洛蒂·勃朗特《简·爱》，高尔基《童年》，奥斯特洛夫斯基《钢铁是怎样炼成的》等。

科普科幻作品，如《十万个为什么》、儒勒·凡尔纳《海底两万里》等。

根据教学需要，语文教师可按照《中小学生课外读物进校园管理办法》的规定，从中外各类优秀文学作品中选择合适的读物，特别是反映革命文化和社会主义先进文化的作品，向学生补充推荐。各类历史、文化读物，以及介绍自然科学与社会科学常识的普及性读物等，可由语文教师和有关学科教师商议推荐。鼓励学生自主选择并相互推荐文质兼美的优秀作品。

设定固定的阅读时间。设定固定的阅读时间对于孩子养成良好的阅读习惯至关重要。家长可以与孩子共同商讨，确定一个每天或每周固定的阅读时间段，并鼓励孩子坚持这一习惯。在这个特定的时间段里，家长可以选择陪伴孩子一起阅读，共同分享阅读的乐趣；或者让孩子自主选择他们感兴趣的书籍进行阅读，以满足他们的个性化需求。这样的做法不仅能够加强亲子间的情感交流，还能让孩子在轻松愉快的氛围中逐渐培养起对阅读的热爱和习惯。

给予积极的反馈和鼓励。当孩子完成一本书的阅读或者在阅读上有所进步时，家长应及时给予表扬和认可。家长这种及时的反馈能够让孩子感受到他们的努力被看见，从而增强他们阅读的自信心和动力。

在给予反馈时，家长应尽量避免空洞的夸奖，而是应提供具体化的反馈。例如，可以指出孩子在阅读时的专注程度、对故事内容的理解深度，或是他们在阅读后分享时的表达能力和思考深度。这样的具体反馈不仅能够让孩子感受到家长的赞赏，还能帮助他们更好地了解自己的阅读表现和成长方向。

除了及时和具体的反馈外，家长还应鼓励孩子分享他们的阅读心得。在孩子阅读后，可以与他们一起讨论书中的内容、人物和情节，引导他们表达自己的观点和感受。这样的互动不仅能够加深孩子对书籍的理解，还能锻炼他们的语言表达能力和思维能力。通过分享阅读心得，孩子能够更加深入地思考书籍所传达的意义和价值，进一步提升他们的阅读兴趣和阅读能力。

为了持续激励孩子阅读，家长还可以与孩子一起设定阅读目标，并在他们达到目标时给予奖励。这种目标设定和奖励机制能够让孩子更有动力去阅读，同时也能够教会他们为自己的目标而努力。此外，家长还应以身作则，展示自己的阅读兴趣和习惯，让孩子看到家长是如何享受阅读的。

· 善于思考的习惯 ·

孔子曾指出："学而不思则罔，思而不学则殆。"这句话揭示了学习与思考之间的紧密关系。在学习中，如果只是机械地接受知识而不进行深入思考，那么这些知识便难以转化为自身的知识，从而导致学习的迷茫和困惑。经常用大脑思考能够使大脑保持活跃，如同机器不断运转，保持其灵活性和敏锐性。而一个缺乏思考的大脑，就像久未使用的机器一样，会逐渐生锈，失去其应有的功能。

提出问题激发好奇心。对于 1—3 年级的孩子来说，他们的好奇心尤为旺盛，对周围的一切都充满了好奇和疑问。作为家长，我们可以通过提出问题的方式，进一步激发他们的好奇心，引导他们主动思考和探索。

首先，问题的设置需要有趣味性。孩子天生对有趣的事物感兴趣，因此，家长在提问时应尽量让问题变得有趣，以吸引孩子的注意力。例如，在阅读故事书时，可以问孩子："你觉得故事中的小主角为什么要这么做呢？"或者问："如果你是故事中的某个角色，你会怎么做？"这样的问题，既能让孩子对故事产生更浓厚的兴趣，又能激发他们的想象力，促使他们主动思考。

其次，问题的设置需要具有启发性。启发性问题能够引导孩子进行深入思考，帮助他们理解问题的本质和背后的原因。在提问时，家长可以关注孩子的思考过程，引导他们从多个角度分析问题，培养他们的思维能力和逻辑推理能力。例如，可以问孩子："为什么故事中的人物会有这样的反应？"或者问："你觉得这个故事的结局合理吗？为什么？"这样的问题能够让孩子在思考中逐渐形成自己的见解和判断。

最后，家长在提问时应注重鼓励孩子的表达。无论孩子的回答是否正确，家长都应给予积极的反馈和鼓励，让他们感受到自己的思考被重视和认可。同时，家长还可以引导孩子相互讨论和交流，让他们在互动中碰撞思想、拓宽视野。

鼓励自主解决问题。当孩子遇到问题时，家长首先要做的是保持耐心和信任。不要急于给出答案或解决方案，而是给孩子足够的时间和空间去思考和探索。家长可以提出一些引导性的问题，比如："你觉得这个问题可能的原因是什么？"再如："你能想到什么办法来解决这个问题吗？"这些问题能够帮助孩子厘清思路，引导他们从多个角度思考问题。

同时，家长可以提供一些线索或提示，但不要直接告诉孩子答案。这些线索可以是相关的知识、经验或类似的案例，让孩子在思考过程中有所启发。然而，最终的解决方案应由孩子自己得出。这样不仅能锻炼孩子的思维能力，还能让他们体验到解决问题的成就感。

在鼓励孩子自主解决问题的过程中，家长还应关注孩子的情绪变化。当孩子遇到困难时，可能会感到沮丧或无助。这时，家长可以给予孩子一些鼓励和安慰，让他们知道失败是成长的一部分，而坚持和努力会带来成功。

此外，家长还可以与孩子一起回顾解决问题的过程，帮助他们总结经验教训。可以问孩子："你觉得在解决这个问题时，有哪些方法比较有效？”或者问：“你觉得在下次遇到类似问题时，应该怎么做？”这样的问题能够让孩子深入思考，从经验中学习，不断提高解决问题的能力。

家长要树立榜样，展示思考过程。为了帮助孩子培养良好的思考习惯，家长应成为孩子思考的榜样，并展示出自己的思考过程。在日常生活中，无论面对何种问题，家长都应展现出积极、主动的思考态度。当遇到问题时，家长可以故意放慢脚步，让孩子观察自己是如何分析问题、收集信息、权衡利弊，并最终找到解决方案的。例如，在修理一个小家电或解决家庭日常小问题时，家长可以大声说出自己的思考步骤：“这个问题可能是由……引起的，我需要先检查……然后尝试……”

通过展示这样的思考过程，孩子可以直观地了解到思考的重要性，并学会如何独立分析问题。家长还应鼓励孩子参与讨论，提出自己的建议和看法，让孩子在实践中锻炼自己的思考能力。当孩子模仿家长展示出思考习惯时，家长应给予积极的反馈和鼓励，让孩子感受到自己的努力被认可，从而更加愿意主动思考和学习。

通过这种方式，家长不仅可以帮助孩子培养独立思考的习惯，还能为他们未来的学习和生活打下坚实的基础。因此，家长应该好好抓住这一关键时期，通过科学的方法和耐心的引导，帮助孩子建立起良好的学习习惯。这些习惯将为孩子未来的学习之路奠定坚实的基础，让他们在学习道路上更加自信、从容和高效。

第十章　4—6 年级（9—12 岁）的习惯养成

9—12 岁是孩子学习方法训练的关键期，而将这些训练转化为稳固的习惯，才能最大限度地发挥其作用。在这一阶段，下面列举的习惯对于孩子以后的成绩提升非常重要。

· 预习和复习的习惯 ·

在孩子的学习过程中，预习和复习是两个至关重要的环节。它们不仅能够帮助孩子更好地掌握新知识和所学知识，还能提高学习效率，为未来的学习打下坚实的基础。

预习，即在课堂学习之前，提前对新知识进行大致的了解和熟悉。通过预习，孩子可以预先知道即将学习的内容，对难点和重点有所准备，从而在课堂上更加有针对性地听讲。预习有助于激发孩子的好奇心和求知欲，让他们对新知识产生浓厚的兴趣，进而更加积极地投入学习中。

复习，则是在学习新知识之后，对所学知识进行回顾和巩固的过程。复习不仅能够帮助孩子加深对知识点的理解和记忆，还能够发现自己在学习中的不足之处，及时进行查漏补缺。通过定期的复习，孩子可以更好地掌握所学知识，形成稳固的知识体系，为未来的学习奠定坚实的基础。

具体的预习和复习的方法会在本书第四部分中详细阐述。

· 主动写作业的习惯 ·

孩子写作业的习惯对其学习成绩具有至关重要的影响。那些常常拖延作业、需要父母不断督促的孩子，其学习成绩往往难以有出色的表现。相反，那些能够自觉、高效地完成作业的孩子，不仅学习效率高，而且在学习成绩上也常常表现优秀。为了培养孩子主动写作业的习惯，家长可以参考以下方法。

首先，家长需要为孩子设定明确的目标和要求。通过沟通，让孩子了解作业的重要性和必要性以及完成作业的时间。这有助于孩子明确自己的学习任务，从而更加有目的地进行学习。

其次，家长可以帮助孩子记录作业的完成时间。家长应让孩子逐渐熟悉自己的写作业速度，以便他们能够更好地预估完成作业所需的时间。这样，孩子就能更加合理地安排自己的学习时间，提高学习效率。

再次，为孩子提供一个安静、舒适的学习环境也是至关重要的。家长可以为孩子提供单独的学习房间，并确保房间内整洁有序，减少干扰因素。这样的环境有助于孩子集中精力，更好地完成作业。

最后，当孩子能够按时完成作业时，家长应给予适当的奖励和鼓励。这不仅可以增强孩子的自信心和成就感，还能激发他们主动学习的动力。家长可以根据孩子的喜好和兴趣，选择适合的奖励方式，如小玩具、图书等。

· 定期复习的习惯 ·

定期复习是 4—6 年级孩子必须掌握的学习技能之一。定期复习不仅能帮助他们巩固所学知识，还能有效提高记忆效果，为以后的考试做好充分准备。

首先，家长需要向孩子明确解释定期复习的意义。可以告诉孩子，人的大脑就像一台电脑，如果不定期清理和整理文件，就会变得混乱无序。同样地，如果不及时复习所学内容，知识就会在大脑中变得模糊和混乱。而定期复习就像给大脑“清理文件”，能让知识更加清晰有序，便于随时调用。

其次，家长可以与孩子一起制订复习计划。根据孩子的学习进度和课程内容，设定合理的复习时间和内容。例如，每周末复习本周所学的重点内容，每个月底复习整个月的学习内容。制订计划时，可以让孩子参与其中，让他们感受到自己的主导权，从而更加积极地执行计划。

在复习过程中，家长可以采用多种方法帮助孩子巩固知识。例如，可以通过做题、背诵、讲解等方式来检验孩子对知识的掌握程度。同时，也可以鼓励孩子用自己的话复述所学知识，这有助于他们更深入地理解并记忆所学内容。

再次，家长还可以与孩子分享一些有效的复习技巧。比如，采用归纳总结法来梳理知识点之间的联系；通过制作复习卡片或思维导图来整理学习内容等。这些技巧都能帮助孩子更有效地进行复习。

最后，家长要给予孩子足够的鼓励和支持。在孩子执行复习计划的过程中，可能会遇到一些困难和挑战。家长要关注孩子的情绪变化，及时给予鼓励和帮助。同时，也要让孩子明白复习是一个长期的过程，需要坚持不懈地努力才能取得好的效果。

· 记笔记的习惯 ·

记录重要知识点和自己的思考，不仅能帮助孩子加深对知识点的记忆，还能为日后的复习提供有力的支持。

首先，做笔记有助于孩子集中注意力。当他们开始记录时，会更加专注于老师讲解的内容，努力捕捉每一个重要的知识点。这种专注力不仅能使他们更好地理解所学内容，还能提高他们的学习效率。

其次，笔记是孩子学习的宝贵资料。在课堂上，老师会讲解很多知识点，但孩子可能无法一次性全部记住。通过做笔记，他们可以记录下重要的知识点和自己的理解，形成自己的学习资料。这样，在课后复习时，孩子就可以根据自己的笔记进行有针对性的复习，加深对知识点的理解和记忆。

最后，做笔记能够锻炼孩子的思维和表达能力。在记录过程中，孩子需要思考如何将老师讲解的内容转化为自己的语言，这有助于锻炼他们的思维能力和表达能力。同时，通过回顾自己的笔记，孩子还能发现自己的思维漏洞和不足，进而改进自己的学习方法。

具体的记笔记的方法会在本书第四部分中详细阐述。

总之，通过培养预习和复习、主动写作业、定期复习和记笔记等习惯，孩子可以更好地掌握学习技巧和方法，提高学习效率和质量。同时，这些习惯也能够为孩子未来的学习和发展打下坚实的基础。

第十一章　7—9 年级（12—15 岁）的习惯养成

孩子在初中与小学阶段有非常明显的区别，特别是在自主学习和独立思考的习惯上，需要表现出更强的能力。只有具备了高度的自主性和思考能力，他们才能游刃有余地应对初中阶段的种种挑战，从而顺利地度过初中这一关键时期。

· 自主学习的习惯 ·

主动学习的孩子能够更精准地把握自己的学习进度和方向，这会让他们的学习更顺利和稳健，也更容易出成果。所以对孩子而言，养成自主学习的习惯尤为重要。而且初中生正处在一个知识迅速累积、学科日渐增多的阶段，同时还要面临人生中的一大考验——中考。在这一阶段，学生的内在动机和主动学习的态度将直接决定他们的学习效果和成绩。因此，家长在引导孩子时，首先要做的便是减少无意义的唠叨，给予孩子更多的自主权和选择权。

我们知道，现在的孩子大多喜欢电子产品，喜欢看动画片，爱玩游戏。面对这一现象，许多家长都感到忧虑，经常催促孩子放下手机，专心学习。尤其是这个阶段的学生本身就处在青春叛逆期，家长唠叨的次数越多，孩子会变得越叛逆。面对这一现象，家长不必过于忧虑和焦虑，而是应该通过合理的引导，让孩子明白学习的重要性，让他们明白学习是为了自己，而不是为了满足父母的期望。

在帮助孩子设定学习目标时，家长需要深入了解孩子的学习情况，与他们进行开放而真诚的沟通，避免对孩子设置过高或过低的期望，以免给他们带来不必要的压力。例如，如果孩子在一次语文考试中取得了90分的成绩，家长可以鼓励他下次努力争取达到95分，这5分可以在哪个地方提高。这样的目标既具体又明确，能够让孩子清楚地看到自己的进步和变化，从而激发他们主动学习的积极性。

当孩子取得进步时，家长要及时给予肯定和鼓励，让他们感受到自己的付出和努力得到了认可。这种正面的反馈将增强孩子的自信心和成就感，进一步激发他们主动学习的热情。

· 做好时间管理的习惯 ·

时间管理对于孩子来说，是一项至关重要的习惯和技能。在有限的时间里做出合理的安排，不仅能让学习效率达到最大化，还能确保学习效果的提升。

首先，孩子需要明确每天的学习任务和目标。这涵盖了各科老师布置的作业、复习进度、预习内容等。基于这些任务，孩子应制订一份详细且实际可行的学习计划，具体到每小时的学习内容，包括各科目的学习时间分配、复习和预习的进度安排。这样的计划有助于孩子清晰地了解自己的学习进度，确保每个任务都能得到充分关注，避免遗漏重要内容。

在制订计划时，要特别注意任务的优先级。孩子应对任务进行分类与排序，先处理紧急且重要的任务，如即将到期的作业或即将进行的考试复习。随后，关注重要但不紧急的任务，如长期的学习计划或针对弱势学科的强化训练。如果时间允许，再考虑处理紧急但不重要的任务，但要尽量避免既不重要也不紧急的任务，以免浪费时间和精力。

为了提高学习效率，孩子应尝试使用时间管理工具或方法，如番茄工作法。这种方法鼓励孩子每 25 分钟专注学习，然后休息 5 分钟，以提高专注度和减少疲劳。同时，孩子应避免多任务处理，尽量一次只做一件事，以更好地集中精力完成任务。

除了学习，孩子还需要学会说“不”。当面临与学习无关的活动邀请时，孩子应权衡利弊，并适时拒绝，告知他人自己正在专注于学习，并承诺在完成学习任务后与他们联系。这样可以确保学习时间不被打扰，提高学习效率。

此外，孩子应根据自己的学习效果和习惯，选择最适合自己的学习时间段。每个人的大脑活跃度和专注力在不同时间段有所不同，因此，孩子应通过自我观察和实践，找到属于自己的最佳学习时段。例如，有的孩子可能在清晨思维最为敏捷，而有的孩子则可能更偏爱夜晚的宁静。一旦确定了最佳学习时段，孩子应充分利用这段时间进行高效学习。

当然，合理安排休息时间同样重要。孩子学习负担沉重，长时间连续学习容易导致疲劳和厌倦。因此，孩子应在学习计划中留出足够的休息时间，并每隔一段时间进行短暂的放松活动，如简单的伸展运动、散步、听音乐或阅读课外书。这些活动不仅有助于缓解疲劳、恢复精力，还能帮助孩子放松心情，为接下来的学习做好准备。

在安排休息时间时，孩子应注意避免过度沉迷于电子产品或游戏。虽然这些活动可能带来短暂的放松和娱乐，但过度使用会影响睡眠质量和精神状态，不利于孩子的长期发展。

· 独立思考的习惯 ·

初中的课程难度逐渐加大，知识体系变得更加复杂，如果孩子缺乏独立思考的能力，他们可能只会停留在表面上的学习，机械地记忆知识点，而无法深入理解其背后的逻辑和原理。这样的学习方式不仅效率低下，而且难以应对日益复杂的学习挑战。

掌握基础知识。对于初中生而言，要熟练掌握各学科的基础知识，包括基本概念、原理和公式，这是独立思考的基石。只有当这些基础知识被牢固掌握，孩子才能更深入地理解学科知识，进而展开独立、有深度的思考。如果基本概念模糊不清，那么他们在学习更高层次知识时就会感到困难重重，更不用说进行独立思考了。因此，孩子需要投入足够的时间和精力去学习和掌握这些基础知识，为其日后的学习和发展打下坚实的基础。

多角度思考问题。学会多角度思考问题是一项至关重要的能力。这种能力不仅有助于他们更好地理解和解决复杂问题，还能培养他们解决问题的能力。

首先，理解题目的本质是关键。在开始解题之前，孩子应该花时间仔细研读题目，明确题目的真正意图和考查点。其次，尝试多种解法。不要满足于一种解题方法，而是应该积极探索其他可能的解题路径。通过不断尝试和比较不同的解法，孩子可以更全面地理解问题，发现新的解题角度和方法。这种多角度思考的能力不仅有助于他们在解题过程中更加灵活和高效，还能帮助他们培养创新思维和解决问题的能力。为了更好地整理思路和发现新的联系，还可以使用思维导图或图表来辅助思考。将题目中的信息以思维导图或图表的形式展现出来，有助于他们更清晰地看到问题的各个方面。这种可视化的思维方式有助于他们发现新的联系和角度，从而找到新的解题方法。最后，通过不断练习来巩固和提高自己的多角度思考能力。大量的练习可以帮助他们更加熟练地掌握各种解题方法和技巧，形成自己的解题风格和思维方式。在练习过程中，他们应该有意识地尝试不同的思考角度和方法，逐渐培养自己的思维灵活性。

时常总结和反思。要想在学习上不断进步，孩子需要学会反思和总结。明确学习目标，并经常回顾自己的学习过程，是自我提升的关键。

首先，每当完成学习任务后，不妨花几分钟时间，仔细回顾整个学习过程，思考自己在哪些环节表现出色，哪些地方还有待加强。比如，可以分析某个问题出错的原因，检查解题思路是否清晰，并思考是否有其他更优的解题方法。这种自我反思有助于孩子识别自己的短板，并寻找改进的途径。同时，孩子需要善于总结经验教训。他们可以从自己的学习方法和时间管理等方面入手，反思如何避免重复犯同样的错误，并探索更有效的学习技巧。这种总结和反思的过程，能够帮助孩子不断优化学习策略，提升学习效率。

为了更全面地了解自己的学习情况，孩子应该定期回顾学习成果并进行反思总结，特别是在考试后，这一步骤尤为重要。这种定期回顾不仅能让孩子清晰地看到自己的进步和成长，进一步增强自信心，还能精准地识别出需要改进的地方，从而有针对性地调整学习计划和策略，这样可以更加高效地提升自己的学习能力。

通过培养孩子的自主学习、时间管理和独立思考的习惯，他们将能够更好地应对初中阶段的挑战，顺利度过这一关键时期。自主学习能够让孩子精准把握学习进度和方向，提升学习效率，从而取得更好的学习成果。

· 小结 ·

通过详细探讨不同年龄段孩子学习习惯的养成，我们不难发现，无论是幼儿早期的基础习惯建立，还是小学阶段的习惯深化，乃至初中阶段的习惯巩固与提升，每一步都至关重要。良好的学习习惯不仅有助于孩子学业的成功，更是他们未来人生道路上不可或缺的宝贵财富。

家长在培养孩子学习习惯的过程中扮演着关键角色，需要耐心引导，细心观察，及时发现孩子的兴趣和潜能，并在适当的时候给予鼓励和支持。同时，也要注意不要过度干预，要给予孩子足够的空间和时间去独立思考和尝试，从而培养他们的自主性和创新性。

此外，随着孩子年龄的增长，学习习惯的培养也需要与时俱进。从幼儿时期的简单规律作息和基本生活自理能力的培养，到小学阶段的倾听、书写、阅读和思考习惯的养成，再到初中阶段的自学、时间管理和独立思考能力的锻炼，每一步都需要精心设计和实施。

第四部分

学习方法

在学习的道路上，学习方法就像是一盏明亮的灯，为孩子照亮前行的道路。有了这盏灯，孩子不仅能在学习的道路上稳步前行，还能更深入地理解知识，发现学习的乐趣，并最终形成自主学习的习惯。学习方法的重要性不言而喻，它直接关系到孩子的学习效率，更决定了他们是否能够真正掌握知识，享受学习的过程。因此，在这一部分，我们将介绍一些常用的高效学习法和学科的学习方法，帮助孩子在学习的道路上走得更加顺畅。

第十二章　高效学习法

孩子在学习时常会面临各种挑战，无论是繁重的课业负担，还是复杂的知识点，都需要他们付出巨大的努力。而在这些挑战中，如何高效学习并熟练运用所学知识，无疑是每个孩子都应该深入思考和掌握的重要能力。

· 高效预习法 ·

预习是学习的第一步。通过预习，孩子能够预先熟悉即将学习的内容，从而在正式的课堂听讲中更加高效地吸收知识。在预习的过程中，孩子能够主动识别自己旧知识体系中的不足，并在课前及时补充，确保在课堂上不会因为知识断层而感到困惑。此外，预习还能帮助孩子明确自己的学习目标和重点，让他们在课堂上更加清晰地知道自己需要关注哪些内容，哪些是需要加强理解的难点。这样，孩子在听课时就能更有针对性地提问，集中精力攻克难点，提高听课效果和学习效率。

按照时间长短可以把预习划分成三种类型：每天、周末、寒暑假。

每天的预习并不需要占用大量的时间，每天仅需投入 5—10 分钟便足够。这段时间里，只需熟悉即将学习的内容，并着重标注出其中存在的疑问。对于疑惑之处，不妨加上批注和记号，以便在上课时能更有目的性地聆听。这样的简短预习不仅有助于孩子更深入地理解课堂内容，还能使孩子在提问和课堂互动时更加有针对性。

周末要做的是章节预习。周末的时间相对充裕，孩子可以专门预留一段时间来预习下一周即将学习的单元或章节。与每天的预习相比，章节预习需要孩子更加细致和深入。

虽然有的孩子想在课间进行章节预习，但考虑到每个章节包含的知识点众多且重要，课间的时间往往不足以充分掌握。此外，频繁利用课间时间进行预习还可能影响孩子的课外活动参与和大脑的休息，从而不利于学习效果的提升。

还有特别要注意的一点是，在做章节预习前要明确目标，预习并不是为了立即掌握所有知识，而是要建立对单元或章节整体结构的认识，了解不同知识点之间的联系和逻辑关系。具体来说，可以先浏览整个单元的内容，了解各个知识点的基本概念和框架。然后，尝试分析这些知识点之间的关联，形成一张知识网络图。这样，孩子就能更清晰地把握课程的脉络，为接下来的课堂学习打下坚实的基础。

通过周末的章节预习，不仅能提前了解学习内容，还能缩减每日预习用的时间，有助于提高孩子的学习效率。

寒暑假是进行全面预习的黄金时期。孩子可以在这段时间对下个学期的课程内容有一个初步的了解。首先，从课本的目录开始，逐步深入到每个章节的细节内容。在预习过程中，要记得记笔记，重点是整理出知识结构，形成一张清晰的知识网络图。这样做有助于避免知识混乱，使学习更加有条理。此外，利用教辅材料和参考书籍可以更好地理解课本中的知识点。如果能在预习时制作出关于课本的思维导图，那么下学期的学习将会变得更加轻松和高效。

关于如何提前准备下个学期的课本，有两个可行的办法。一是向高年级的同学借课本，这样不仅可以解决没有课本的问题，还能从他们的注释和笔记中受益。如果能借到成绩优秀的孩子的课本和笔记，那将有很大的帮助。二是利用在线资源，如“国家中小学智慧教育平台”，该平台提供了各个年级和科目的电子版教材，方便孩子进行预习。

我想要强调的是，预习并非仅仅是老师或家长布置的任务，而是孩子主动探索知识、提升自我学习能力的关键一环。但特别注意一点，预习的时候，要注意回顾旧知识，与新内容进行关联和联想，形成知识网络，从而增强记忆和应用能力。同时，要识别出重点和难点，这样在课堂上才能更有针对性地听讲和提问，才能够更深入地理解和吸收知识。对于不同学科，孩子需要采用不同的预习方法，比如理科注重分析和思考，文科则注重阅读和理解。

通过坚持预习并不断改进方法，可以逐渐形成高效的学习策略，从而提高学习效率和成绩。

· 高效听课法 ·

在孩子获取知识的过程中，课堂时间扮演着至关重要的角色。因此，孩子需要了解如何提高课堂 45 分钟的学习效率，充分利用这短暂的 45 分钟。

首先，必须有当堂掌握知识的意识。这种意识不仅有助于减轻课后的学业压力，还能让孩子有更多时间去探索其他知识或享受自己的时间。有的时候老师也会做当堂小测验，这其实也是为了督促大家集中精力、提高课堂效率。即使没有当堂测验，孩子也可以在课后花 1—2 分钟进行简单的自我测试，以此检验自己的掌握程度。

其次，快速进入学习状态是确保课堂效率的关键。当听到预备铃声响起时，孩子应立即调整状态，准备进入学习模式。如果没有预备铃，也请在课前两分钟主动调整状态，可以回顾上一节课的内容或思考预习时遇到的问题。避免在课前进行与课堂无关的活动，以免错过老师讲解的重点和难点。

再次，保持高度的专注力对于提高课堂学习效率至关重要。孩子需要全神贯注地聆听老师的讲解，特别注意老师的概括性表述和关键词。即使是自己已经理解的内容，也要仔细听讲，因为老师的分析思路和深度往往与孩子有所不同。通过吸收这些“不一样”的内容，孩子的理解能力和层次将得到提升。

最后，孩子还需要有意识地抵制分心和走神的现象。这要求孩子成为注意力的主人，学会调节自己的行为，合理分配注意力。在课堂上，可以通过自我提醒和自我命令来保持注意力集中，例如在心里默念：“我要集中注意力，不要分心。”同时，避免在课桌上摆放可能分散注意力的物品。

通过培养当堂掌握知识的意识、快速进入学习状态、保持高度专注力以及有意识地抵制分心，孩子可以最大化地利用这短暂的 45 分钟，为以后的学习打下坚实基础。

· 高效笔记法 ·

笔记将贯穿你的整个学业生涯，融入每一个科目和每一堂课。它们不仅仅是记录工具，更是提升你学习效果和复习效率的关键。在这里，我想分享一个我自己从学生时代一直沿用至今的记笔记方法，这也是我传授给许多学生并取得良好反馈的方法。我一般将课堂内容分成主要概念、关键细节和个人的理解三个部分，通过使用颜色、符号、关键词等来突出重点，使我的笔记更易读和记忆。同时，我也会在课后进行一次简单的回顾和补充，以加强记忆，加深理解。

记笔记所用工具：活页纸笔记本、三色笔（红、黑、蓝）、铅笔、橡皮。

为什么要准备三种颜色的笔？是因为我不建议用同一种颜色的笔一记到底，这样的话会重点不突出。当然也不要把笔记搞得色彩斑斓，什么颜色都有，眼花缭乱也不容易找到重点。所以，三种颜色足够了，用红笔来记录重点，用蓝笔来标注难点，用黑笔记录其他不太重要的部分。当然，这只是一个建议，孩子可以根据需要进行调整。重点是，红色和蓝色并不应该在笔记中占据主导地位，它们只是作为醒目的标记存在，起到提醒的作用。如果你整句整段都使用红色或蓝色来记录，可能会适得其反，导致重点无法突出。因此，这个方法的关键在于合理地运用不同颜色的笔，使得重点和难点得到凸显，而不是淹没在过多的颜色中。

做好笔记的步骤如下。

第一步，课堂初稿。在课堂上，孩子要以听课为主，笔记为辅。因此，第一遍笔记应着重于记录关键信息和思路，不必追求笔记的完美性。笔记可以快速书写，稍微草率一些也无妨，只要孩子自己能辨认即可。重要的是捕捉老师的授课框架，逐级梳理知识体系，如使用思维导图的方式，将主标题、次标题和小标题清晰展示。

第二步，抓重点。在课堂上，孩子要敏锐地捕捉老师强调的重点内容。当老师说“这个要记下来”或特意留出时间让孩子记笔记时，这些必定是重点。同时，对于老师重复讲解的内容或自己听不懂的部分，孩子也要及时记录，以便课后回顾和请教。在不影响听课的前提下，见缝插针地记录这些重点，确保不遗漏重要信息。

第三步，整理再稿。在课后完成作业之前，孩子需要对课堂笔记初稿进行整理和完善。这个过程是对当天所学内容的复习和巩固，也是对知识体系的进一步梳理。通过查看初稿，孩子可以回忆起整体的思路框架，并在再稿时填充更详细的知识点。此外，还可以根据孩子的学习需求和兴趣，添加一些习题图示、解题思路等内容。整理再稿的过程实际上是一个知识整合和重构的过程，有助于孩子更好地理解和掌握知识。

最后，建议孩子在周末抽出时间，对本周的笔记进行彻底的完善。通过不断整理和完善笔记，孩子可以逐渐形成一个属于自己的知识体系，提高学习效率。

· 高效复习法 ·

复习是通过加强巩固学过的知识，使其形成系统的知识体系。认真听课当然非常重要，但课后的复习同样重要。考试评估的是对知识的全面性和深度的掌握情况，但你不可能提前知晓考试的全部内容。只有通过反复复习，更全面地掌握所学内容，提升掌握的熟练度、深度和广度，才能在考试时游刃有余，获得更好的成绩。

许多家长和孩子都可能对此心存疑惑：相同的作业，为什么有的孩子能完成得很快，有的孩子完成得很慢？很重要的一个原因是，迅速完成作业的孩子肯定掌握了高效的复习方法。先复习后作业，是提高作业效率最有效的途径。

下面介绍一种帮助孩子高效学习的方法，即费曼学习法。

第一步，确定学习目标。学习目标可以是任何科目的任何知识，如英语单词的拼读、数学的应用题，或是语文的阅读理解等。即使是概念性的学习目标，费曼学习法也能发挥较好的作用。

第二步，向别人讲述。其中有几个关键要点。首先，对于“别人”这一概念，可以是任何一个对于该知识一无所知的人，比如父母或是想象中的一个人。然后，向这个“别人”讲述知识点，具体来说就是将所学知识清楚地向对方讲解，直到对方完全理解为止。很多家长在这方面都做反了，关键在于让孩子将知识解释给家长听，而不是让家长向孩子解释。其次，孩子在讲述知识的过程中，应当尽量用简单的语言、用自己的话来表达，而不是生搬硬套书本上的原话。如果孩子照搬书本，那就相当于机械背诵，而无法真正考量孩子是否理解了所学知识。我们必须鼓励孩子将所学的知识融入自己的理解之中。另外，如果在讲述过程中遇到障碍或叙述不完整的情况，这可能表明孩子在该知识点上存在薄弱环节，需要我们及时发现并加以纠正。这一点是费曼学习法的核心。

费曼学习法符合我们大脑的认知规律，即由混乱逐渐过渡到有序，由被动记忆转变为主动理解和讲述。这才是将学习知识完整闭环的最佳方式。

当然，复习的频率也同样至关重要。复习并不是非要等到考前才能开始，毕竟孩子本身无法在一次学习中完全记住所有知识。如果不进行及时的复习，随着时间的推移，之前学习的知识会逐渐淡忘，那么之前的努力也就白费了。因此，提高复习的频率，反复学习这些知识，是孩子巩固知识、提高记忆效果的重要手段。

孩子可以遵循“四遍复习法”进行复习。具体来说，孩子可以将复习分为四个阶段：第一次复习在学完新知识后立即进行，第二次复习在一天后，第三次复习在一周后，第四次复习在一个月后。这样的复习频率可以帮助孩子有效地巩固知识，提高记忆效果。

“四遍复习法”是根据艾宾浩斯的遗忘曲线来设定复习点的。这样的复习频率可以帮助孩子有效地巩固知识，提高记忆效果，从而在考试中取得更好的成绩。

需要特别强调的一点是，复习的时间并不是越长越好，而是要抓住复习的重点，也即关注遗忘点。同时，孩子可以采用多种复习方法，如整理笔记、总结概念、绘制图表或思维导图等，以帮助他们更好地记忆和理解知识。

· 考试复盘法 ·

考试，作为衡量学生知识掌握程度的重要手段，其真正的价值不仅仅是分数的高低。然而，许多孩子往往过于关注分数，却忽视了深入分析和反思考试情况的重要性。为了能够充分发挥考试的检验和提升作用，我们需要引导孩子采用一种有效的学习方法——考试复盘法。

考试复盘，简而言之，就是在考试结束后对答题情况进行全面、深入地回顾和总结。通过这一方法，孩子可以更加清晰地认识到自己在知识掌握、答题技巧和思维方式等方面的不足，从而有针对性地进行改进和提升。实施考试复盘法时，可以按照以下的步骤进行。

首先，孩子需要详细记录各科目的考试分数、失误分数以及下次考试的预期目标。这样有助于他们明确自己在各科目上的表现以及需要特别关注的方面。

其次，孩子需要特别留意那些答题出色的部分，这不仅是他们已掌握知识点的体现，更是良好答题习惯和思维方式的展现。通过反复练习这些题目，孩子可以巩固自己的优势，提高答题效率。

再次，孩子需要重点分析错题。错题是考试分析的关键所在，它们直接暴露了孩子在知识掌握上的薄弱环节。因此，孩子需要认真整理和分析错题，找出问题的根源，并制定相应的改进措施。

又次，孩子还需要审视那些“蒙对”的题目。即使选对了答案，但孩子并不清楚自己是如何做对的，这些题目同样需要关注。它们暴露了孩子在知识理解上的模糊地带，需要深入反思和总结。

为了更好地改进自己的答题情况，孩子可以主动向老师请教。老师拥有丰富的教学经验，能够为孩子提供一般性的分析。如果孩子能主动提出自己的问题和疑惑，与老师进行深入交流，那么他们将获得更有针对性的建议和指导。

最后，孩子需要将前几步的分析整理成文字，进行总结与归纳。这是考试复盘法中不可或缺的一步。通过总结与归纳，孩子可以更全面地认识这次考试的情况，发现自己的不足和需要改进的地方，并据此制订下一步的学习计划。

考试复盘法不仅能够帮助孩子发现学习中的不足，更能激发他们的学习热情和动力。在未来的学习道路上，我们应该注重引导孩子采用这一方法，让他们在不断的反思和进步中逐渐成长。

每个孩子都有自己的学习方式和节奏，掌握高效学习法并不意味着要完全照搬他人的方法。重要的是，孩子要在学习过程中不断尝试、总结和调整，找到最适合自己的高效学习方法。相信只要孩子用心去学习，不断探索和进步，他们定能在学习的道路上取得优异的成绩。

第十三章　学科特性和学习方法

孩子如果想学好每一门学科，就需要了解每门学科的特性、学习目标，然后找到最适合这些特点的学习方法，这样就能更轻松地掌握每门学科的知识。我在《规划出来的学业成功之路　学龄规划》一书中，已经把培养目标详细阐述了，我会在本章介绍一些学科的特性和学习方法，帮助孩子更好学习，以便制定出更加高效的学习策略。

· 语数外的学科特性 ·

以下是语文、数学和英语这三门学科的特性，它们不仅展现了各自学科的魅力，还揭示了其本质价值。了解学科特性可以帮助孩子更深入地理解并掌握这些学科。

先来说说语文的特性。语文是一切学科的基础，其重要性不言而喻。下面，我将从几个方面探讨语文的特性。

特性一：基础性。语文是一切学科的基础。无论是数学、物理、化学，还是历史、地理、政治，都离不开语文的支撑。语文能力不仅决定了孩子能否精准把握题目的核心意义，更关乎他们能否以清晰、连贯的语言，有条不紊地阐述自己的见解和观点。

特性二：积累性。语文学习是一个不断积累的过程。这种积累不仅包括对字词、句子、段落的积累，还包括对文学常识、文化常识、历史背景的积累。只有经过长时间的积累和沉淀，孩子才能拥有丰富的语文知识储备，才能在写作和表达时游刃有余。

特性三：实践性。语文的学习注重实践应用。只有将所学的语文知识运用到实际中，孩子才能真正地理解和掌握它。阅读、写作、演讲、讨论等活动都是语文实践的重要方式。

特性四：综合性。语文学科涉及的知识面广泛，包括语言文字、文学、历史、哲学等多个领域。在学习语文的过程中，孩子需要综合运用各种知识和技能，形成跨学科的综合素养。这种综合性不仅有助于孩子更好地理解和掌握语文知识，还能培养他们的创新思维和解决问题的能力。

特性五：开放性和灵活性。语文学习的内容广泛而多样，不仅包括课本上的知识，还包括生活中的各种信息和文化现象。因此，孩子需要在学习的过程中保持开放的心态，灵活地运用所学知识解决实际问题。同时，语文学习也要求孩子具备创新思维和批判性思维，能够从不同的角度看待问题，提出自己的见解和解决方案。

特性六：人文性和思想性。语文不仅仅是学习语言知识和技能，更是培养人文素养和思想品质的过程。通过学习文学作品、历史人物等内容，孩子可以了解到不同的文化和思想观念，形成自己的价值观和人生观。同时，语文学习也要求孩子具备批判性思维，能够独立思考并评价所读所听的内容。

再来说说数学的特性。都说数学难学，其实当我们深入了解和掌握数学的学习方法后，就会发现数学其实也可以变得很简单。

特性一：抽象性。说到数学的抽象性，可能听起来有些复杂，但其实它就是我们用数学的方式去看待世界的一种方式。想象一下，如果想描述一个球，孩子可能会说“它圆圆的”，但数学就会用更精确的方式，比如“圆的半径是多少”来精确地描述这个球的大小和形状。数学通过各种符号、公式和定理，把现实世界中的数量关系和空间形式都抽象出来，让我们能够更深入地理解和研究它们。

特性二：精确性。数学通过明确、无误的数字和符号，为我们提供了一种精确描述和解决问题的工具。以常见的长方形为例，当孩子想要了解长方形的大小时，如果仅凭感觉说“这个长方形很大”，显然是不够精确的。而数学则可以告诉孩子更加精确的数据，要计算面积，必须知道长方形的长和宽。假设通过测量得知长方形的长是 5 厘米，宽是 3 厘米，然后利用长方形的面积公式来计算面积，得出结果是 15 平方厘米。这个过程充分体现了数学的精确性，它要求孩子使用准确的数字进行计算，避免了模糊和歧义。

特性三：逻辑性。数学中的每一个定理和公式都是经过数学家们精心推理和证明得出的，每一步都建立在严格的逻辑基础上。就像侦探破案一样，需要仔细分析每一个线索，才能逐步揭开真相的面纱。举一个简单的数学定理：三角形的内角和等于 180 度。这个定理并不是凭空冒出来的，而是通过逻辑推理得出的。把一个三角形的三个角都剪下来，然后把它们拼在一起，它们会形成一个平角，也就是 180 度。这个推理过程展示了数学的逻辑性，它要求我们从已知的事实出发，通过逻辑推理得出结论。

特性四：广泛应用性。数学具有广泛应用性，是自然科学和社会科学的基础，它广泛应用于工程技术、经济管理、计算机科学等领域。这种广泛应用性使数学成为现代社会不可或缺的一部分。

最后说说英语的特性。

特性一：实践性。想要学好英语并非一蹴而就，而是需要通过大量的实际语言应用来逐渐积累和提升。通过模仿、练习、交流等方式，逐渐将语言知识内化为自己的技能。而语言环境的创设在这个过程中起着至关重要的作用，它为孩子提供了真实、自然的语境，使得语言学习更加贴近实际，更加有效。

特性二：简单性。英语被认为是世界上相对简单的语言之一，这主要表现在其语法规则上。英语的语法相对简单，有明确的规则，不像有些语言那样具有高度的灵活性和变化性。同时，英语的词法结构也相对简单。

特性三：英汉语言的差异性。英语和汉语在多个方面存在显著的差异，如语序、发音、惯用法等。这些差异给中国学生学习英语带来了不小的挑战。为了克服这些困难，学生需要充分了解两种语言的特点和差异，通过对比学习来加深对英语的理解。同时，也要学会适应和接受英语的表达方式，逐渐克服母语负迁移的影响。

只有熟悉了这些学科的特性，孩子才能在学习上更加得心应手，发挥出自己的潜力。他们可以更好地理解学科知识的本质和内在逻辑，从而更加深入地掌握知识。同时，了解学科的特性还能帮助孩子培养适合自己的学习方法和习惯，使他们在学习过程中更加自主、高效。这样，孩子的学习之路将更加顺畅，他们也能在未来的学习和生活中更加自信、从容。

· 学好语数外的口诀 ·

在学习道路上，语文、数学、英语就像是三座大山，需要孩子一步步翻越，才能到达终点。为了更有效地征服这些高峰，根据我这 15 年的教学经验，总结出一句口诀："语文拓展学，数学深度学，英语提前学。"按照这个口诀学习，孩子可以更清晰地知道自己应该往哪个方向努力，学习也会变得更有效率。

语文拓展学。语文要拓展学与其学科特性有很大的关系，但很多家长只会让孩子专注于课本知识和应试技能，忽略了语文学科更广泛、更深层次的内涵。这种做法虽然可能在短期内取得一定的成绩，但从长远来看，却可能限制了孩子的语文学习和全面发展。

下面我们来看一个案例。

小溪是一个聪明伶俐的孩子，他在课堂上总是能迅速掌握老师讲授的语文知识，无论是生字词的学习还是课文的理解，他都能轻松应对。然而，尽管小溪在课堂上的表现不错，但他的语文成绩却始终无法突破中等水平。他习惯于仅仅满足于课本上的知识，对于课外读物和相关的文学、历史、文化知识缺乏兴趣和探索精神。每次老师布置课外阅读任务时，他总是匆匆了事，甚至有时候连作业都应付了事。有一次，语文老师组织了一次关于《红楼梦》的读书分享会。在分享会上，同学们纷纷表达了自己对这部文学巨著的理解和感受，有的同学还结合历史背景和作者生平进行了深入探讨。然而，当轮到小溪发言时，他却支支吾吾，只能说出一些课本上关于《红楼梦》的简要介绍，对于书中的情节、人物和深层含义几乎一无所知。

这个案例充分说明了拓展学习在语文学习中的重要性。语文的学科特性决定了它不仅仅是一门应试科目，更是一门培养学生语言能力、思维能力、文化素养和审美情趣的重要学科。

首先，拓展学习能够帮助孩子构建更全面的知识体系。语文学科涉及的内容广泛，包括文学、历史、哲学、艺术等多个领域。只关注课本知识和应试技能，孩子很难全面了解和掌握这些领域的知识。而拓展学习则能够为孩子提供更广泛的学习资源，帮助他们建立更全面的知识体系。

其次，拓展学习能够提高孩子的阅读能力和理解能力。阅读是语文学习的重要组成部分，而拓展学习则要求孩子进行大量的课外阅读。通过阅读不同类型的书籍和文章，孩子可以锻炼自己的阅读速度和理解能力，同时也能够丰富自己的阅读体验和感受。这种阅读能力的提升，对于孩子以后的学习和生活都有着重要的影响。

再次，拓展学习还能培养孩子的批判性思维。在拓展学习的过程中，孩子会接触到各种各样的观点和思想，这要求他们进行独立思考和批判性分析。通过辨别信息的真伪、评估观点的合理性，孩子可以逐渐形成独立的见解，这对于他们的成长和发展至关重要。

最后，拓展学习还有助于培养兴趣和爱好。语文学习不仅仅是学习知识和技能，更是一个培养情感和审美的过程。通过拓展学习，孩子可以接触到更多的文学作品和文化知识，从而更加深入地感受到语文学科的魅力和美好。这种兴趣和爱好的培养，不仅能够提高孩子的学习动力，还能够丰富他们的精神生活。

因此，家长应该意识到拓展学习在语文学习中的重要性，鼓励孩子多进行课外阅读、参与文学活动、关注社会现象等。只有这样，才能真正发挥语文学科在培养孩子全面发展中的重要作用。

数学深度学。家长常常陷入数学是要“深度学”还是要“超前学”的纠结之中。在这个信息爆炸的时代，各种学习方法和理念层出不穷，让人眼花缭乱。然而，在我看来，对于数学这门需要深度理解和思维训练的学科，我更倾向于推荐“深度学”作为学习的主要方式。

下面我们来看一个例子。

邻居家的大儿子上 8 年级，现在成绩下滑得厉害，把他爸妈都愁坏了。尤其是数学，儿子根本就跟不上，但是小学时候，明明数学有时候都能考满分。为了大儿子的学习，妈妈也找了数学老师，老师只说："每个孩子的智商、理解能力，还是有差异的。"不甘心的妈妈又请了一位别人推荐的数学辅导老师。而后，那位老师一针见血地指出问题所在："孩子小学的时候，总是超前学，学习进度跟上来了，但是思维能力没有跟上来，现在数学就跟不上了。"妈妈这才想起，儿子曾经引以为傲的数学，其实一直在超前学。比如别人家孩子还在幼小衔接，妈妈就已经在让儿子做 3 年级的数学题了。6 年级的时候，就教 7 年级的内容，但是后面就开始吃力了。

对于邻居家的大儿子来说，他在小学过于依赖提前学习，忽略了深度学习和理解数学知识的重要性。这导致他在进入初中后，面对更加复杂和抽象的数学知识时，感到力不从心。此时，仅仅依靠提前学习已经无法帮助他跟上学习进度，更无法提高他的数学素养和能力。

超前学数学虽然能在短期内提高孩子的学习进度，但是会带来一系列挑战。首先，孩子会面临过大的学习压力。在尚未充分掌握当前阶段知识的情况下，孩子就被迫超前学习更高阶段的内容，这可能导致他们对新知识的消化和吸收不足，进而产生学习上的挫败感。其次，超前学习往往忽视了孩子的学习兴趣和动机。在追求进度的同时，孩子可能失去了对数学学科本身的热爱和兴趣，这对他们的长期学习和发展是不利的。最后，超前学习还可能导致孩子对基础知识的掌握不够扎实，进而影响到后续更高层次的学习。

相比之下，深度学数学具有显著的优势。首先，深度学习强调对数学知识的深入理解和掌握。孩子不仅仅停留在表面的记忆上，而是通过深入理解数学概念和定理，掌握数学的思想和方法，从而能够灵活运用数学知识解决实际问题。这种深入的学习过程能够帮助孩子构建扎实的数学基础，从而为后续的学习和发展打下坚实的基础。

其次，还能培养孩子的数学思维能力。通过深入学习和探索数学知识，孩子可以锻炼自己的逻辑思维、抽象思维、归纳推理等多种思维能力。这些能力在以后的学习和工作中都将发挥重要作用，帮助他们更好地应对各种挑战。

最后，还能够增强孩子的学习动力和兴趣。当孩子发现数学的魅力和乐趣时，他们会更愿意投入时间和精力去学习数学。这种积极的学习态度将促使孩子更加主动地探索和发现数学知识的新领域，从而不断提高自己的数学素养和能力。

因此，在实际学习过程中，我们应该更加注重深度学习的方法和策略，以帮助孩子更好地掌握数学知识并提高他们的数学素养。

英语提前学。关于“英语要不要提前学”的问题，长久以来一直牵动着家长的心。网络上众说纷纭，各种声音和观点让家长陷入困惑与犹豫。有的家长坚信提前学英语能给孩子打下坚实基础，而有的则担忧过早的英语学习会给孩子带来过大的压力。经过我多年的调研和总结，我想给出一个明确的回答：是的，英语应该提前学。

下面我们来看一个例子。

李明（化名）是我带了很多年的学生，小学的时候成绩名列前茅，奖状挂满了家中的墙壁。然而，当他升入初中后，情况却发生了戏剧性的转变。尤其是英语成绩，逐渐从优秀滑落到中等偏下。面对 7 年级的成绩单，李明的妈妈心情沉重，难以接受这样的变化。直到有一天晚上，他妈妈问："明明，你告诉妈妈，为什么英语成绩下滑得这么厉害？"李明沉思片刻后，坦诚地回答："妈妈，我觉得英语学起来特别费劲。初中的英语比小学难多了，我好多单词都不认识，语法也搞不懂。"听到这番话，妈妈心中五味杂陈。她回想起李明小学时的情景，虽然英语成绩并不特别突出，但简单的题目都能轻松应对。而现在，稍微难一点的题目，李明就感到束手无策。她意识到，这不仅仅是因为初中课程难度的增加，更重要的是，在小学时并未打下坚实的英语基础。妈妈流下懊悔的眼泪说："早知如此，我应该早点让你学英语，现在才发现问题，真是有点晚了。"

事实上，很多家长都和李明妈妈有相同经历。那么，为什么英语应该提前学呢？

首先，家长要明白小学阶段的孩子具有特别强的学习能力和记忆力。这个阶段的孩子对新知识有着浓厚的兴趣，尤其是语言类知识。他们的大脑发育迅速，能够快速吸收并记忆新的词汇、语法和表达方式。因此，在这个时期让孩子提前接触英语，就像给他们播下一颗种子，随着他们的成长，这颗种子会逐渐生根发芽，为他们未来的英语学习打下坚实的基础。

其次，有助于孩子更好地适应初中阶段的英语学习。随着年级的升高，学科的难度也会逐渐增加。特别是英语，从简单的日常对话到复杂的阅读理解，需要孩子掌握更多的词汇、语法和阅读技巧。如果孩子在小学阶段就已经把英语学好了，那么他们在面对初中英语时就会更加从容。

最后，还能减少孩子的畏难情绪。很多孩子在刚开始接触英语时，可能会因为不熟悉英语的发音、词汇和语法而感到困惑和挫败。这种畏难情绪会阻碍他们的学习进步，甚至让他们对英语产生抵触心理。然而，如果他们提前接触过英语，就能够逐渐适应英语的学习节奏和方式，建立起自信心。这种自信心会让孩子更加愿意投入时间和精力去学习英语，从而在英语学习的道路上走得更远、更稳。

当然，家长也应该明白学习英语并不是一蹴而就的事情。小学阶段的孩子可能会遇到各种学习困难，如单词难记、句子难理解等。但正是这些困难，让他们学会了如何面对挑战、克服困难。在这个过程中，家长的支持和鼓励至关重要，要给予孩子足够的耐心和信心，帮助他们找到适合自己的学习方法，克服学习中的困难。

· 小结 ·

通过本章的学习，相信家长已经深刻认识到高效学习法对于孩子学习成长的重要性。无论是预习还是听课，都是孩子获取知识、提升能力不可或缺的重要环节。希望孩子能够掌握这些高效学习法，并在实际学习中灵活运用，让学习之路更加顺畅、高效。在未来的学习旅程中，愿每个孩子都能成为自己学习的掌舵者，驶向知识的海洋，探索无限可能。

结 语

本书对于各个学习阶段的转折点进行了详尽的解析，让您明白在这些关键时刻，如何为孩子提供必要的支持和引导。同时，书中强调了学习习惯和学习方法的重要性，并给出了具体的培养方法，让您能够更有针对性地引导孩子形成良好的学习习惯，掌握高效的学习方法。

更重要的是，这本书让您意识到与孩子沟通的重要性。它提醒您，要倾听孩子的声音，理解他们的需求和困惑，为他们提供及时的帮助和支持。这种沟通不仅有助于孩子在学习上的进步，更能够促进亲子关系的和谐发展。

最后，这本书不仅是一本关于孩子学习的书籍，更是一本关于家长成长的书籍。通过阅读这本书，您不仅学到了如何更好地教育孩子，更学会了如何成为一个更好的家长。

规划出来的学业成功之路

张无敌 著

学科
规划

河北大学出版社

图书在版编目（CIP）数据

规划出来的学业成功之路．3，学科规划 / 张无敌著．
保定：河北大学出版社，2024．8．-- ISBN 978-7-5666-2462-8

Ⅰ．G632.46

中国国家版本馆CIP数据核字第2024PV2411号

前言

写《规划出来的学业成功之路　学科规划》这本书的初衷，是给家长、孩子提供一份全面而详细的学科规划手册，帮助大家更加全面地了解教育政策、三大主科学习规划和高一分科指导。

语文、数学和英语作为基础学科，不仅贯穿孩子的整个学习历程，更直接影响到总成绩和排名。在高考中，语文、数学、英语的分数之和占据了总分的 60%，这也从侧面反映了这三门学科的重要性。因此，在复习备考的过程中，我们应该至少投入 50% 的时间和精力在这三门学科上。而根据我的经验和数据显示，语文、数学和英语是最容易拉开分数差距的学科。因此，在这本书中，我结合了我十几年的教学经验，针对语文、数学、英语等学科进行具体规划，帮助您全面了解每门学科的核心知识和学习重点，帮助孩子科学学习，取得更好的成绩。

本书共分为两部分，涵盖了语文、数学、英语的教育政策和学科规划以及高一分科指导，可以帮助孩子明确目标、增强学习动力、提高学习效果、培养综合素质和提高自我认知。

希望本书可以帮助孩子更好地规划自己的学业发展，考上理想的学校！

目 录

第一部分 学科规划

第一部分

学科规划

学科规划是培养学生综合素质和学科能力方面的重要工作，通过合理的学科规划，可以帮助学生获得全面的知识体系和技能，并为其未来的发展和职业道路打下坚实基础。正确的规划比努力更重要，对学生来说最重要的是方向，只有方向正确，努力才有意义和价值。如果方向错了，花再多的金钱和精力也是适得其反的。下面我将从语文、数学、英语教育政策开始分析，根据新课标要求和变化以及考试题型变化并结合我十几年的教育经验，将语文、数学、英语的学科规划和学习技巧以及分科指导分享给大家。

第一章　语文学科规划

· 语文政策解读 ·

高中语文定了 12 个主要的学习目标，特别强调 4 个核心素养，义务教育阶段（小学和初中）定了 9 个主要的学习目标和 4 个核心素养。这样的政策就是希望孩子学语文的时候，不仅能学得好，还能全面发展。表 1 具体列出了语文教育与核心素养的要求。

表 1　语文教育与核心素养对照表

<table>
<tr><th colspan="2">高中阶段</th><th colspan="2">义务教育阶段</th></tr>
<tr><td>核心素养</td><td>对应目标</td><td>核心素养</td><td>对应目标</td></tr>
<tr><td rowspan="3">语言建构与应用</td><td>语言积累与构建</td><td rowspan="3">文化自信</td><td rowspan="2">价值输入</td></tr>
<tr><td>语言表达与交流</td></tr>
<tr><td>语言梳理与整合</td><td>文化关注</td></tr>
</table>

续表

<table>
<tr><th colspan="2">高中阶段</th><th colspan="2">义务教育阶段</th></tr>
<tr><td rowspan="6">思维发展与提升</td><td rowspan="2">增强形象思维能力</td><td rowspan="6">语言运用</td><td rowspan="2">语感建构</td></tr>
<tr></tr>
<tr><td rowspan="2">发展逻辑思维</td><td rowspan="2">能说会写</td></tr>
<tr></tr>
<tr><td rowspan="2">提升思维品质</td><td rowspan="2">阅读沟通</td></tr>
<tr></tr>
<tr><td rowspan="6">审美鉴赏与创造</td><td rowspan="2">增进母语美感体验</td><td rowspan="6">思维能力</td><td rowspan="3">感知创造</td></tr>
<tr></tr>
<tr><td rowspan="2">鉴赏文学作品</td></tr>
<tr><td rowspan="3">辩证思维</td></tr>
<tr><td rowspan="2">美的表达与创造</td></tr>
<tr></tr>
<tr><td rowspan="6">文化传承与理解</td><td rowspan="2">传承中华文化</td><td rowspan="6">审美创造</td><td rowspan="3">文学赏析</td></tr>
<tr></tr>
<tr><td rowspan="2">理解多样文化</td></tr>
<tr><td rowspan="3">表达创造</td></tr>
<tr><td rowspan="2">关注、参与当代文化</td></tr>
<tr></tr>
</table>

· 语文考试变化的趋势 ·

从 2024 年新高考语文题型分析入手来看，语文试卷题型都发生了哪些变化呢？

首先，诗歌鉴赏部分进行了重大调整，新增了现代新诗鉴赏，与古代诗歌鉴赏形成并驾齐驱之势。现代新诗鉴赏占据了 16 分的显著分值，显示出对现代文学教育的重视，同时也丰富了诗歌鉴赏的考查内容。这一变化不仅拓宽了孩子的文学视野，也促进了现代诗歌在语文教学中的融入。

其次，文言文部分在保留传统题型的基础上，加大了主观题的考查力度，整体分值提升至 20 分。这一变革旨在提升孩子对文言文深层含义的理解和分析能力，而非仅仅停留在字词翻译的表面。通过增加主观题的比重，文言文考试更加注重孩子的信息筛选、概括和综合运用能力，要求他们在面对复杂文言文时能够游刃有余。

再次，现代文阅读部分同样迎来了显著变化。第一篇现代文阅读的篇幅大幅增加，字数接近 2100 字，题量也相应增多，并增加了主观简答题的比重。这一变化对孩子的阅读速度、理解深度和批判性思维能力提出了更高要求。孩子需要在有限的时间内快速阅读并准确理解文章内容，同时能够针对问题进行深入思考和分析。这种变化不仅考验了孩子的阅读能力，也促进了他们综合素养的提升。

又次，在语言基础题部分，取消了语病、成语题等传统客观题型，转而通过具体语段结合语境来考查孩子的语言基础知识。这一转变使得语言基础题的考查更加贴近实际生活和语言运用的实际情况。孩子需要在具体语境中准确理解和运用语言知识，从而提高他们的语言综合运用能力。

最后，作文部分继续保持任务驱动型的命题方式，但更加侧重常见应用文体的考查，如发言稿、辩论稿、演讲稿、书信等文体在作文题目中占据了重要地位。这一变化旨在提升孩子的实际应用写作能力，使他们能够根据不同的交际场合和目的撰写出符合要求的文章。通过写作训练，孩子不仅能够提高写作能力，还能够培养自己的表达能力和交际素养。

根据分析新高考语文考试试题，总结出语文考试的变化趋势和特点。

首先，阅读水平的要求得到了显著提升。试卷中的阅读量显著增加，阅读材料也更加多样化，这要求孩子不仅要具备快速阅读的能力，还要能够深入理解文章的核心思想和深层含义。因此，孩子需要保留充分的阅读时间，提升选书水平，同时家长也应发挥榜样作用，带头阅读，共同构建家庭阅读环境。此外，利用网上资源也能有效促进孩子对阅读材料的深层理解。

其次，考试灵活性增强成为另一大特点。跨学科内容的增多和阅读材料的新颖性，要求孩子具备更广泛的知识面和更强的逻辑思维能力。孩子需要跳出传统的学习框架，积极学习逻辑课等相关课程，以提升自身的逻辑思维和批判性思维能力。同时，关注时事热点和社会现象，将所学知识与实际生活相结合，也是提高考试应对能力的重要途径。

最后，考题政治化倾向明显。大量革命素材、正能量文章以及与时事政治紧密相关的作文命题，要求孩子不仅要关注社会现象，还要具备正确的价值观和世界观。因此，孩子需要提前准备相关素材，关注新闻时事和官方媒体报道，了解官方话语体系和表达方式。在作文写作中，注重表达正能量和积极向上的观点，以符合考试要求。

根据考情变化，语文学习更需偏向生活化、日常化，注重综合性和融合性。孩子应科学规划日常学习，养成良好的学习习惯和方法。在保留充分阅读时间的同时，多读书、读好书，关注时事政治和社会热点。同时，加强跨学科学习，将语文与其他学科相结合，拓宽知识面和思维视野。此外，提升逻辑思维能力也是必不可少的一环。通过学习逻辑课等课程，提高自身的思维能力和应对复杂问题的能力。

综上所述，从语文政策和考试趋势来看，阅读在语文学习中的地位愈发重要。以阅读为主导，引申进一步的深度理解和语文思维建立，是提高孩子语文素养和应对考试挑战的关键所在。因此，孩子应积极适应考试变化，调整学习策略和方法，努力提升自己的语文水平和综合能力。

· 语文该学些什么 ·

那么，语文到底是什么呢？简单来说，它包括听、说、读、写、欣赏和思考六个方面。听和说是我们天生就会的，是交流的基本功；读和写则是我们通过学习和练习掌握的技能，它们帮助我们更好地沟通和表达；而欣赏和思考，就像是语文里的“高级技能”，它们需要我们在阅读的基础上，去品味文字的美，去思考背后的意义。

特别是欣赏和思考，虽然现在每个孩子都能听、说，也都能在学校学会读、写，但这两个方面在未来会越来越被看重。它们不仅仅是对文字的理解，更是对我们思维能力和审美能力的培养。所以，要想在语文上取得好成绩，就得多读书、多思考、多欣赏。

综上所述，孩子在学习语文的过程中，最重要的是培养自己的文化底蕴。这是学好语文的根本，因为只有当孩子的文化底蕴足够丰富时，他们才能轻松应对各种阅读材料和写作指导，做到游刃有余。因此，建议孩子多读一些历史、传记、文摘等方面的书籍以及现代科学、技术、文学、艺术等领域的著作。这些书籍和著作将为孩子的语文学习奠定坚实的文化基础。

具体来说，读历史书籍可以增长孩子的才智、学识和见识，让他们更加深刻地理解社会和人性的复杂性；读传记则可以让孩子感受到历史伟人的精神力量，激励他们明确自己的人生方向和目标；读文摘则可以帮助孩子学会如何在海量的信息中筛选出有价值的内容，提升他们的信息筛选和整合能力。

当孩子在阅读中不断积累知识和经验时，他们的眼界会逐渐开阔，思考问题也会更加全面和深入。这种文化底蕴的积累不仅有助于提升孩子的语文水平，更会对他们的整个人生产生积极的影响。因此，家长和老师应该鼓励孩子多读书、读好书，为他们创造一个良好的阅读环境，让他们在阅读中不断成长和进步。

· 如何学好语文 ·

要学好语文，可以从以下几个方面入手。

第一，提升语文的听说能力。

听说能力是我们日常交流的基础，所以从小培养孩子的听说能力非常重要。要想让孩子在这方面有进步，我们可以从日常生活中的小事做起。

多和孩子说话。从孩子很小的时候开始，就多跟他们聊天，告诉他们你看到的东西、你的感受，还有他们正在做的事情。这样，孩子就能慢慢学会如何表达自己的想法和感受。

创造语言环境。多给孩子听儿歌、故事、诗词等，让他们多接触不同的语言材料。随着孩子长大，可以让他们听听新闻、故事、广播，或者和他们一起看一些有教育意义的动画片，这样既能丰富他们的词汇，又能让他们学到不同的表达方式。

鼓励孩子表演和表达。孩子都喜欢模仿和表演，我们可以利用这一点来培养他们的听说能力。比如，和孩子一起唱儿歌、讲故事，或者让他们扮演故事中的角色。等他们大一点了，可以鼓励他们参加演讲、辩论等活动，这样可以锻炼他们的口才和思维能力。

多听多说，不断进步。听说能力是需要不断练习的。我们可以鼓励孩子多和同龄人交流，分享彼此的想法和感受。同时，也要让孩子多听别人说话，学习别人的表达方式和思考方式。这样，孩子的听说能力就会在不知不觉中得到提升。

总之，要想提升孩子的语文听说能力，就需要我们在日常生活中多下功夫、多陪伴、多引导、多鼓励。只要我们用心去做，孩子的听说能力一定会越来越强。

第二，提高阅读理解能力。

阅读理解，这不仅仅是课本上的一项任务。因为无论我们踏入哪个学科领域，首先面对的都是一堆文字、数据或图表，如果连基本的文字意思都理解不了，那么做题和提高成绩就无从谈起。特别是在语文学习中，阅读理解更是占据了举足轻重的地位。它不仅关乎孩子能否准确把握文章的主旨大意，还考验着他们的思维深度、情感共鸣以及语言运用能力。在语文考试中，阅读理解题往往占据大片江山，同时也是孩子失分的重灾区。

那么，如何才能在日常生活中有效培养和提高阅读理解能力呢？

广泛阅读，拓宽视野。多读书，读好书，这是提高阅读能力的硬道理。无论是文学名著、科普读物、历史传记还是现代小说，都可以成为我们的精神食粮。通过阅读不同类型的书籍，我们可以接触到更广泛的知识领域，拓宽视野，增长见识。

勤查字典，精准理解。遇到不认识的字词，不要害怕，也不要轻易放过，拿出字典或词典，认真查阅，了解它们的含义和用法。这样不仅可以增加词汇量，还能帮助我们更准确地理解文章的内容，提高阅读效率。

品读原著，感悟情感。在条件允许的情况下，尽量阅读原著。原著中的文字、结构和表达方式往往能够更真实地反映作者的思想和情感。通过品读原著，我们可以更深入地理解文章的主旨和作者的意图，感受文字背后的情感力量。

做读书笔记，促进思考。阅读时，不妨记录下自己的感悟、疑问和心得。每读一遍书，都会有新的发现和感悟。通过做读书笔记，我们可以提高自己的思考和总结能力，加深对文章的理解。

学好语文不能靠临时突击。想打牢语文基础，要靠平时重视阅读理解能力的培养，多积累，多归纳，才能做到“厚积薄发”。

此外，除了日常的积累与良好阅读习惯的养成，阅读技巧在阅读理解中同样占据着举足轻重的地位。掌握并运用这些技巧，能够显著提高解题效率和准确率。

技巧一：读材料。

深入阅读与理解试卷上的文字材料，是孩子解题过程中的首要环节。这一过程要求孩子不仅要快速浏览全文，以掌握文章的大致结构和主题思想，更要细致入微地理解每一个段落、每一句话的深层含义。在初次速读时，孩子的目标是迅速构建起对文章的整体感知，识别出文章的体裁，这有助于孩子后续有针对性地解读文本。

在通读全文后，孩子应主动提取并记忆文章的关键要素：核心论点、重要结论以及那些对理解文章至关重要的人名、地点、定义、数字等细节。利用铅笔在试卷上做适当的标记，如为不同的人名、地点分配不同的符号或缩写，这将极大地方便孩子在后续答题时的信息检索。

阅读理解题的设计，旨在全面评估孩子的阅读速度、深入理解能力和信息整合与记忆能力。从简短的句子到长篇的段落，乃至整篇文章，内容涉猎广泛，题材多变，既考验了孩子的知识面，也锻炼了他们的思维灵活性。在题目类型上，表层理解题侧重直接信息的提取，如填充文章的基本信息框架；而深层理解题则要求孩子跨越文字表面，通过逻辑推理、情感分析、词义辨析等手段，挖掘并概括出文章的深层含义或作者意图。

为了提高解题效率与准确性，我强烈推荐孩子采用“倒读法”这一策略。即先浏览题目，明确问题所在，再带着问题返回文中寻找答案。这种方法不仅能帮助孩子快速定位关键信息，还能确保他们的阅读始终围绕解题目标进行，避免无效阅读，从而节省宝贵的时间。对于表层理解题，这种方法尤为有效，能够迅速准确地找到答案。而对于深层理解题，则需要孩子在全面理解文章的基础上，运用归纳、总结、推理等思维技巧，对题目进行细致分析，最终做出准确的判断。

技巧二：找原话。

所谓“找原话”，就是要找到语文阅读理解题要求的关键字、词或句子所在段落。要求孩子在细致阅读文本时，敏锐地圈画出这些核心要素，为后续的深入理解与分析奠定坚实基础。此步骤的核心价值在于明确解题的焦点，即界定出解答问题所需探索的文本区间与范围。

在全面通读文章、形成整体感知后，孩子应将待解答的问题融入文本情境中，通过再次审视试题，初步构思解答路径，从而锁定解决问题的关键阅读区域。随后，深入分析句子构造，辨识关键词的词性及其在句中的功能角色。这一过程如同解锁文本密码，帮助孩子直接从文章中获取有效信息。

对于明确要求以原文语句作答的题目，孩子应直接引用文中的原话作为答案，实现“信息直取”。即便题目未明确指定使用原文，孩子同样可以遵循“信息直取”的原则，灵活提取文中信息，构建答案框架。若题目要求以孩子自己的语言表述，则鼓励孩子对原文进行巧妙转述或解释，深挖句子背后的隐含意义与深层内涵，展现对文本的深刻领悟。

面对需要结合全文语境、探究句子深层含义的题目，孩子需调动综合分析能力，不仅局限于句子本身，更要放眼全文，通过细致入微的推理与缜密的思考，挖掘出隐藏在字里行间的深层信息，最终给出既准确又富有深度的答案。这一过程，不仅锻炼了孩子的阅读理解能力，也促进了其批判性思维与创造性思维的发展。

技巧三：看要求。

“看要求”是孩子在语文阅读理解中需要特别注意的一步。它要求孩子仔细审视题目中的每一个要求，特别是那些关键词或句子，一定要用笔圈出来，这些就是答题时的重要指引和潜在的得分点。在阅读文章内容时，孩子需要保持专注和灵活，确保能够准确地理解并回答问题。当孩子进行第二遍阅读时，应该带着问题深入文本，努力做到以下几点来优化他们的阅读理解训练。

精准捕捉关键词句。孩子需要学会识别并理解文章中的关键词句，不仅要知道它们的字面意思，还要能结合上下文理解它们在句子中的具体含义，甚至挖掘出背后的深层意义。在阅读过程中，孩子要培养敏锐的信息捕捉能力，快速找到对回答问题有帮助的内容。

跨越生词障碍。遇到生词时，孩子不要害怕，可以运用上下文线索或构词知识进行合理的推测。他们应该勇敢地假设并验证词义、句义，逐步构建起对文本的全面理解。对于不影响整体理解的生词，孩子可以暂时放过；而对于关键生词，则需要采取多种策略进行猜测，确保阅读流程的顺畅。

善用原文资源。当原文中直接给出了问题的答案时，孩子应该毫不犹豫地引用原文作答。同时，他们还要学会忽略那些对理解全文无碍的细枝末节，将注意力集中在关键信息的提取上。这样不仅能够提高答题的准确性，还能节省宝贵的考试时间。

同时，孩子在做阅读理解题的时候，不要一边看题目，一边就在文章里找答案。这样做的话，可能只是找到了表面的答案，而没有真正理解文章的意思。特别是对于那些需要深入理解的文章，这种方法就更不管用了。

孩子应该先完整地看一遍文章，大概知道文章讲了什么。看完之后，要记住文章里的一些重点，比如它说了什么重要的事情，得出了什么结论，还有文章里提到的一些重要的人名、地点、定义和数字。孩子可以用笔在试卷上做些记号，比如给不同的人名、地点标上不同的符号，这样以后找起来就方便了。

另外，孩子在做题的时候还要控制好时间。可以先挑简单的题目做，然后再去做难的。如果遇到太难的题目，不要一直想着它，先把它放一放，去做其他的题目，等所有的题目都做得差不多了，如果还有时间，再回来看看那些难的题目。这样做，孩子就可以在保证做对尽量多题目的同时，也不会因为一道难题而浪费太多时间。

技巧四：答问题。

“答问题”这一环节，在语文阅读理解中至关重要，它要求孩子精准回应题目要求，力求做到以下几点要求。

必答为要。面对问题，孩子务必作答，因为沉默即失分。我们在训练过程中需明确告知孩子，唯有回应阅读材料所提问题，方能赢得分数。不答，则等于主动让出了得分的机会。

精准作答。避免盲目答题，胡乱作答同样不得分。孩子需紧密围绕问题要求，有理有据地展开回答，而非脱离题干随意发挥。我们鼓励孩子填满答题空间，但这并不意味着可以胡言乱语，因为每一份答案都需要经过思考，方能体现其价值。

言之有据，持之有理。“言之有据”意味着孩子需在试卷的文字材料中找寻答案的支撑点，以原文为依据，避免无中生有的答案。同时，我们要让孩子明白，阅读理解的答案虽为参考，但不必惧怕与之不符，关键在于能否“言之有据”。而“持之有理”则要求孩子能围绕问题，条理清晰地阐述观点，自圆其说，这样的回答自然能够赢得相应的分数。

语言规范，书写认真。在答案构思成熟后，孩子还需注意语言的组织与表达，力求简洁明了，避免冗长烦琐。良好的书写习惯同样重要，它能提升对答案的整体印象。

复查巩固。答题结束后，若时间充裕，建议孩子重读全文，带着答案回归原文，检查是否有遗漏或错误，确保答案与原文的逻辑关系紧密无间。这样的复查步骤，能有效提升答案的准确性和完整性。

很多孩子在语文阅读理解中因缺乏正确的解题方法和技巧而遗憾失分。我们希望通过上述策略的指导，能够帮助孩子提升阅读理解的能力，减少无谓的失分，从而在考试中取得更加优异的成绩。

提高阅读能力，阅读是一条重要途径。但是只是一味地看书，没有好的读书方法，是吸收不到多少知识的。下面介绍一种高效阅读法，它由五个关键词组成：概览、提问、阅读、复述、复习。它不仅仅是一种高效的学习和阅读方法，还能帮助孩子提升阅读理解能力。

概览。在开始阅读之前，你可以快速浏览一下材料，了解整体内容和主要观点。这有助于在阅读时建立一个大致的框架。

提问。在阅读的过程中，尝试自己提出一些问题，问题要围绕你希望在阅读中找到的答案。这个步骤非常重要，接下来会详细说明原因。

阅读。认真阅读全文，关注每个部分的细节。集中注意力解决你提出的问题。

复述。阅读完成后，试着用自己的话复述所读内容。尝试表达主要观点和关键细节，这有助于加深理解。

复习。通过复习来检查自己对全文的理解程度。可以简要回顾或者做些笔记，确保你对学习材料充分掌握。

接下来，我将详细地带着你去梳理一下这五个步骤，告诉你应该如何去做。无论你面对的是一本书、一份材料，还是一道阅读理解题，都可以用这五步来提高你的学习效率和最终的学习效果。

步骤一：概览。

第一步：看目录和章节标题。注意看一下书的目录，知道整本书有哪些章节以及每个章节叫什么名字。如果你决定读某个特定的章节，那要记得看一下它的主标题和副标题。把这些标题想象成问题，问问自己这个章节在讲什么、有哪些重要概念、跟之前学过的知识有没有关系。这样可以帮助你把已有的知识和新的知识联系起来，构建一个大致的思维框架。

第二步：做阅读计划。可以查看一下整本书或者特定章节的页数，然后做个简单的计划。看看要读完整本书或特定章节需要多少时间，还要注意看看整本书或特定章节分成了几个部分，有哪些主题或论点。这样的计划可以帮助你掌握好阅读的进度，特别是在考试或做阅读题的时候，可以更好地控制时间。

第三步：留心引言、小结和特殊格式内容。在阅读的过程中，你要特别留意引言和小结部分，通常这些地方会总结整个章节或段落的主要内容和要点。另外，还要注意黑体字、斜体字、表格这些特殊格式的内容，因为它们标示了文本的重要信息、关键词汇或者重要观点。这些地方可以帮助你更好地理解整个章节或段落的核心概念。

通过前面的概览，你已经对文本内容有了初步的了解，知道了关键概念和重要部分。接下来，你可以开始提问这一环节，深入挖掘和理解文本的细节和意义。

步骤二：提问。

第一类问题：我已经知道了什么？

第二类问题：作者想告诉我什么？

第三类问题：我想要得到什么？

开始阅读正文之前，你一定要养成提问的好习惯。无论你要学习的是什么，都要在阅读之前，尽量多地给自己提出问题。记住，孩子们，不论我们学习什么内容，都要带着问题去学，多思考为什么事情会是现在这个样子。这样，当你阅读某本书或者看某个资料的时候，你就能够获得更多的知识和启发，而且能够更明确地设定学习目标。

你可以列出一些问题，以帮助你提高阅读效率。比如说，你可以想一想在这次学习中你希望得到什么，需要掌握哪些具体的知识点。在课堂上，也同样适用这种方法。不论是听课还是阅读，都要带着问题去，只有将各种问题存储在你的脑海中，你才能更有目的地去解决问题，找到答案，提升你的思维能力。

来看一个例子，当你看章节标题、大标题和小标题的时候，你可以思考：这个标题让我想起了哪些以前学过的知识？这次要学的东西和以前有什么不同？作者的目的是什么？他想要回答哪些问题？为了支持自己的观点，他会用什么方法？在你开始阅读之前，先做一些猜测，然后在阅读的过程中去验证。

此外，在开始阅读之前，要明确你的学习目标。你为什么要读这本书？为什么要读这一章或这一段材料？这样，当你在阅读的时候，就能够更专注地去学习，达到自己设定的目标。当阅读结束的时候，你可以回想一下：我实际上从中学到了什么？还有哪些问题没有答案？在接下来的阅读中，你就可以有针对性地去寻找这些答案。

步骤三：阅读。

如果没有在之前的概览和提问阶段进行准备，一旦开始阅读，很容易感到心不在焉，或注意力分散。有时候在阅读的过程中，会突然走神，开始想其他事情，甚至会忘记之前阅读过的内容，导致不必要的重读。如果前面两个阶段准备得不够充分，你就会失去明确的方向。同样地，如果没有后续的复习阶段，第三阶段阅读的内容很可能在第二天就会遗忘。因此，这五个步骤必须作为一个有机的整体来进行，以确保阅读阶段的有效性和持久性。接下来，我们将探讨阅读阶段的具体内容。

第一步，进行 3—5 分钟的快速阅读训练非常关键。在各种考试中，随着阅读题目逐渐增多，题干的字数也变得相当多。如果阅读速度不够快，就会影响解题速度、正确率和最终成绩。因此，在每次阅读时，都要花 3—5 分钟进行快速阅读训练。这个阶段的目标是提升你的阅读理解能力，同时激活你的右脑来参与阅读。

第二步，回过头来开始仔细阅读。在刚刚进行了 3—5 分钟的快速翻阅之后，现在回过头来，用稍微轻松但又比较快的速度，去理解其中的细节内容。

第三步，回答在提问阶段提出的问题。在阅读过程中，要持续关注之前提出的问题。当你在阅读时，要有意识地寻找能够回答这些问题的关键段落，并不是一本书或一个章节的所有内容都是关键。这个方法同样适用于阅读理解题，不是整篇文章都重要，而是围绕问题的那些关键段落很重要。

第四步，不要重读那些难以理解的段落，也不要在阅读过程中查找不认识的词汇。在第一次阅读时，不要花太多时间在这些细节上，也不要回头去找遗漏的细节。要直接继续阅读，即使遇到困难，也要坚持读下去，保持相对快的阅读速度，直到读完为止。因为在这个阶段，我们已经在建立了概览的基础上，带着问题来阅读，主要目的是解决问题。

第五步，在阅读阶段不要做笔记。记笔记是第四阶段，不要在第三阶段进行。在这个阶段，重点是理解和回答问题，不是做笔记。总而言之，在高效阅读法中，阅读阶段是关键的一步。

步骤四：复述。

复述就是把你刚刚阅读或学过的东西从头到尾再说一遍，或者用自己的话重新讲述一遍。这个方法有三种方式。

用口头方式。就像跟朋友讲故事一样，你可以用自己的话把刚阅读的内容总结一下。

回答问题。就像玩游戏一样，回答一些和阅读或所学内容相关的问题。

记笔记。用记笔记的方式，把重要的地方画个记号，或者写下来。例如，你可以通过回答阅读材料后面的问题来做小结。或者，你也可以采用记笔记的方式，重点标记关键信息、画重点等。

接下来，我们来看一下画重点时应注意的事项。

段落内画重点。在读完一个段落之后，再回过头来画重点。不要边读边画，因为这样你容易将所有读过的部分都标记为重点，这样就失去了重点的意义。

理性判断重点。重点不是主观认为的，而是在通读整篇文章或材料并了解问题及答案后得出的结论。重点是在整个内容中凸显出来的关键信息，而不是个人主观判断的结果。

多种标记方式。画重点并不仅仅是在关键内容下画一道横线。如果你在整本书中都使用同样的标记方式，例如画横线或用荧光笔标记，当你回头阅读时，仍然可能难以分辨章节之间或重点之间的联系。因此，学会使用多种标记符号是重要的，比如用方框表示重要概念、用圆圈标记关键词、用箭头表示因果关系等。

利用符号注释。通过使用特定的符号，可以加速对文章的理解。同时，使用例子来说明概念，或者用“因”“果”来表示事件的原因和结果，都有助于对文章进行注释。

在整个复述阶段，你可能会花费较多时间来仔细阅读书本或章节的大部分内容，这是很正常的现象。因为复述阶段是真正消化、理解和吸收知识的阶段，所花费的时间必定是值得的。

步骤五：复习。

复习的目标是确保你能够更深刻地理解和掌握已学知识。当你进行复习时，实际上是在通过自己的语言重新讲述所学内容。这个方法有什么好处呢？

当你复述时，会发现很多关键要点，如你的表达是否流畅，是否存在支支吾吾的情况。同时，在复述的过程中，你会思考你是否能够回答之前提出的问题，这些问题的答案是否准确完整。这个过程会让你在复述的时候自然而然地得到一种反馈，而这就是复习的重点。

在复习阶段，你可以根据这些反馈，更精确地重新进行前四个步骤。首先，整体了解书本或某一部分的结构，回忆之前提出的问题。其次，重新阅读，核实是否有遗漏重要内容。最后，画重点部分是不可或缺的，可以补充笔记中可能漏掉的内容或进行更正。

通过这五个步骤，你对书本、材料，甚至是文章或阅读题的理解将更加透彻。这种方法能够帮助你更好地提高阅读理解能力，而且不仅仅对阅读有帮助，也能提升整体学习效果。现今的各个科目都要求学生具备出色的阅读能力，所以学会并运用高效阅读法对你会有很大的益处。

第三，提高写作能力。

在语文考试中，作文占据很大的分值。写好作文，需要综合运用各种知识。没有丰富的知识储备，很难创作出思想深刻、内容丰富、新颖别致的佳作。作文作为语文考试的压轴题目，有时会让一些学生感到困难，甚至无话可写。针对这种情况，我分享一些基于多年教学经验的建议。

首先我们先要知道高分作文是什么样的。高分作文，通常具备以下几个核心特征，这些特征是吸引阅卷老师注意并赢得高分的关键。

立意深远，主题鲜明。高分作文往往能够从一个新颖或深刻的角度切入题目，提出独到的见解或深刻的主题。同时，文章的主题应当明确且贯穿全文，让读者能够清晰地感受到作者想要表达的核心思想。

内容丰富，素材多样。作文内容应当充实，不仅包括个人经历、情感体验，还应融入广泛的社会现象、历史文化、科学知识等素材。多样的素材能够丰富文章层次，展现作者的广博知识和深刻思考。

结构严谨，逻辑清晰。高分作文通常具有清晰合理的结构布局，如引言、正文（分论点阐述）、结论等部分。各段落之间过渡自然，逻辑严密，能够引导读者顺畅地跟随作者的思路前行。

语言优美，表达流畅。优美的语言和流畅的表达是高分作文的重要特征。作者能够运用恰当的修辞手法（如比喻、拟人、排比等）来增强文章的表现力，同时保持语言的准确性和生动性，使读者在阅读过程中感受到愉悦和有所收获。

情感真挚，感染力强。高分作文往往能够触动人心，这得益于作者真挚的情感投入和强烈的感染力。无论是描述个人经历还是探讨社会现象，作者都能以情动人，让读者产生共鸣。

创新独特，见解新颖。在保持基本规范的基础上，高分作文还常常展现出作者的创新思维和独特见解。这种创新可以体现在观点的新颖性、论证的独特性、结构的巧妙性等方面，使文章在众多作品中脱颖而出。

针对一些学生可能遇到的“无话可写”的问题，建议从日常积累入手。

一是扩大阅读量，丰富知识，为作文创作奠定基础。要多读课外书籍，特别是那些名著，甚至自然科学知识也要了解一些。在广泛阅读中，从古今中外名著和大量诗文中汲取文化思想和艺术精髓，同时也能积累大量词汇和作文材料。通过阅读，可以开阔视野、丰富知识、活跃思维，就不会再为“无米之炊”而苦恼了。

二是感悟自然，认真观察，培养观察能力。写作要激发自身的情感，在感悟中培养观察能力，大自然中的一草一木、社会生活中的平凡小事，都可以引发我们的思考。可是，在面对美丽的大自然时，孩子们大多都无动于衷，虽然可以感受到美，却又写不出来。生活中每天发生的事情非常多，孩子们往往求大，忽略了身边值得关注的小事，所以造成了无话可说、无事可写的情况。自然生活是作文教学的直观教具，为作文教学提供了取之不尽、用之不竭的写作素材。因此要把写作立足于现实生活当中。

三是激活思维，标新立异，培养孩子的想象能力。作文的每一个环节都离不开想象力，可以用想象力激发孩子的写作兴趣。世界是多姿多彩的，在做作文时应该多发挥想象力，来描绘大千的世界和多彩的生活，张开想象的翅膀，任思维驰骋。想象力应该贯穿整个作文教学之中，没有想象力，作文思路就会闭塞，内容空洞，立意不新。

总而言之，作文培养要走进自己的内心世界，贴近现实生活，以人为本，趣字当头，重视写作灵性的启发和培植，在实践中求发展求提高。只要学生把作文看成是一种“自我放纵”，不受条条框框的限制，看到什么、听到什么、想到什么就如实地写什么，熟练地掌握写作技巧，写作文就不是什么难事了。

那么在考试中，怎么写作文才能得高分呢？

字迹工整，第一印象至关重要。

首先，要明确的是，作文的分数并不仅仅取决于内容的深度与广度，字迹的清晰工整同样是赢得阅卷老师青睐的重要因素。在紧张的考试环境中，良好的字迹能够迅速抓住阅卷老师的注意力，为整篇文章奠定一个良好的第一印象。因此，孩子在平时的练习中应该注重字迹的书写，避免潦草马虎，力求每一笔每一画都清晰可辨。

合理分段，保持卷面整洁。

考试作文中，段落划分不仅关乎文章结构的清晰性，还直接影响到卷面的美观程度。一般来说，5—6 个段落是比较适宜的选择，既能保证内容的层次感，又不会显得琐碎繁杂。同时，应注意保持卷面的整洁，避免过多涂改和修正，以免给阅卷老师留下不良印象。在书写时，每段最好不要超过五行半，这样既能保证信息的密集度，又能避免产生视觉上的疲劳感。

开头结尾要精练，吸引眼球。

文章的开头和结尾是整篇文章的“门面”，它们的质量直接决定了阅卷老师对文章的第一印象和最终评价。因此，孩子在写作时应注重开头和结尾的精练与吸引力。开头部分应迅速切入主题，引起读者的兴趣；结尾部分则应总结全文，升华主题，给读者留下深刻的印象。一般来说，开头和结尾各占两行半至三行半为宜，这样既不会显得冗长拖沓，又能充分展现孩子的写作能力。

精心拟题，画龙点睛。

题目是文章的眼睛，一个好的题目能够瞬间抓住读者的眼球，激发其阅读的兴趣。因此，孩子在写作文时务必重视题目的拟定。一个好的题目应该具备贴切、简练、生动的特点。它要与文章内容紧密相连，能够准确概括文章的主旨；同时又要简短精练，易于记忆和传播；最重要的是要生动新颖，能够吸引读者的注意力。在拟题时，孩子可以运用各种修辞手法来增强题目的表现力。

开头结尾出彩，亮点频现。

除了注重开头和结尾的精练性外，孩子还应努力使它们成为文章的亮点。开头部分可以采用多种方法来吸引读者的注意力，结尾部分则可以通过总结全文、升华主题或提出展望等方式来增强文章的感染力。同时，孩子还可以在开头和结尾部分巧妙地引用名言警句、诗词歌赋等来增加文章的文化底蕴和文学色彩。

列出提纲，明确思路。

在动笔写作之前，列提纲是一个非常重要的步骤。它可以帮助孩子明确文章的中心思想、结构布局以及各部分之间的逻辑关系。列提纲时，孩子应注意将开头和结尾部分写得详细一些，以便在写作过程中能够迅速进入状态并保持清晰的思路。同时，还应在提纲中标注出各段落的主题句和关键句以及需要引用的名言警句等素材，以便在写作时能够信手拈来。

明确文体，避免混淆。

在写作文时，孩子必须明确自己所写的文体类型（如记叙文、议论文等）并按照相应的要求来组织文章的结构和内容。记叙文应注重情节的完整性和人物形象的塑造；议论文则应注重论点的明确性、论据的充分性和论证的严密性。孩子切忌在写作过程中，将两种文体混淆在一起，导致文章不伦不类。同时，孩子还应根据文章的需要，灵活采用夹叙夹议等手法以增强文章的表现力和感染力。

借鉴优秀范文，积累素材。

在考试前，孩子可以通过阅读大量的优秀范文来积累一些考试作文的结构和素材信息。这些范文可以是教材中的经典篇目，也可以是课外读物中的佳作名篇。通过阅读这些范文，孩子可以学习到如何构思文章、如何组织语言以及如何运用各种修辞手法来增强文章的表现力等技巧和方法。同时，孩子还可以将一些优美的语句、生动的比喻以及富有哲理的言论等素材信息摘抄下来以备不时之需。当然，坚决不能照搬照抄。

合理安排篇幅，充实内容。

在考试作文中合理安排篇幅也是非常重要的一个方面。一般来说，中考作文的字数要求不低于 600 字，高考作文的字数要求不低于 800 字。因此孩子在写作时，应尽量充实内容使文章达到规定的字数要求，但也要注意不过分冗长，以免影响阅卷老师的阅读体验。在安排篇幅时，孩子可以根据文章的需要灵活调整各部分的字数比例，使整篇文章看起来既充实又紧凑。同时，孩子还应注意在文章的结尾部分进行适当的总结和升华，以突出文章的主旨和中心思想。

综上所述，想要在考试中写出一篇高分作文，孩子需多方面入手，全面提升自己的写作能力。只有做到这些，才能在考场上挥洒自如，赢得阅卷老师的青睐，最终收获满意的成绩。

· 小结 ·

本书通过对新政策、新题型的详细解读，帮助家长和学生更好地理解这一变革背后的逻辑与意义。我们看到，无论是高中阶段的12个主要学习目标，还是义务教育阶段的9个学习目标，都强调了核心素养的重要性，这不仅是对学生语文能力的全面要求，更是对他们综合素质提升的殷切期望。

在语文考试的变化趋势中，现代新诗鉴赏的加入、文言文主观题比重的增加、现代文阅读篇幅的扩大以及语言基础题考查方式的转变，无一不体现了对学生阅读理解能力、思维品质、语言运用能力和文化素养的全方位考查。这些变化要求学生在日常学习中不仅要注重知识的积累，更要注重能力的培养和素养的提升。

尤为值得一提的是作文部分的变化，更加注重常见应用文体的考查，这既是对学生写作能力的锻炼，也是对他们实际应用能力的考验。在未来的社会中，良好的表达能力和交际素养将成为个人发展的重要因素。

面对这些变化，我们既要有清醒的认识，又要有积极的应对方法。作为教师，应不断更新教学理念，创新教学方法，引导学生适应新的考试要求；作为学生，应主动调整学习策略，注重积累与运用，努力提升自己的核心素养；作为家长，应给予孩子充分的支持和鼓励，共同营造良好的学习环境。

第二章　数学学科规划

· 数学教育政策与素养 ·

高考永远是最大的教育风向标，那么高中教育政策自然成为我们规划数学学习路径的重要导向。通过逆向思维的方式，我们可以从政策出发，逐步细化并优化数学学习策略。了解并深入解读这些政策（见表 2、表 3），不仅能帮助孩子把握数学学习的方向，还能确保他们的学习路径与教育改革的要求紧密相连。

表 2　高中阶段数学课程目标

<table>
<tr><th>核心素养</th><th>课程目标</th></tr>
<tr><td>数学抽象</td><td rowspan="6">通过高中数学课程的学习，学生能获得进一步学习以及未来发展所必需的数学基础知识、基本技能、基本思想、基本活动经验（简称“四基”）；提高从数学角度发现和提出问题的能力、分析和解决问题的能力（简称“四能”）
在学习数学和应用数学的过程中，学生能发展数学抽象、逻辑推理、数学建模、直观想象、数学运算、数据分析等数学学科核心素养
通过高中数学课程的学习，学生能提高学习数学的兴趣，增强学好数学的自信心，养成良好的数学学习习惯，发展自主学习的能力；树立敢于质疑、善于思考、严谨求实的科学精神；不断提高实践能力，提升创新意识，认识数学的科学价值、应用价值、文化价值和审美价值</td></tr>
<tr><td>逻辑推理</td></tr>
<tr><td>数学建模</td></tr>
<tr><td>直观想象</td></tr>
<tr><td>数学运算</td></tr>
<tr><td>数据分析</td></tr>
</table>

表 3 义务教育阶段数学课程目标

核心素养	课程目标
会用数学的眼光观察世界	获得适应未来生活和进一步发展所必需的数学基础知识、基本技能、基本思想、基本活动经验
会用数学思维思考现实世界	体会数学知识之间、数学与其他学科之间、数学与生活之间的联系，在探索真实情境所蕴含的关系中，发现问题和提出问题，运用数学和其他学科的知识与方法分析问题和解决问题
会用数学语言表达现实世界	对数学具有好奇心和求知欲，了解数学的价值，欣赏数学美，提高学习数学的兴趣，建立学好数学的信心，养成良好的学习习惯，形成质疑问难、自我反思和勇于探索的科学精神

通过新旧课标的对比，高中数学教育政策确实发生了显著的变化。

学科目标提出“四基”“四能”。这一变化强调了数学教育不仅仅是知识的传授和技能的训练，更重要的是培养孩子的数学素养和综合能力。通过“四基”的掌握，孩子能够建立起坚实的数学基础；而“四能”的提升，则使孩子能够运用数学知识解决实际问题，具备创新思维和实践能力。

课程模块重组，概率统计地位上升。这一变化反映了时代对数学教育的新要求。随着大数据和人工智能时代的到来，概率统计在日常生活和科学研究中的应用越来越广泛。因此，高中数学课程对概率统计模块的重视，不仅是为了满足孩子未来学习和工作的需要，也是为了培养孩子的数据意识和统计思维，使他们能够更好地适应时代的发展。

数学建模活动地位上升，由做难题变为解决实际问题。数学建模是将数学知识应用于实际问题解决的重要工具。这一变化鼓励孩子从传统的解题模式中走出来，关注现实生活中的数学问题，通过数学建模活动锻炼自己的创新能力和实践能力。同时，这也要求教师在教学过程中注重培养孩子的数学应用意识和实践能力，使数学教学更加贴近实际、贴近生活。

明确高中数学六大核心素养。这六大核心素养的提出，为高中数学教育提供了明确的目标和方向。它们不仅涵盖了数学学科的核心内容和方法，也体现了对孩子综合素质的要求。通过这六大核心素养的培养，孩子能够在学习数学和应用数学的过程中，不断提升自己的思维能力、创新能力和实践能力，为未来的学习和工作打下坚实的基础。

接下来再看义务教育阶段新课标要求。通过新旧课标的对比，义务教育阶段的教育政策总体发生了以下的变化。

学科总目标提出“三会”。即孩子应该学会用数学的眼光观察现实世界、用数学思维思考现实世界、用数学语言表达现实世界。这一目标的提出，强调了数学与现实生活的紧密联系，鼓励孩子从数学的角度去审视和理解世界。同时，根据不同阶段孩子的认知特点，小学阶段侧重对经验的感悟，初中阶段则侧重对概念的理解，这种分阶段的侧重点有助于更好地实现教育目标。

学科考查灵活度的提升。与旧课标相比，新课标在学科考查方面更加注重灵活性和多样性。传统的考查方式往往侧重知识点的记忆和简单应用，而新课标则更加注重阅读理解、抽象模型和推理学习等能力的考查。这种变化鼓励孩子不仅仅要掌握数学知识，更要理解其背后的思想方法和应用价值，能够灵活运用所学知识解决实际问题。同时，这也对教师的教学方式提出了更高的要求，需要更加注重培养孩子的思维能力、创新能力和实践能力。

通过对比新旧课标的变化，我们可以更清晰地看到数学学习的趋势和要求。这种对比不仅有助于我们了解教育理念的更新，还能促使我们主动适应新的学习模式，提升自己的数学素养和综合能力。

· 高考数学的变化趋势 ·

从新高考数学题型来分析，高考数学试卷在整体上延续了原全国新课标卷的单选题、多选题、填空题、解答题的结构，知识点要求没有太大变化，但试题数量几十年来首次调整。具体调整如下。

题量减少 3 道。由原来的 8+4+4+6 结构，共 22 道题目，变成 8+3+3+5 结构，共 19 道题目，其中多选题由 4 道变成 3 道，填空题由 4 道变成 3 道，解答题由 6 道变成 5 道。

分值有变化。单选题的分值没有变化，多选题的分值由之前的 5 分变成 6 分，填空题分值没有变化，解答题分值由之前的 10 分、12 分、12 分、12 分、12 分、12 分变成现在的 13 分、15 分、15 分、17 分、17 分，总分值 150 分没有变化，但选择题和填空题的总分值由原来的 80 分变为 73 分，解答题的总分值由原来的 70 分变为 77 分。

题目内容有变化。解答题不再是之前的解三角形、数列、导数、立体几何、解析几何、概率统计全考，而是从 6 个板块中选出 4 个，最后压轴题是新题型，考查孩子的综合能力。

在深入地剖析数学题型演变的脉络并细致地对比近年来的高

考数学试卷的异同之后，我提炼出以下几点显著的数学考试趋势与变化。

计算复杂度的显著提升。数学考试中的计算量明显加大，要求孩子不仅掌握扎实的计算基础，还需具备高效、准确的运算能力，以应对日益复杂的数值与符号处理。

题目内容的生活化倾向。考试题目愈发贴近现实生活，融入了大量实际生活场景，旨在考查学生将数学知识应用于解决实际问题的能力，促进理论与实践的深度融合。

深化对概念本质的理解考查。考试不再仅仅停留于知识点的表面记忆，而是更加注重对数学概念、定理本质属性的深刻理解与灵活应用，强调知识的内化与迁移。

反套路命题策略。出题者巧妙地避开传统题型与解题思路的束缚，在考试大纲允许的范围内进行创新，设置反常规的题目，以此检验学生的创新思维与应变能力。

多维数学思维的综合应用。考试要求孩子能够综合运用多种数学思维方法，如逻辑思维、空间想象、数据分析等，解决复杂问题，这体现了对学生数学素养的全面考查。

通过对数学考试的政策和题型的详细分析，我发现现在学习数学的重点越来越偏向于用数学知识解决实际问题，强调知识的实际运用和灵活思考。虽然新高考数学考试的题目变少了，看起来好像给了我们更多时间去思考，但实际上有些题目特别难，难度几乎达到了数学竞赛的水平。这些难题加起来分数并不低，差不多有 50 分。这意味着如果孩子在这些题目上失分，那数学成绩可能就直接从 100 分往下掉了。

而且现在的数学考试里，基础题变少了，取而代之的是更难的题目。这样一来，虽然中等生多数能拿到基础分，但想考高分就变得很难了。

更重要的是，这样的变化让大家的分数差距变得更大了。有些孩子可能平时成绩还不错，但一到考试就可能因为几道难题而失分，成绩波动很大。所以，现在的数学考试不仅考知识，还考心态、策略和应变能力。

在了解数学考试及题型变化后，孩子可以采取以下策略来应对。

首先，专注于掌握原有的题型。如果孩子在传统题型的基础题上还存在困难，那么首要任务是确保这些基础题型得到充分练习和理解。这些题型是数学知识体系的重要组成部分，必须扎实掌握。

其次，加强数学阅读和理解能力的培养。这意味着孩子在面对数学题目时，需要能够准确理解题目中的信息，并将其转化为可以操作的数学表达式或步骤。这要求孩子不仅具备扎实的数学基础，还需要有良好的阅读和分析能力。

最后，保持冷静和定力，不要因题型变化而慌乱。高考要求的核心素养并没有变，理解和运用的能力依然是高考考查的核心。不要因为一点风吹草动就乱了阵脚，踏踏实实，按部就班，不要投机取巧，多一些深度思考，少一些机械做题，这才是培养核心能力的正途。抓住了核心能力，就是抓住了高考的本质，无论考查的外在形式如何变化，你都可以立于不败之地。

· 如何学好数学 ·

在规划数学学习之前，首先要明白数学是什么。简单来说，数学就是帮助我们理解和描述现实世界中数量关系和空间形状的工具，它用特殊的方式——比如定理、法则和公式——来表达我们的思考和推理。而数学概念，就是这些思考和推理的基础。

数学是一门逻辑性很强的学科，所以我们在规划学习的时候，要特别重视两个方面的培养：一个是计算能力，一个是数学思维。

计算能力就是孩子要能快速准确地算出答案。这就需要多做练习，掌握各种运算法则，还要学会灵活运用它们。

数学思维则是更高层次的能力，这包括要有抽象思维，能从复杂的问题中找出简单的数学关系；要有逻辑推理能力，确保我们的每一步推理都是正确的；还要有批判性思维，敢于质疑并找到更好的解决方法。

接下来，我会结合我的教学经验，跟大家分享一些培养计算能力和构建数学思维的方法。

第一，培养计算能力。

计算能力培养要遵循以下三个原则。

第一个原则：限时训练。限时训练是一种有效提升计算速度的方法。通过设定合理的时限，让孩子在有限的时间内完成一定数量的题目，可以激发他们的潜能，提高计算效率。当然，在追求速度的同时，也要确保准确性，避免因为急于求成而犯错。

第二个原则：循序渐进。学习是一个循序渐进的过程，计算能力的提升也不例外。孩子应根据自己的实际情况，制订合理的学习计划，从易到难、从简到繁地逐步提升自己的计算能力。在每个阶段结束时，都要及时总结经验教训，为下一阶段的学习做好准备。

第三个原则：不要忽视计算的地位而过于急功近利。要坚持计算的限时训练，并辅以学习技巧。技巧的学习是为增强计算的兴趣、自信以及成就感，但切勿直接认为技巧就是计算的捷径，不要让技巧取代了计算的首要地位。

怎样使数学计算基本功更加扎实？以下是我结合多年教学实践，精心提炼出的几项提升数学基本功的策略。

754 检测练习法。它要求孩子在 7 分钟内完成 5 道四位数乘以四位数的竖式计算。这种计算很复杂，因为每道题都要做很多步，只要错了一步，结果就会出错。所以，通过这个方法，你可以在不知不觉中提高自己的计算流程掌握能力和专注力。

草稿纸分析法。这种方法对那些容易粗心、耐心不够的孩子特别有帮助。这些孩子不喜欢用草稿纸，或者草稿写得乱七八糟，数位也对不齐，这样很容易出错。但是，如果草稿纸上的题写得清楚、整齐，就能很容易地找到问题所在，更快地纠正错误。

33 口算法。它要求在规定的时间内，通过心算完成 3 道三位数的加减法运算，无需列竖式。为了辅助记忆和计算，可以直接在题目上用笔做简单的标注。这种方法不仅能显著提升学习记忆能力，还能增强学习专注度，让孩子的思维更加敏捷和高效。

有些孩子可能觉得现在上初中或高中了，但计算能力还是很差，以前也没怎么练过，担心来不及补救。其实不用担心，只要开始行动，就还有机会提升。我为大家准备了一个“100 天计算能力提升计划”，专门针对这种情况。这个计划结合了初中和高中的数学内容，特别是增加了分数计算和因式分解的练习，因为这些是初中、高中很重要的部分。具体安排如下。

754 检测练习法（40 天）：以 7 分钟内完成 5 道四位数乘以四

位数的竖式计算为目标，每日两组，共持续20天，随后进行复训20天，确保技能稳固。此阶段重点在于速度与准确性的双重提升。

数字与分数计算（10 天）：专注于分数计算，每日一组练习，共计 10 天。通过系统训练，掌握分数加减乘除计算的熟练度，为后续更复杂的计算打下基础。

因式分解强化（20 天）：每日一组因式分解练习，持续 20 天。因式分解不仅是代数的基础，也是提升解题能力与技巧的关键。

代数表达式简化（10 天）：继因式分解之后，这 10 天将专注于代数表达式的简化练习。通过处理包含多项式和复杂分数在内的表达式，将进一步提升代数运算的灵活性和效率，为解决更高级的数学问题做好准备。

应用题实战（15 天）：为了将计算技能应用于实际情境中，计划设置 15 天的应用题实战训练。每天选取几道涵盖分数、百分数、比例等知识点的应用题，通过解题过程加深对数学概念的理解，并锻炼解决实际问题的能力。

综合模拟测试（5 天）：在计划的最后阶段，安排 5 天进行综合模拟测试。这些测试将模拟真实考试环境，覆盖整个“100 天计算能力提升计划”的所有关键知识点，包括四位数乘法、分数计算、因式分解、代数表达式简化以及应用题等。通过模拟测试，孩子可以评估自己的学习成果，查漏补缺，为即将到来的考试做好充分准备。

每日反思与总结（贯穿全程）：除了上述具体的练习安排外，鼓励孩子养成每日反思与总结的习惯。每次练习后，花几分钟时间回顾错题，分析错误原因，总结解题方法和技巧，形成自己的学习笔记。这种习惯不仅有助于巩固所学知识，还能培养孩子的自我学习能力和批判性思维。

记住，持之以恒是成功的关键。只要按照计划逐步推进，坚持每天的学习与练习，即使基础薄弱，孩子也能在100天内看到显著的进步。

当然，这个计划不是固定不变的，要根据孩子的情况灵活调整。刚开始的时候，主要是坚持，把每道题都做对，等熟练了之后，就可以加快速度了。

计算习惯的培养是一个长期而渐进的过程，需要家长和孩子的共同努力和坚持。我们要遵循“先开始，再完美”的原则。通过监督孩子认真做题，教会孩子善于打草稿、培养细心和耐心，引导孩子探索计算方法以及适度练习与反馈等方法，可以帮助孩子逐渐养成良好的计算习惯。

第二，构建数学思维。

数学思维是指用数学的方法来思考和解决问题的思维活动形式。这种思维活动涉及人脑对客观现实的概括和间接反映，是大脑的基本活动形式之一。

数学思维包括逻辑思维、形象思维和直觉思维等形式。其中，逻辑思维是数学思维的核心，它依据形式逻辑的规则来反映数学对象、结构及其关系，达到对其本质特性和内在联系的认识过程。形象思维则是依靠形象材料进行思考，常用于激励想象力和创造性。直觉思维则是对数学结构及关系的某种直接领悟或洞察，具有非逻辑性和下意识的自发性。

培养思维素养的过程中，孩子需要遵循一个原则、三个流程、两个建议。

一个原则。思维能力的锤炼离不开重复，但重复需多视角进行，既要重复概念理解，也要从不同角度解读题目，以此深化认知。

三个围绕作业的黄金流程。先复习后做作业，通过多角度回顾当天所学，细致回忆题目类型，并举例串联知识点。做作业过程中有三个动作：一是动笔，写出题目已知条件和求解目标，这是非常重要的；二是动嘴，讲一讲题目中已知什么求什么，这个过程就是在锻炼一个孩子的数学思维；三是面对现实，不要纠结于难题。做完作业后也有三个动作：一是挑一道自己会做的题，尝试一题多解；二是集中处理难题；三是提前预习。

针对错题处理，提出两大实用建议。对于基础不好的孩子，推荐采用三步自我提问法。第一步，识题知点，明确题目涉及的知识点，可辅助答案理解；第二步，定位漏洞，精准查找这些知识点在课本中的位置，诊断知识短板；第三步，顺藤摸瓜，回忆课本中相关知识点的学习顺序，用一道错题串联并强化一类知识点的掌握，实现以点带面的学习效果。

另外，错题本要做到分类整理与定期回顾。建议建立错题本时，要根据题目的类型、涉及的知识点或错误原因进行分类整理。这样做的好处在于，当需要复习或查漏补缺时，可以迅速定位到自己薄弱的环节，避免盲目做题。定期回顾错题本也是非常重要的，可以设定一个固定的时间周期，比如每周或每月，对错题本进行回顾。在回顾时，不仅要重新做一遍错题，更重要的是要反思当时做错的原因，确定是否真正理解了知识点的本质以及是否掌握了正确的解题方法。通过不断回顾和反思，孩子可以逐渐消除知识盲点，巩固学习成果，提高解题能力和应试技巧。

当然，学好数学离不开五大核心思维素养。

思维的连续性。它如同一条坚定的路径，一旦方向明确，便能持之以恒，步步为营，不畏时间漫长，拒绝半途而废。这种连续性深植于扎实的计算基础之中，是持续探索与进步的基石。

思维的完备性。强调思考的全面性与彻底性，即确保不遗漏任何可能性，通过分类讨论的方式穷尽所有选项。这一素养体现在我们面对问题时细致入微、全面考虑的习惯之中，是数学解题中不可或缺的一环。

思维的准确性。要求思维过程精准无误，能够清晰阐述思想脉络，精准把握概念细节，确保思考的方向明确无误。这是数学学习中对精确性追求的体现，也是培养逻辑思维的重要方面。

思维的聚焦性。如同聚光灯般集中注意力于一点，针对特定问题明确目标，高效整合所有思考资源。这种聚合性思维让孩子在解题时能够直击要害，迅速找到解题的关键所在。

思维的跳跃性。这是一种超凡脱俗的思考方式，不拘泥于传统逻辑步骤，能够直接洞察问题本质，迅速得出答案，并灵活拓展至相关领域。虽然它与天赋紧密相连，但通过不断训练与挑战，也能在一定程度上得到提升。

数学虽与天赋有所关联，但绝非完全依赖天赋。良好的数学思维能力不仅能让学习更加高效，还能促进人际沟通。可以说，数学思维能力在很大程度上影响着孩子的人生轨迹。掌握数学思维，就如同手握一把万能钥匙，能够轻松解锁各学科的学习之门。

培养抽象思维能力对于显著提升数学能力至关重要。这一过程可以促使孩子更深刻地领悟数学中的概念与原理。通过强化抽象思维，学生能够超越日常具体情境的束缚，以更广阔的视角审视并解决数学问题。思维的发展犹如攀登高峰，需步步为营。接下来，我将从三个核心方向分享如何有效培养数学思维。

充分理解概念。抽象逻辑思维是指充分理解概念并运用概念，进行合乎逻辑推理的思维活动。语言是思维的外壳，思维活动对语言具有相对依赖性。因此，要重视对概念的理解。

尝试逆向思维。逆向思维是在研究问题时从反面观察事物，去做与习惯性思维方向完全相反的探索。有时正面解题很难，那就不妨改变思维方向。正向思维定式经常制约思维空间的拓展，逆向思维常常可导出全新的思想和方法。例如"一题多变"的变式训练、反证法的应用、举反例的方式等，充分体现了思维过程中的互逆性。进行逆向思维训练不仅有助于透彻理解问题的实质，还有助于创新思维能力的培养。

大胆猜想和质疑。通过一系列的问题质疑，可以让知识得以创造性的理解与掌握。在数学学习中，可以通过错题错解辨别命题的错误与推断的错误；可以给出组合的选择题，进行是非判断；还可以巧妙提出某命题，指出若正确请证明，若不正确请举反例，练就与提高质疑能力。越是具有创造性的人，越有独特的个性，越不会随波逐流，不会轻附众议，而是常常违反规则，提出自己的见解。创造性思维正是一种不依常规，寻求变异，多方探索问题答案的思维形式，其新颖性、独特性和实用性被认为是创造力的重要特征。

了解数学思维培养的三个方向后，我们如何将其落实到各学段中呢？下面我将结合我 15 年的经验来给各位分享不同学段应如何培养数学思维能力。

第一，小学阶段。

看。首先，用眼睛捕捉题目中的核心问题，明确解题目标。同时，细致观察题目中的每一条信息，确保它们在脑海中留下清晰的印记。

想。在充分观察的基础上，进行深入思考。这不仅仅是简单的信息回顾，而是要进行信息的整合与比较。例如，在小学阶段，学会从题目中提取信息，利用算式推导出未直接给出的信息。在解决应用题时，更要善于挖掘文字背后的隐含条件。

做。将观察与思考的结果付诸实践，即开始解题。在这一过程中，可能会遇到难题或卡壳的情况，此时不要气馁，而是应深入分析原因，通过不断试错与总结，逐步克服困难。

查。解题完成后，别忘了进行回顾与检查。这一步是确保解题过程准确无误的关键。通过审视解题步骤，我们可以及时发现并纠正潜在的错误。

第二，初中阶段。

要学会关注数学细节。在数学领域，每一个细节都至关重要。精准的计算和严密的推理是解题的基础，任何微小的疏忽都可能导致最终答案的偏差。因此，在解决数学问题时，应秉持细致入微的态度，仔细研读题目，不放过任何一个可能影响结果的细节。通过深入剖析题目条件，我们可以更有效地规避潜在的错误，确保解题过程的准确无误。

同时，为了进一步提升自己的注意力和精细度，多做数学题是一个行之有效的方法。通过大量的练习，我们不仅能够加深对数学概念和原理的理解，还能在实战中锻炼自己的观察力和判断力，从而更加敏锐地捕捉到题目中的关键信息，减少因疏忽而导致的错误。

注重数学的实践应用。学习数学的核心价值远不止于死记硬背公式，而在于能够将抽象的数学知识转化为解决实际问题的能力。所以，应当积极寻求将所学数学原理应用于日常生活的机会，比如通过模拟数学实验来直观体验数学原理的运作，或是参与数学竞赛，在挑战中锻炼自己的实践应用能力。

此外，随着科技的发展，数学软件成为我们提升实际操作能力的有力工具。利用这些软件，可以进行数学建模，将复杂问题抽象化、简单化，并通过数据分析来揭示背后的规律和趋势。这一过程不仅能够加深孩子对数学知识的理解，还能培养他们解决实际问题的创新思维和动手能力。

进行多方位的学习和思考。这不仅仅意味着要拓宽数学知识面，还涉及培养实际应用能力和多维思考方式。通过阅读相关数学书籍，可以接触到更广泛的数学理论和实际问题，从而加深对数学概念的理解。同时，参加数学课外班或讲座，可以在更专业的环境中学习，与志同道合的同学和经验丰富的教师交流，进一步激发学习兴趣和动力。此外，多尝试不同类型的数学题目，不仅有助于巩固所学知识，还能锻炼解题能力和思维灵活性。通过这样全方位学习和实践，数学能力将得到显著提升。

第三，高中阶段。

在高中学习中，数学是其中最有难度的科目之一，相较于小学和初中，高中数学不仅在难度上有了质的飞跃，其内容也更为抽象复杂，给很多孩子造成了学习上的困扰。因此，如何有效培养和发展数学思维，成为高中数学教育的核心任务。以下是一些针对高中生数学思维培养的方法。

学会提问。提升思维能力的第一步是学会主动提问。通过不断地提出问题，可以激发思维的活力，挖掘问题的本质，找到新的视角和解决问题的思路。良好的提问习惯可以帮助孩子更深刻地理解问题，让思维保持活跃状态。

培养逻辑思维能力。逻辑思维是提升思维能力的基础。通过学习相关的逻辑知识和方法，孩子可以更好地分析问题，判断事物的合理性，减少错误的决策和判断，提高自己的思维精准度和逻辑性。

阅读和学习。阅读和学习是提升思维能力的有效途径。通过广泛阅读和学习，可以接触到各种知识和信息，拓展自己的思维领域，培养丰富的思维素材和知识储备，从而更好地运用这些资源进行思考和分析。

练习批判性思维。批判性思维是指在分析问题、思考解决方案时，进行自我批判和推理的思维模式。通过练习批判性思维，可以避免盲从、迷信和盲目乐观，保持理性、全面、客观地分析问题，提高决策的准确度和可行性。

引导反思，深度思维。反思的过程就是一种深度思维的过程。在解完一道题目之后或在解决某个数学问题后，不是一了百了而是对解题思路、解题方法、解题过程等各环节进行反思、推敲，进一步思考与强化，总结解题思路和解题技巧。

这有助于进一步把握知识点，加深理解，提高运用数学知识解决问题的能力和技巧，有助于以后开阔解题思路，有助于孩子对数学思想方法的理解和掌握。同时，反思的过程有助于举一反三，触类旁通，从一道题中看到多类问题的解法，进一步明晰解题步骤，优化解题技巧。这种深度思维训练，对于锻炼孩子的数学思维、提升思维能力至关重要，尤其有助于激发孩子的创造性思维，让他们的思考更加深邃、广泛且充满创意。

数学中的深度思维训练一般是以归类练习、目标练习为主。没有一定量的解题练习，就不会练就过硬的解题本领，也不会掌握一定的解题技巧。但需注意，单纯的题量堆砌并不能带来质的飞跃，所以要避免题海战术，以免造成孩子思维疲劳。而是需要把握试题的内容、结构和特征，确定解题训练目标，进行归类训练、目标训练。如训练一题多解、多题一解、一题多变、一题多联等。

· 各学段孩子怎么学好数学 ·

第一，小学阶段。

精通基础运算。通过持续做题或参与数学游戏，强化加减乘除等基本运算技能。

图形化解题思维。特别是在处理几何难题时，绘制图形作为辅助，直观展现问题，可助力深入理解和高效解题。

生活化学习。将数学知识融入日常生活场景，如购物预算、烹饪测量等，使抽象概念变得生动具体，易于掌握。

团队协作与交流。与同学进行数学讨论，分享解题思路，相互启发，共同提升问题解决能力。

公式与定理的记忆艺术。利用闪卡、口诀或重复背诵等方法，巩固记忆重要公式和定理，为解题打下坚实基础。

挑战自我，勇攀高峰。积极寻求并解答具有挑战性的数学问题，以此锻炼思维的灵活性和深度解决问题的能力。

细节决定成败。在计算过程中，严谨对待数字排列与运算符号的使用，避免因小失大。

善用工具，实践出真知。借助尺规、量角器等工具，直观感受几何之美，加深理解并提高实践能力。

思维训练，启迪智慧。定期进行逻辑推理与数学推理练习，培养敏锐的逻辑思维和高效的解题策略。

持之以恒，习惯成自然。将每日数学练习融入日常，保持对数学知识的持续熟悉与精进。

主动预习，抢占先机。提前预习新课内容，主动探索未知，培养自主学习的良好习惯。

听课与思考并行。在课堂上，不仅要认真听讲，更要积极思考，将所学知识内化于心。

解题后反思，提炼精髓。每解一题，必回顾其解法，总结规律，领悟其中蕴含的数学思想与方法。

拓宽思路，创新解题。在老师指导下，勇于尝试不同解题思路，培养灵活多变的解题能力。

善用错题本。记录并分析错题，深究错误根源，确保不再重蹈覆辙。

课本为本，夯实基础。以数学课本为核心，深入理解和掌握基本概念、公理、定理及公式，构建坚实的知识体系。

应用题实战演练。重视应用题训练，掌握解题思路、方法和技巧，提升解决实际问题的能力。

激发兴趣，乐在其中。通过数学故事、实际应用案例等方式，培养对数学的浓厚兴趣，让学习成为一种享受。

归纳总结，构建知识网络。定期对所学知识进行归纳总结，厘清知识脉络，强化知识间的联系与整合。

第二，初中阶段。

夯实基础，深入理解。确保对初中数学的基础知识有全面且深刻的理解，这涵盖了各个概念、公式及定理的内涵与实际应用场景，为后续学习奠定坚实基础。

主动预习，先行一步。通过提前预习为新知识的学习铺路，采取粗读与细读相结合的方式。粗读概览章节概要，细读则聚焦重要概念、公式、法则及定理，深入体会其形成过程，对疑惑之处做记号以待课堂求解。

重视复习，巩固提升。避免急于完成作业而忽视复习的重要性。复习时，应先回顾教材与笔记，重温课堂讲授的精髓，强化记忆公式与定理；再着手作业，确保练习有的放矢，深化理解。综合复习遵循“全局概览、深化理解、整理巩固”三步走策略，构建完整知识体系。

大量实践，巩固知识。通过大量的习题练习，巩固所学知识，独立完成作业，勇于挑战难题，以发现并弥补知识漏洞。

勇于提问，解惑释疑。面对学习中的困惑，积极提问，无论是向老师、同学请教，还是自主查阅资料，都是解决问题的有效途径。

联系实际，学以致用。尝试将数学知识融入日常生活，解决实际问题，这样不仅能加深理解，还能提升解决实际问题的能力。

时间管理，高效学习。合理规划学习与练习时间，如设定每日学习小目标，定期总结错题，利用周末进行知识梳理等，确保学习高效有序。

试卷分析，查漏补缺。考试后，细致分析试卷，特别是错题部分，明确自身弱点，进行针对性改进。

交流讲解，促进理解。与同学分享解题思路，尝试为对方讲解数学概念，这一过程能极大促进自己的理解与记忆。

广开资源，丰富学习。除了课本，积极寻找并利用各类学习资料，如辅导书、在线课程等，拓宽学习视野。

培养思维，超越记忆。数学学习的核心在于培养数学思维，通过不断的思考与练习，实现从记忆到理解的飞跃，最终掌握数学的精髓。

根据新课标以及数学考试变化趋势，阅读量在数学考试中逐步增加。在初中数学学习中要极其重视阅读量的培养。很多学生没有养成这个习惯，这是他们学不好数学的主要原因之一。一般地，阅读可以分以下三个层次。

一是课前预习阅读。预习时，要准备一张纸、一支笔，将课本中的关键词语、产生的疑问和需要思考的问题随手记下，对定义、公理、公式、法则等，可以在纸上进行简单复述，重点知识可在课本上批、画、圈、点。这样做不但有助于理解课本内容，还能帮助我们在课堂上集中精力听讲。

二是课堂阅读。预习时，我们只对课本内容有了一个大概的了解，不一定都要深刻理解和消化吸收，因此在课堂上要结合教师的讲授，进一步理解课本内容，从而掌握知识重点、难点，解决预习中的疑难问题。

三是课后复习阅读。课后复习是课堂学习的延伸，既可解决在预习和课堂中仍然没有解决的问题，又能使知识系统化，加深和巩固对课堂学习内容的理解和记忆。一节课后，必须先阅读课本，然后再做作业；一个单元后，应全面阅读课本，将单元的内容前后联系起来，进行综合概括，写出知识小结进行查漏补缺。

第三，高中阶段。

巩固知识点是学好数学的基础。

第一步，先搞清楚概念和定义，将书上的例题做完，再去做练习册上的题。基础差，我们就要一步一个脚印，把基础打好，形成完整的知识体系，拒绝眼高手低。把基础题做好做明白，就已经成功了一半。

第二步，学会总结，上课就要集中精力，尤其是数学课。老师有着多年的教学经验，他们讲述的都是从无数考卷当中总结出来的核心知识，一定要认真听。

第三步，课后要及时巩固自己的课堂所学，把重点知识记录下来，记录的过程中也可以帮助你进行二次记忆。

多做题且高效做题。

为什么要做题？因为你做的题越多，你见识的题型就越多，做题的经验也就越丰富。但注意，做题一定要讲究策略和方法，只做不总结就等于白做。那如何有效做题呢？

首先，做题初期不要过分纠结数量，而是抓质量。简单来说，就是不要在意做题速度的快慢，你可以很慢，但只要把一道题弄懂弄透你就达到了效果。

其次，做题的过程中将解题思路或过程写在题目旁边，或者准备一本专门的笔记本，标清楚题号，对应写下解题思路和过程。这样做的好处就是可以帮助你溯源，如果发现题目做错了，你可以根据对应的解题思路来确定哪个环节出了问题，从而清楚高效地找出你的短板并针对短板查漏补缺。除此之外，这样做还可以帮助你为其他同类型问题的解决提供思路。在你遇到类似的问题，却不知道从哪儿下手的时候，或者思路混乱的时候，拿出你的笔记本，它是一个重要的参考方案。比如立体几何证明类的相关问题，你可以根据之前的做题经验来确定是否需要做辅助线，紧接着确定需要用到哪几条定理，需不需要用到向量这样的证明方法。时间久了，你会形成自己的一套解题思路。但并不是每一道题都需要记录解题过程，你不会做错的题，或者非常简单的题可以忽略它。

最后，准备一个错题本。错题本一定是贯穿你高中学习过程中的重要组成部分。做题的过程中一定会出现许多错题，不要怕，做题就是查漏补缺的过程，找出自己在哪个方面掌握得不牢固，接下来补短板就可以了，短板补上，你的成绩自然而然就上去了。

· 小结 ·

我们可以清晰地看到，无论是高中阶段还是义务教育阶段，数学教育都承载着培养学生数学核心素养、提升综合能力的重要使命。通过逆向思维的方式，从高考政策及教育导向出发，我们能够更加精准地定位数学学习目标，并据此优化学习策略。

高中阶段，不仅要求孩子掌握扎实的数学基础知识、基本技能和基本思想，更强调培养数学抽象、逻辑推理、数学建模、直观想象、数学运算和数据分析等核心素养。这些核心素养的形成，不仅有助于孩子在高考中取得优异成绩，更为他们未来的学习、工作和生活奠定了坚实的基础。

而义务教育阶段，强调让孩子在探索真实情境的过程中，体会数学知识之间的联系以及数学与其他学科、生活之间的联系。这种教学方式有助于孩子从小就形成对数学的浓厚兴趣和探索精神，为他们后续的数学学习打下坚实的基础。

综上所述，数学学科规划应紧密围绕教育政策和核心素养的培养展开，通过不断优化教学策略和方法，激发孩子的学习兴趣和潜能。

第三章　英语学科规划

·英语教育政策解读·

我们根据英语教育政策可知，在高中阶段和义务教育阶段英语新课标中确立了四项核心素养和课程目标（见表4）。

表4　高中阶段与义务教育阶段英语核心素养与课程目标

核心素养	高中阶段课程目标	义务教育阶段课程目标
语言能力	具有一定的语言意识和英语语感，在常见的具体语境中整合性地运用已有语言知识，理解口语和书面语所表达的意义，识别其恰当表意所采用的手段，有效地使用口语和书面语表达意义和进行人际交流	发展语言能力。能够在感知、体验、积累和运用等语言实践活动中，认识英语与汉语的异同，逐步形成语言意识，积累语言经验，进行有意义的沟通与交流
文化意识	获得文化知识，理解文化内涵，比较文化异同，汲取文化精华，形成正确的价值观，坚定文化自信，形成自尊、自信、自强的良好品格，具备一定的跨文化沟通和传播中华文化的能力	培育文化意识。能够了解不同国家的优秀文明成果，比较中外文化的异同，发展跨文化沟通与交流的能力，形成健康向上的审美情趣和正确的价值观；加深对中华文化的理解和认同，树立国际视野，坚定文化自信

续表

核心素养	高中阶段课程目标	义务教育阶段课程目标
思维本质	能辨析语言和文化中的具体现象，梳理、概括信息，建构新概念，分析、推断信息的逻辑关系，正确评判各种思想观点，创造性地表达自己的观点，具备多元思维的意识和创新思维的能力	提升思维品质。能够在语言学习中发展思维，在思维发展中推进语言学习；初步从多角度观察和认识世界、看待事物，有理有据、有条理地表达观点；逐步发展逻辑思维、辩证思维和创新思维，使思维体现一定的敏捷性、灵活性、创造性、批判性和深刻性
学习能力	树立正确的英语学习观，保持对英语学习的兴趣，具有明确的学习目标，能够多渠道获取英语学习资源，有效规划学习时间和学习任务，选择恰当的策略与方法，监控、评价、反思和调整自己的学习内容和进程，逐步提高使用英语学习其他学科知识的意识和能力	提高学习能力。能够树立正确的英语学习目标，保持学习兴趣，主动参与语言实践活动；在学习中注意倾听、乐于交流、大胆尝试；学会自主探究，合作互助；学会反思和评价学习进展，调整学习方式；学会自我管理，提高学习效率，做到乐学善学

通过新旧课标对比，高中英语教育政策总体发生了以下的变化。

课程结构发生改变。原有的中国英语能力9级体系被全面革新，取而代之的是一个更加灵活多元的课程框架：必修 + 选择性必修 + 选修系统，这一变革极大地丰富了英语学习的层次与维度。

与国外出版社合作编写教材。中外出版社共同研发出以主题为核心单元设计的教材体系。这些教材不仅内容更加贴近国际原版教材的标准与风格，更在传承与创新中，为学生搭建了通向全球视野的桥梁。

更加强调真实的英语语言素材。高中英语不仅在阅读量上实现了飞跃，更在篇幅与难度上进行了科学合理的提升，旨在让学生在接近真实的语言环境中锤炼语言技能。

英语写作难度加强。英语写作不仅提高了字数要求，更在内容深度、逻辑清晰度及创新性表达等方面设立了更高的标准。同时，“以读促写”的教学理念被进一步强化，鼓励学生通过阅读高质量文本，激发写作灵感，提升写作技巧。

教学测评指导更加细节化。新的测评指导更加细致入微，不仅涵盖了知识技能的全面考评，还注重对学生学习过程、方法及情感态度等方面的评价，为一线教师提供了更加明确、易于操作的教学指导与反馈机制。

通过新旧课标对比，义务教育阶段英语教育政策总体发生了以下变化。

评价体系改变。由原来的 9 级体系变成 3+4 个能力等级，这一变革不仅标志着对学生英语能力评估标准的提升，更体现了教育评价体系向更高层次、更多维度发展的趋势。总体难度的提升，旨在激励学生不断挑战自我，追求卓越。

口语要求提升。随着人机对话技术的日益成熟，其逐渐融入中考评价体系，标志着英语口语能力被提升到了前所未有的高度。这一变化不仅要求学生具备扎实的语言基础，更需具备良好的语言运用能力和临场应变能力。

小学课外阅读量要求明确。新课标首次对小学阶段的课外阅读量提出了明确要求，实现了从无到有的历史性跨越。这一举措旨在通过阅读这一重要途径，拓宽学生的知识视野，培养阅读兴趣，进而提升他们的语言综合运用能力。

预计新版教材将会与国外出版社合作。中外出版社共同研发出更加贴近国际原版、质量上乘的教学资源，这不仅意味着教学内容将更加丰富多元，更意味着将为学生带来原汁原味的语言学习体验，促进他们更好地融入全球化时代。

强调课外的时间精力投入。这一理念鼓励学生在课堂之外也能保持积极的学习状态，通过自主学习、探究学习等方式，不断巩固和拓展所学知识，实现全面发展。

教学测评指导的进一步细节化和实操性提升。这为教师提供了更加明确、具体的教学指导与反馈机制，有助于确保新课标各项要求的有效落实和教学质量的持续提升。

综上所述，从高中英语教育政策到义务教育阶段的新课标，一系列变革正引领着我国英语教育进入一个全新的发展阶段。这些变化不仅提升了英语学习的难度与广度，更要求我们注重培养学生的实际语言运用能力和跨文化交流素养。

因此，对于孩子来说，了解并适应这些变革是至关重要的。他们需要在家长和老师的引导下，积极调整自己的学习态度和方法，努力提升自己的英语综合能力。同时，也要保持对英语学习的热情和兴趣，不断探索和实践新的学习方式和方法，以便在未来的学习和生活中更好地应对各种挑战和机遇。

· 英语考试题型变化趋势 ·

深入剖析新高考英语试卷题型变革的脉络，我们不难发现，这一变革旨在更深层次地锤炼学生的阅读理解力、书面表达力等核心语言技能。新题型的引入，如语法填空、读后续写，不仅丰富了考试形式，也预示着英语教育正迈向一个更加注重语言实际运用与创新能力培养的新阶段。

具体而言，新高考英语试卷在题型调整上展现出三大显著趋势。

减少语言知识运用类试题的题量和分值，增加语言运用能力试题的分值。通过对语言知识运用类试题（如完形填空）的题量与分值的缩减（由 30 分降至 15 分，每题分值从 1.5 分降至 1 分），以及对阅读理解和书面表达等语言运用能力试题分值的显著提升（阅读部分由 40 分增至 50 分，阅读理解小题分值提升至 2.5 分），明确传达了考试导向的转变——从单纯的语言知识测试向语言综合应用能力的全面评估迈进。

题型更加多样。比如，英语试卷的写作部分分为根据提示信息写作和读后续写两种题型，不仅丰富了写作部分的考查形式，还鼓励学生基于给定情境进行创造性续写，极大地提升了考试的灵活性和趣味性。同时，这也要求学生不仅具备良好的语言基础，还要具备敏锐的观察力、丰富的想象力和深邃的思考力，从而全方位提升英语语言能力。

传统题型地位的调整。完形填空等传统题型虽然保留，但其分值的大幅降低，反映出考试评价体系正逐步淡化对单一语言知识点的机械记忆，转而重视对学生综合语言运用能力的考查。这种调整促使学生在日常学习中更加注重语言的实际运用，而非仅仅局限于书本知识的背诵。

由上述英语教育政策改革和英语考试变化趋势来看，英语考试主要集中于听、说、读、写层面。英语的学习和考试难度上升，逐步改变了传统考试形式，创新新题型。考试内容和方式更具有灵活考查性，不再局限于知识点的考查，更加偏向的是英语语言应用能力的综合考查。这更需要我们去科学地规划英语学科的学习。

· 英语应该怎么学 ·

英语是世界上最广泛使用的第二语言，是欧盟和许多国际组织与英联邦国家的官方语言之一，也是联合国的工作语言之一。由此可见，英语在学习和生活中的重要性，那要如何学好英语呢？在英语学习中同样是分为听、说、读、写、欣赏和思考六大部分，重点为听、说、读、写，但与语文不同的是英语侧重听、读为输入，说、写为输出。在英语考查中，听、说、读、写为主要考查方向。单词为导线，纵横于整个英语学习之中，单词的记忆是英语学习的基础。

要想搞定英语单词，最重要的就是保证单词记得又快又牢。这就需要我们配合并借鉴科学的记忆方法，这就不得不提艾宾浩斯遗忘曲线。

艾宾浩斯遗忘曲线是德国心理学家赫尔曼·艾宾浩斯发现并提出的。他发现，遗忘在学习之后立即开始，而且遗忘的进程并不是均匀的。最初遗忘速度很快，以后逐渐减慢。这条曲线告诉人们在学习中的遗忘是有规律的，遗忘的进程是先快后慢。观察曲线（见图 1），你会发现，学得知识 1 天后，如不抓紧复习，就会忘记 74% 的内容。随着时间的推移，遗忘的速度减慢，遗忘的数量也就减少。其关键在于利用科学的重复记忆策略，即在遗忘的关键时间点进行及时的复习，以巩固记忆，从而确保单词记得既快又牢。通过遵循这一记忆规律，孩子可以更有效地管理学习过程，提高记忆效率，最终轻松搞定英语单词。

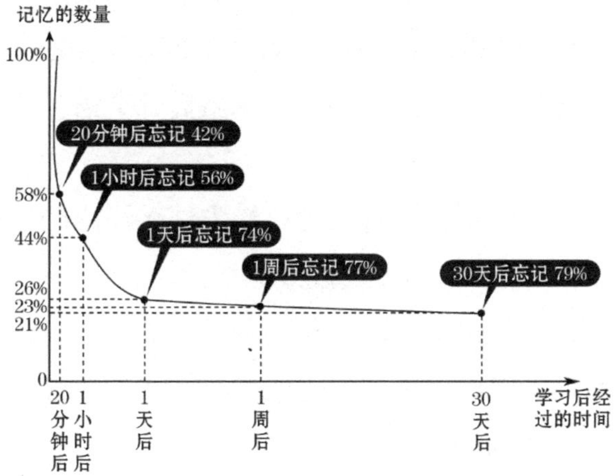

图 1　艾宾浩斯遗忘曲线

在记忆单词的过程中，有效利用艾宾浩斯遗忘曲线可以显著提升记忆效果。具体而言，可以采取以下几个步骤来实践。

首先，确保每个单词的正确发声是基础中的基础。通过准确的发音，能够建立单词声音与意义之间的初步联系，为后续的深入记忆打下良好基础。

其次，采用双向验证的方式强化记忆。一方面，通过盖住汉语部分看英语，尝试说出单词的全部汉语意思及词性，这有助于孩子巩固单词的基本含义和语法属性；另一方面，盖住英语部分看汉语，快速且正确地拼写单词，进一步加深孩子对单词拼写形式的记忆。

再次，将单词置于实际语境中进行记忆也是至关重要的。当孩子能够在文章中迅速定位并正确翻译出单词时，这意味着孩子已经将该单词与具体的语境和用法紧密联系在一起，这样的记忆将更加牢固和持久。

最后，对于动词这类功能性强、用法多变的词汇，孩子需要特别关注其常见的用法和句型。通过掌握动词的多种用法和搭配方式，孩子能够更加灵活地运用这些词汇，从而提升英语表达的准确性和丰富性。

孩子不仅需要掌握科学有效的记忆方法，还应严格遵循单词记忆的几项核心原则，以确保学习成效的最大化。

第一原则，重复记忆。面对高频词汇，孩子应当设定合理的周期进行重复回顾，以此对抗艾宾浩斯遗忘曲线的挑战，确保所学词汇在脑海中留下深刻的印记。

第二原则，集中记忆。在短期内进行高频次的重复学习，符合记忆的自然规律，有助于在短时间内迅速提升记忆效果。孩子可以通过集中时间段，如每天特定的学习时段，来强化单词记忆，让记忆内容在脑海中更加鲜明。

第三原则，声音原则。孩子在记忆单词时，应注重发音的准确性，并将发音与单词的汉语意思紧密联系起来。这种声音与意义的双重编码，能够加深记忆痕迹，使单词更加生动具体。

第四原则，句子原则。单词并非孤立存在，而是嵌入在句子和语境之中。因此，孩子在记忆单词时，应将其回归到具体的语境之中，通过句子来理解和记忆单词的含义和用法。这种基于语境的记忆方式，不仅能够提高记忆效率，还能够增强孩子在实际交流中应用单词的能力。

在单词记忆的实践过程中，孩子可以采取一系列具体而有效的步骤来加深记忆效果。其中，手口并用的方式至关重要，这意味着在背诵记忆时，孩子应当充分调动自己的身体语言，做到拼写、翻译与例句的紧密结合。具体来说，以下是详细的记忆步骤。

第一步，孩子应大声读出单词。通过发音练习，他们不仅能巩固单词的发音准确性，还能在声音层面建立起单词与意义之间的初步联系。

第二步，用笔书写单词，同时在书写过程中不断思考并联系单词的发音。这种手脑并用的方式有助于加深记忆痕迹，使单词的拼写形式在脑海中更加清晰。

第三步，孩子需要找到包含该单词的例句，并大声朗读例句。例句为单词提供了具体的语境，有助于孩子理解单词在实际应用中的含义和用法。此外，朗读例句的过程也是锻炼口语表达能力和语感的好机会。

第四步，孩子可以盖住例句中的翻译部分，尝试进行口头翻译。这一步骤检验了他们对单词及其语境的理解程度，同时也锻炼了他们的翻译能力。

第五步，孩子需要回忆一遍例句的内容。如果回忆不出，就重新看一遍例句进行复习。通过这样的回忆练习，孩子可以加深对例句及其所含单词的记忆。

第六步，再次回忆单词的拼写。如果回忆不出来，就重新看一遍单词的拼写。拼写是单词记忆的重要组成部分，通过反复回忆和书写，孩子可以更加熟练地掌握单词的拼写形式。

最后一步，孩子需要再回忆一遍例句。如果回忆不出来，就重新听一遍或读一遍例句。声音是语言的重要组成部分，通过回忆例句的声音，孩子可以在脑海中重现例句的语境和语调，从而加深对单词及其用法的记忆。

综上所述，通过手口并用、拼写、翻译与例句联合的方式，孩子可以更加高效、系统地记忆单词。这些具体的记忆步骤不仅有助于加深记忆痕迹，还能提高孩子的英语综合运用能力。

· 提升英语听力能力 ·

从语言学习的规律来看，任何一种语言，声音是第一性的，文字语法是第二性的。语言学习始于听。听力，需要经过专门、完整、严格的训练，它在外语教学中始终处于基础地位。听和读一样，是人们学习、吸收语言的重要途径。所以提升听力水平，不仅可以吸收语言材料的量，扩大知识面，还能提高理解能力，巩固所学语言知识的水平。

据统计，“听”占人们日常语言活动的45%，“说”占30%，“读”占16%，“写”仅占9%，由此可见“听”在语言交流中的重要地位。“听”对于人类获取信息的意义非常重大。听力是获取口语素材、解决哑巴英语问题的起跑线，更是获得英语高分的重要保障之一。

那么，如何有效提高英语听力水平呢？

首先，选择合适的听力材料至关重要。这要求我们在语速、篇幅和内容上找到平衡点。理想的状态是，在正常的语速下，孩子能够听懂大约80%的内容。因此，推荐选择长度约为5分钟的英语听力短文进行日常练习，这些短文可以涵盖日常对话、英语美文、新闻报道以及电影片段等内容。

记住，听力训练不能仅是泛泛而听，需要精听和泛听相结合。就像阅读时我们既需要精读也需要泛读一样。精听的主要目的是深入学习语音、积累词汇和句型，并理解背景知识。孩子可以采用以下两种方法。

一是模仿法。仔细听一段文字，然后参考原文进行跟读，力求语音、语调与原音完全一致。孩子可以录下自己的发音并与原音对比，逐段纠正，以提高发音的准确性。

二是听抄法（四遍法）。第一遍，大致理解内容；第二遍，不参考原文尽量听写每句话；第三遍，与原文对比，找出自己听不懂的部分并分析原因；第四遍，尝试翻译或背诵整段内容。

精听后，及时总结是关键。孩子需要注意以下几点：首先，确保每个单词在孩子的脑海中都有正确的“听觉形象”；其次，熟悉连读现象，这是英语语速快时的自然发音结果，可能会影响孩子的词汇分辨能力；最后，注意重读和语调，它们往往承载着比词句本身更丰富的信息。

在精听过程中，保持高度集中的注意力非常重要。为此，孩子需要创造一个安静的学习环境，避免干扰。同时，由于精听比精读更容易让人疲劳，因此建议每次练习时间不宜过长，可参考英语听力考试的时间长度，控制在 30 分钟左右。

泛听则更注重整体理解和语感培养。它的目的是让孩子从词汇层面逐渐提升到对句子和整篇文章大意的理解，并熟悉真实的英语使用环境和语速。泛听时，不要过于纠结细节，而要学会捕捉大意。孩子可以利用碎片时间进行泛听练习，并尝试在听后复述大意以检验听力效果。记住，泛听不是精听，训练泛听的时候不需要过分追求每个词汇的精确意思。

· 提升英语阅读能力 ·

英语阅读能力是英语学习者其他语言能力发展的基础。阅读对于学生的英语学习具有重要的作用，阅读不仅能培养学生英语语感，还能促进词汇积累，提高写作水平，对培养学生的英语综合能力大有帮助，是学好英语的主要手段和有效途径。所以在英语阅读中要能做到“三阅读一要领”、精读泛读相结合。三阅读是指阅读积累、大量阅读、整体阅读；一要领是指快速阅读短文，通过读题明确考查点，认真逐题作答。

阅读积累。阅读能力不是一蹴而就的，而是需要循序渐进，逐步积累。要想提高英语阅读水平，就需要积累大量的词汇与短语。在日常英语阅读中，要注意生词的积累，可以准备一个生词记录本，在阅读的过程中不断积累记忆。

大量阅读。选择感兴趣的英语读物或者观看英语电视剧、英语电影、英语新闻，潜移默化提升英语阅读量。

整体阅读。在英语阅读中是不是经常碰到这样的情况：句子都能看懂，但读完文章印象却不深。这就涉及对文章框架结构的整体理解。首先，要重视文章的标题和文章的首句，因为文章的标题或首句往往是文章的主题，文章的内容就是围绕主题展开的。其次，文章的结尾句往往是这篇文章的结论或作者写这篇文章的用意所在。最后，善于标注文章关键句，关键句可以帮助你掌握文章的全貌，理解文章的主题。很多英语阅读理解题目就是围绕文章主题来设计的。

把握要领。在做阅读理解题时，可遵循三部曲的原则，即快速阅读短文、通过读题明确考查点、认真逐题作答。

精读和泛读是英语阅读的两个方面，精读重在“质”，泛读重在“量”，两者作用不同。要好好利用，做到精读与泛读相结合。

精读是以朗读为前提，从语音、单词、语法、句型、文章结构和逻辑这几个方面入手对阅读材料进行深入分析理解，以准确掌握英语的基本知识、使用规则等各项阅读技能的阅读方法。精读重在通过深入分析来学得，适合用原版教材或者分级阅读材料作为精读材料。精读中所学到的知识和技能也会在泛读中得以不断练习，使熟练程度不断提高，从而培养和提高英语阅读能力。

泛读是强调在理解大意的基础上进行快速、大量、广泛阅读。需要通过泛读来提升英文理解力和阅读速度。同时，锻炼跳读和略读的能力，快速把握文章中心思想和段落大意。在泛读中反复出现的词汇和习惯表达久而久之就会在头脑中生根发芽，在不知不觉中就丰富了词汇量。

· 提升英语写作能力 ·

英语的主要考查方向就是听、说、读、写，写作为后续压轴出场，具有较强的综合性。英语写作是对英语水平多方面的综合性考查。那我们应该如何提升写作能力呢？首先从写作能力培养说起。

提高英语写作兴趣。写作兴趣以及逐步建立起来的学习信心是写好英语作文的第一步，也是深化英语写作学习的动力。不少学生在英语写作中存在恐惧心理，对英语写作的畏惧感，影响到写作能力的提高。为了提高英语写作兴趣和信心，首先要认识到英语写作的内容往往是贴近实际生活或者是在生活中经常遇到的事情。因此可以将英语写作当成语文练笔一样，可以用英语语言记录下自己的所见所闻和所观所感。在英语写作的初级阶段，不用想象得过于复杂，可以先选择使用简单的词汇和句子，之后再不断凝练和优化语言，实现写作能力的逐步提升。

重视词汇积累与识别。英语写作中对英语词汇应用和积累的要求较高。英语的听、说、读、写都是紧密相连的，要加强对英语文章的阅读，无论是英语教材还是课外读物，都要认真地阅读和理解，在特定的语境中学习词汇知识并掌握词汇的正确使用方法以及词汇的应用范围，从而使今后的英语写作可以有更多的素材可以借鉴。在英语口语训练中更多地使用词汇并识别词汇的使用方法，这样在英语写作时也会更加得心应手。学生对于口语学习的积极性和学习成果如果能够巧妙地应用到英语写作中，就会提高英语语言的综合应用能力。

形成英语写作习惯。一个好的英语写作习惯能够为写作学习奠定良好的基础。学生可以将写作过程分成几个不同的阶段，并做好各个阶段的写作准备。写作之前的准备工作是为了写作过程中的各项工作能够有条不紊进行，主要内容是列出与写作主题相关的英语知识，并将自己积累的知识列出，为接下来的写作奠定基础。接下来可以对知识进行筛选和分析，进一步确定好写作的提纲。写作过程中可以借鉴相似范文，但切不可抄袭，通过借鉴总结出写作的框架和主题内容，从而完成英语写作。写作完成之后对作文进行修正和完善。最后，检查单词拼写、段落设置并修改标点等细节，使英语作文更加完善。

加强英语写作训练。写作训练是强化英语写作和提高英语写作水平的有效手段，在进行写作训练安排时要有一定的规划，也要从自身的学习实际出发，确保写作训练的成效。可以借鉴优秀的写作范本，并对其进行深入研究，从而找到范本的优点和优于自身写作的地方，从而在自己写作的时候提起注意，完善英语作文。在阅读和模仿优秀英语作文时，可以将好的词语、句子、结构设计记录下来，为独立写作打下基础。限定时间，要求在规定的时间内完成写作，进一步提高自己的写作时间观念，增强写作能力。坚持每天写一篇英语日记，可以记录一件事也可以抒发自己的感情，题材和内容不限定，重要的是增加写作经验，培养写作意识和思维。

英语写作能力培养起来后，在日后的英语写作中也会得心应手。那么在实际英语考试中，怎么才能写出高分英语作文呢？

以高考为例，首先要了解英语作文得分标准，若总分为 25 分，分数可分为四个部分。

一是内容分（7 分）。内容分也叫要点分，就是题目给的所有信息都写全，没有反社会言论，一般就可以拿 7 分了。想拿高分的孩子千万不要漏要点，一定要检查再检查。

二是结构分（6 分）。结构分包括段落分配和连词的运用。平时背的那些模板，其实就是在帮我们梳理结构，背下模板，拿到结构分的 6 分是非常有希望的。所以，我非常鼓励大家背模板。

三是词句分（6 分）。顾名思义，是指运用“准确的单词”+“优秀多变的句型”得到的分数。词句这一块是整个作文最难的部分，考查的是学生的基本功，6 分满分非常难得，但是拿 2—4 分还是较容易的。作文分数的分水岭往往就在词句分上。

四是卷面分（6 分）。卷面一是字迹工整美观，二是不能涂改，所以一定要养成打草稿的习惯。这两个要求都达到了，就有可能拿下卷面满分 6 分。

了解这些得分标准后，进行针对性的练习和准备，孩子就有可能在考试中写出更高质量的作文，从而获得更高的分数。

具体来说，孩子可以参考以下方法练习写作。

第一，完美的段落分配。全国卷是提纲类作文，当拿到一个提纲作文时，首先要根据背景和提示内容分段。根据我的经验，高考作文分成三段来写最清晰简单，容易得到结构分。

第一段我们可以分成两句，一长一短，其中长句写题干中交代的背景，短句为过渡句或是补充长句观点。

第二段是作文中心段，我们要分成四句话（一短 + 三长）来写。那么我们第二段到底写什么内容呢？一般来说，提纲类作文会有三个左右的提示，我们要选出其中最重要、可以分点论述的提示，放在第二段。

第三段是结尾段，应该写一长一短两句话，其中长句表达自己的观点，短句写个升华句。作为结尾段，我们需要在这段表达积极向上的人生态度，所以一般来说要用一个长句子表达个人观点，短句部分需要升华感情，所以最好使用感叹句、谚语、倒装句这三种中的一种，既可以升华感情又能加词句分。

第二，使用顺畅的连词。我一直要求学生作文里每句话都加上连词。外国人写作文和中国人最大的区别就是他们每句话都有比较强的逻辑性且使用过渡连接词非常多。我们的作文有可能因为没使用连词而被判卷老师扣结构分。

第三，替换成高级单词。除了平时的单词积累，还可以充分利用作文高频词，这些词基本上我们写作文都会用到，只要把它们替换成高级单词，词句分就可以妥妥拿到了。

第四，整洁卷面。平时写英文很难看的孩子，建议在高考之前一直用四线英语本，包含且不限于作文，横线可以强迫孩子把英文写得高低一致。考试的时候记得带上尺子、铅笔和橡皮，就在答题卡给出来的横线上面轻轻画一条线，作文写完之后再把线擦掉。

总之，高分作文并非遥不可及，只要掌握了正确的写作方法和技巧，并付诸实践且不断努力，就有可能在英语写作中取得优异的成绩。

· 小结 ·

通过深入了解高中英语教育政策与义务教育阶段新课标的核心素养与四大目标，家长能够更清晰地认识到孩子英语学习的重要性和发展方向。这种深入的理解不仅为家长提供了指导孩子学习的明确方向，也让家长更加明白如何在家中为孩子创造一个有利于英语学习的环境。

第二部分

高一分科指导

新高考制度的实施，无疑为孩子的高中学习生涯带来了前所未有的变革与机遇。这一制度打破了传统文理分科的壁垒，让孩子在选科时拥有了更多的自主权和灵活性，但同时也对他们提出了更高的挑战——如何在众多科目组合中，找到最适合自己的那一条道路。如果没有选出最适合孩子的组合模式，不仅可能影响到高考成绩以及学校报考，甚至还可能影响孩子以后的发展。所以，高一选科是对未来学业和职业规划有着重要影响的决策之一。

在选择科目时，学生应该考虑自己的兴趣和潜力，同时也需要考虑所选科目的未来发展前景及对应专业的要求。

总的来说，选科是一个需要综合考虑多方面因素的过程。孩子要根据自己的学习情况、兴趣爱好、未来规划等来选择最适合自己的科目组合。同时，家长和老师也要给予他们足够的支持和指导，帮助他们做出正确的决定。接下来，我会详细解读新高考政策，分析不同选科组合的优缺点以及它们可以报考的专业范围，希望能为孩子提供一些实用的建议。

第四章　新高考政策解读

当前，我国多数省市采用的新高考选科模式主要分为“3+3”和“3+1+2”两种。而其中“3+1+2”模式更加细致和灵活，实施的省份包括河北、辽宁、江苏、福建、湖北、湖南、广东、重庆、黑龙江、甘肃、吉林、安徽、江西、贵州、广西、山西、河南、陕西、内蒙古、四川、云南、宁夏、青海等 23 个省份。

“3+1+2”模式中，“3”代表着语文、数学、外语这 3 门全国统一高考科目，它们是每位孩子都必须面对的基础学科，对于培养他们的基本素养和综合能力至关重要。而“1”和“2”则赋予了孩子更多的选择权，其中“1”是指孩子需要在物理和历史 2 门学科中做出选择，作为自己的首选科目。这一选择往往与孩子对未来专业的兴趣倾向紧密相连，因为物理和历史分别代表着自然科学和人文社科两个不同的学科领域。至于“2”则是指孩子需要在思想政治（简称“政治”）、地理、化学、生物学（简称“生物”）这 4 门学科中任选 2 门作为再选科目。这样的设计既考虑了学科之间的互补性，也兼顾了孩子的兴趣和特长。具体选科组合包括 12 种（见表 5）。

表 5　“3+1+2”模式的 12 种科目组合

2 选 1	物理	历史
4 选 1	化学、生物 / 地理、政治	
6 种组合	物理 + 化学 + 生物	历史 + 化学 + 生物
	物理 + 化学 + 地理	历史 + 化学 + 地理
	物理 + 化学 + 政治	历史 + 化学 + 政治
	物理 + 生物 + 地理	历史 + 生物 + 政治
	物理 + 生物 + 政治	历史 + 生物 + 地理
	物理 + 地理 + 政治	历史 + 政治 + 地理

“3+3”模式中，第一个“3”指的是统一高考科目语文、数学、外语。后者“3”指从高考科目政治、历史、地理、物理、化学、生物等科目中，自主选择 3 科。具体选科组合包括 20 种（见表 6）。

表 6　“3+3”模式的 20 种科目组合

序号	科目组合	序号	科目组合
1	物理、化学、生物	11	历史、地理、生物
2	物理、化学、政治	12	历史、化学、生物
3	物理、化学、地理	13	地理、化学、生物
4	物理、生物、政治	14	物理、历史、地理
5	物理、生物、地理	15	化学、生物、政治
6	物理、政治、地理	16	政治、地理、生物
7	历史、政治、地理	17	政治、地理、化学
8	历史、政治、化学	18	物理、历史、生物
9	历史、生物、政治	19	物理、历史、政治
10	历史、地理、化学	20	物理、历史、地理

新高考成绩如何计算?

与以往的高考相比，新高考制度在考试内容和成绩计算上进行了显著的革新，并且不同省份之间虽然都实行新高考政策，但具体细节上也会有所差异。

高中阶段的考试主要分为两大类别，即合格性考试和选择性考试（见图 2）。从高一开始，孩子就需要面对这两类考试。合格性考试，就像是以前高二时参加的学业水平测试，它主要用来检验孩子的基础知识和能力是否达标，这是获得高中毕业资格的重要依据。这场考试相对简单，成绩通常以等级形式呈现。而真正需要我们特别关注的是选择性考试。这些考试的成绩将直接计入高考总分，成为大学招生录取时的重要参考。因此，其不仅关乎孩子的高考成绩，更直接影响到他们未来的大学选择和职业发展。

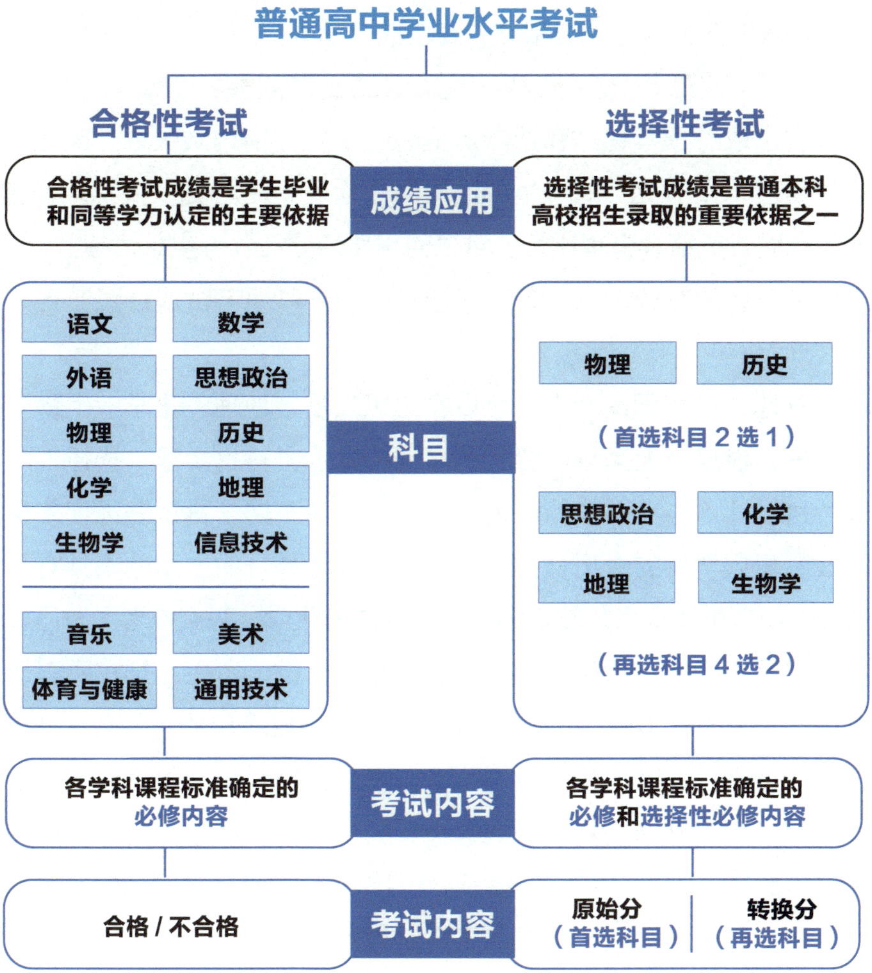

图 2　普通高中学业水平考试解析图

高考生总成绩由 3 门统一高考成绩和 3 门普通高中学业水平选择性考试成绩构成，满分 750 分。其中，3 门统一高考科目使用原始成绩计入考生总成绩，每门满分 150 分；选择性考试中首选科目（物理或历史）使用原始成绩计入考生总成绩，每门满分 100 分；再选科目按等级分计入考生总成绩，每门满分 100 分。

为什么物理和历史按原始成绩计入考生总成绩？

在录取时选考物理和选考历史的考生将分别排队录取。因此，选择物理（或历史）的考生将使用同一物理（或历史）试卷，考试群体相同，成绩具有可比性，可以使用原始分计入考生总成绩。

为什么思想政治、地理、化学、生物学科目考试成绩要实行等级赋分？

首选科目相同的考生，可以在思想政治、地理、化学、生物学科目中，根据个人兴趣或特长和高校招生选考科目要求，选择不同选考科目计入高考总成绩。由于再选科目中不同学科试题难度差异和报考相应学科的考生群体不同，所以选考科目的原始分不具有可比性。如考生甲选考思想政治，考生乙选考化学，两人都考了 80 分，考生甲排在所有选考思想政治考生的第 100 位，考生乙排在所有选考化学考生的第 1000 位。若简单将他们各科成绩相加计入高考总成绩并进行比较，既不科学也不公平。因此，需要将不同科目的原始分按照一定规则通过转换得到等级转换分（转换后考生选考科目成绩排队顺序不变），以解决选考科目的原始分不具有可比性的问题。

思想政治、地理、化学、生物学科目考试成绩的等级分是如何转换的？

等级分是按照统一规则，由原始成绩进行等级划定后，再按照“等比例转换办法”由等级转换而来的分数。第三批、第四批、第五批高考综合改革省份统一使用此等级转换办法。

思想政治、地理、化学、生物学科目每科原始分满分为 100 分。转换分以 30 分作为赋分起点，满分 100 分。具体转换办法为：按照考生的原始分从高到低划分为 A、B、C、D、E 5 个等级，各等级人数所占比例分别约为 15%、35%、35%、13% 和 2%。将 A 至 E 等级内的考生原始分依照“等比例转换办法”，分别转换到 100—86、85—71、70—56、55—41 和 40—30 几个分数区间，得到考生的转换分。

各等级所占人数比例、等级分赋分区间对应关系如表 7 所示。

表 7　各等级人数比例及赋分区间对应关系

等级	A	B	C	D	E
比例	约 15%	约 35%	约 35%	约 13%	约 2%
赋分区间	100—86	85—71	70—56	55—41	40—30

等级转换的具体公式为：

$$\frac{Y2-Y}{Y-Y1}=\frac{T2-T}{T-T1}$$

其中，Y1、Y2 分别表示原始分区间的下限和上限；T1、T2 分别表示等级赋分区间的下限和上限；Y 表示考生的原始分；T 表示考生的等级分数。根据公式，可以计算出每个考生的等级分数。

假设某同学思想政治学科原始分为 81 分，而该学科 B 等级的原始分分布区间为 82—61，则该同学思想政治学科的原始分属 B 等级，B 等级的等级分分布区间为 85—71，按照转换公式，该同学思想政治学科的等级分为：

$$\frac{82-81}{81-61}=\frac{85-T}{T-71}\qquad \text{解得，}\quad T=\frac{1771}{21}=84.3\approx 84$$

等级赋分的优点是什么？一是能够较好解决再选科目之间分数不等值、学生选考科目分数不能直接相加参加高校招生录取的问题；二是能够保持考生每门学科成绩排名顺序不变，确保成绩转换的公平公正；三是能够最大限度保证考生的成绩具有良好的区分度，满足普通高校人才选拔需要。

最后我想提醒各位家长的是，高考并不是升入大学的唯一途径，还有其他的途径。

强基计划：针对具有强烈专业兴趣、科研志向和天赋基础的学生，主要聚焦在数学、物理、化学、生物及历史、哲学、古文字学等基础学科领域，通过校测考核及高考成绩的综合评价选拔。

综合评价：一种基于考生高考成绩、高校综合测试成绩和高中学业水平测试成绩，按照一定比例计算形成考生综合成绩的多元录取方式，更加全面地评价学生的综合素质。

保送生：主要针对在某些领域（如奥赛、外语等）有突出表现的优秀学生，无须参加高考即可直接保送至高校深造。

三大专项计划（国家专项计划、地方专项计划、高校专项计划）：针对农村和贫困地区学生，通过降低录取门槛、增加录取机会等方式，促进教育公平。

艺术类专业招生、高水平艺术团：为具有艺术特长和天赋的学生提供了进入大学深造的机会，前者侧重艺术专业的学习，后者则是以艺术特长为辅助，进入非艺术专业学习。

体育特招生：针对在体育领域有突出表现的学生，通过特定的选拔程序进入大学学习。

军校生、定向培养士官：为国家培养军事人才的重要途径，入学后享受军校待遇，毕业后按计划分配工作。

公安院校招生：为公安系统培养专业人才，入学需经过严格的政审、体检和面试。

航海类专业招生：针对愿意从事航海事业的学生，提供专门的招生和培养计划。

三项招飞（空军、海军、民航）：为有志于飞行事业的学生提供进入航空院校学习的机会。

公费师范生、免费医学生：国家为培养教育、医疗领域人才而设立的特殊招生项目，学生在校期间享受国家资助，毕业后需按协议服务一定年限。

港澳高校招生：为有志于到港澳地区深造的学生提供了更多的选择机会。

民族班和民族预科班：为少数民族学生提供特殊的教育支持，帮助他们更好地适应大学生活。

定向招生：针对特定行业或地区的需求，设置特定的招生计划和条件。

家长可以根据孩子的兴趣、特长、学业成绩以及未来职业规划，进行合理规划和选择。每个孩子都是独一无二的，找到最适合他们的升学路径，才能最大程度地发挥他们的潜力和优势。

第五章　选科指导

在思考新高考选科的问题前，家长和孩子应当先自我反思。孩子有没有特别感兴趣或热爱的专业领域？有没有设想过自己未来的职业方向？家长是否为孩子描绘了一个清晰的未来蓝图？如果已经有了明确的方向，那就应该以此为依据，来挑选适合的科目，以符合“3+1+2”的高考新模式。要知道，很多大学的专业对科目选择都有明确的要求。

理论上，孩子有多种选科组合可以选择。但要科学合理地确定选考科目，就必须综合考虑孩子的兴趣、特长和优势，同时参考高校招生时对科目的要求以及学校的教学条件。在同一所院校的同一专业组内，各专业的选考科目要求通常是相同的。所以，孩子选择的科目一定要满足他们心仪院校及专业组的选考科目标准。

在物理、化学、生物、政治、历史、地理这6门科目中，孩子只需挑选出自己最感兴趣且最擅长的3门。这里有两个小技巧可以帮助孩子做出决定。

量化成绩。回顾高一时期的几次大型考试，将各科成绩或排名相加后取平均值，这样很容易就能看出孩子在哪些科目上表现最优。选择这些科目，孩子在未来的高考中就能占据更有利的位置。

逆向规划。不同的选科组合会对应不同的高考志愿选择范围，而志愿的限制也会反过来影响选科决策。我们可以尝试逆向思维，先设想孩子未来的职业目标，再倒推出适合的选科组合。如果孩子梦想成为公安人员，那么政治科目就是必选；如果孩子有考研或考公务员的打算，政治也值得优先考虑；如果孩子已经锁定了某个院校的某个专业作为目标，那就更要仔细查看该专业的选科要求。

除此之外，还可以院校专业组为单位的方式来填报志愿。在新高考模式下，孩子需要以院校专业组为单位来填报志愿，这意味着每个院校专业组都被视为一个独立的志愿选项。孩子会根据自己所选的选考科目来填报相应的专业组志愿。这些专业组内可能只包含一个专业，也可能包含多个专业。当孩子按照专业组投档后，如果符合条件，还有机会在该专业组内进行专业的调剂。在选科的过程中，可以参考以下新高考选科策略。

赋分最大化原则。新高考的投档录取，首要原则就是分数优先。因此，在选科时，首要考虑的是所选科目如何能实现赋分的最大化。由于赋分是基于名次百分比来确定的，且这个百分比不会因选科人数的多少而改变，所以我们应该选择自己在各科中名次相对较好的科目。

满足专业报考需求。选科直接关系到后续的专业填报，因此必须充分考虑专业的报考需求。选错专业，不仅可能影响大学期间的学习体验，还可能对未来的职业生涯造成不利影响。所以，在选科时，我们需要从未来专业和职业的角度出发，做出更加明智的选择。

个人兴趣。对于不感兴趣的学科，孩子往往难以投入足够的精力和时间去深入学习。而从未来大学专业的匹配度来看，选择自己感兴趣的学科也更容易找到对应的专业方向。相反，如果选择自己不感兴趣的学科，不仅不利于专业填报，还可能限制专业选择的范围。因此，在选科时，要充分尊重孩子的个人兴趣。

关于选科指导可参考图 3。

图 3　选科指导图

高校怎么录取? 高校在录取中依照“两依据，一参考”。招生院校依据考生的语文、数学、外语 3 门统一高考成绩和 3 门普通高中学业水平选择性考试成绩（含 1 门首选科目成绩和 2 门再选科目成绩），参考综合素质评价，采用“院校专业组”方式实行平行志愿录取。

普通高等学校招生按物理科目组合、历史科目组合两类分列招生计划、分别划线、分别投档。自 2025 年起，除提前批次外，分本科、专科两个批次录取。

· 按照学生成绩如何选科 ·

绝大多数成绩优秀的孩子都选了物化生组合，所以选择物理、化学加政治或者地理组合，可能是一个“弯道超车”的好机会。当然也需要结合具体情况，对比生物学科和政治、地理学科的单科实力。最佳组合是物理、化学、政治，以此类推，如果生物比地理、政治好太多，那就选生物。如果这几科成绩差不多，首选政治或者地理。物理、化学成绩不好，政史地组合也会“弯道超车”。

成绩中档学生最难选，成绩中档学生最多，范围也很大，需要细化。在此推荐两种选科组合。一是历史 + 地理 + 生物。如果学生只是理科成绩较差，但是背诵能力比较强，选择该组合会比较合适。因为该组合的学习难度一般，只要学生愿意多花时间背诵和做题的话，那么高考的时候成绩不至于太差。另外，该组合可以选择的专业范围也比较广，所以学生也可以在众多专业中选择适合自己且感兴趣的，这样对于就业也会比较有帮助。二是物理 + 地理 + 生物。高一成绩不好的学生可以选择该组合，该组合的专业覆盖面较广，文科、理科都可以选择。该组合由于是文理科结合，所以广度与深度要高于纯理科和纯文科。对物理感兴趣但其他科目成绩一般的学生，可以选择物理 + 地理 + 生物，这样高考的时候还是比较有希望的。

实力在本科线以上的学生，首选物理、化学，保证高考志愿的广度。如果选择物理、化学考不上本科（在本科边缘线上），首选政史地组合，这样有希望“弯道超车”，考上本科。成绩不好的学生，也不准备走艺术生和体育生道路，首选物化政组合。

· 单科特性和分科组合解读 ·

选考科目与学科本身的特性是分不开的，下面大致列举各学科学习难度及选科情况，供学生做选科参考。

物理：相对来说难度较高，知识之间联系紧密，注重逻辑思维的培养，涉及的场景与实际生活比较贴近，对现在和将来的理科学习都很重要。

生物：整体难度在理科中最低，更易学习。它注重基础知识的考查以及信息的提取能力。就近几年来说，我国生物技术突飞猛进，学科社会价值越来越高，未来前景很好，也是理科能力较弱的学生首要考虑的科目。

化学：以实验为基础的学科，难度低于数学和物理，高于生物，要求考生拥有较高的识记能力的同时还要充分理解。这个学科有助于锻炼学生的发散思维，有助于在今后繁杂工作中分析和解决问题。

历史：要求知识面广，但相较地理、政治等文科科目更容易理解，拿分比较简单。由于是首选科目之一，很多物理成绩不好的学生都会选择这个科目。

地理：文理兼备，学习难度低于物理、化学、生物，背诵内容少于历史、政治，考题客观且答案明确，相对比较容易拿高分。对于选择物理的偏理科生而言，大部分人会选择偏理科的地理，显然要比政治容易得多。

政治：记忆内容多且与时俱进、贴近生活。也正因为这样，它每年试题变化大，所学内容和考试内容会有差距，而且考试内容教材上有可能没有，所以得高分不容易，成绩浮动可能会较大，导致选考的人数相对较少。但政治是考研必修科目，如果高中未选考，造成长时间的知识断档，对今后的考研之路是有一定影响的。

· 20 种选科组合分析（前 12 种针对“3+1+2”模式）·

首选科目为物理的 6 个组合的特点如下。

一是主要以报考理工类专业为主，文科类专业相对较少。

二是物理组可报的专业范围一般都很广。没有明确的专业方向、对物理学科不讨厌的话，物理组是不错的选择。

三是一般来说，物理组在高校招录中人数多，高中开设的班级也多一些。

第一，物理 + 化学 + 生物。

优势：① 专业选择面广。物化生组合专业覆盖面很广，但哲学类、历史学类专业不可报考。② 学科之间关联紧密。学科之间关联极大，除了三科之间的关联，还与数学的一些通用的理科思维以及计算能力等都是互相印证、互相促进的。③ 记忆内容较少，理解的内容较多。物化生三个科目偏重于理解能力和逻辑思维能力的考查，一般记忆的内容很少。

劣势：① 学习起来难度大。尤其是物理学科难度较大，想得高分不容易。② 选科人数多且优秀生多，竞争尤为激烈。物理、化学是理科成绩优秀的学生的首选科目，竞争会异常激烈。同时这个组合是偏理科学生最喜欢选择的组合之一，人数多，高考竞争压力大。

适合的考生类型：① 理科的逻辑思维能力大幅度强于文科的思维能力；② 目标基于“双一流”大学的学生；③ 大学不考虑学习哲学、历史类专业。

专业覆盖情况：物化生组合的可选专业较多，专业覆盖率达95% 左右，不能选择的专业基本为哲学类、历史类专业。除此之外，其他绝大多数专业，该选科组合的学生未来都可报考。

可选专业列举：工科类的热门专业、计算机类、经管类、医学类、力学类、机械工程类、电力类、临床医学类、热能与动力工程类。

限选专业：由于法学门类下的政治学类、民族学类、马克思主义理论类、公安学类等，要求再选科目中必须有政治，因此该选考科目组合不能报考以上专业类。

提示：如果家长不打算让孩子未来报考公安警校的话，考虑学科的相关性，选择物化生以及物化地的组合，都要比物化政更科学。

第二，物理 + 化学 + 政治。

优势：① 专业不受限制。选择了物理和化学，就不用担心专业选择了，因为几乎所有的理工类专业，都要求必选物理，而文史类专业多数都不限制选科。当然，选择这个组合，报文史类专业的可能性很小，基本上所有专业都是可以选择的。② 赋分更有优势。选择政治的学生，成绩比较一般的占多数，如果在政治学科方面有绝对的优势，很容易赋分更高。③ 考研和考公务员的需要。大学政治是必修的公共课，而且在考研和考公务员时，政治都是必考科目，高中政治学好了，对以后肯定有帮助。另外，结合《普通高校本科招生专业选考科目要求指引（通用版）》中的选科要求，未来报考军事院校以及公安、司法警官类院校，政治可能会成为必选科目。

劣势：① 学科难度较高。一方面是“物理 + 化学”组合的难度高，加之政治科目中大量的“背诵 + 理解 + 拓展应用”的知识点，使这个组合难度飙升。② 政治学科变化较大，考高分难。政治学科因为涉及大量时政内容，所学的可能和要考的内容就会有差距，所以得高分不容易，关键是没有把握，分数浮动可能会较大。③ 整体关联度低，学习跨度大。组合中的三门学科各有侧重：物理需要空间想象、逻辑推理与实验能力；化学需要的是分析推理及实验的能力，但由于知识体系的因素，还需要进行大量的记忆；而政治又需要良好的记忆、思辨与评判能力。学科关联度不高，学习时很难起到相互促进的作用。④ 学校编班的影响。如果选择这个组合的人数少，学校就会不开设这个组合，或者实行走班制。比如物化地和物化政的学生在一个班，然后上地理课时，选择政治的去上政治课。这样的走班模式，多少会对学生的学习产生冲击。

适合的考生类型：①理科优势较大，且有较强的自信心的考生；②具备文科和理科的素养，综合素质较为均衡的考生；③政治科目突出，文科和理科思维可以自由切换的考生；④对未来步入大学有着明确的目标，有考研打算，或者有意向将来从事公务员这类职业的考生。

专业覆盖情况：物理＋化学＋政治可报专业大类较多，可选专业覆盖率达99%左右，比如政法类专业、工科类的热门专业以及经管类的专业几乎都能选。除法学门类下的民族学类专业以外，其他所有本科专业未来都可报考。

可选专业列举：法学、教育学类、化学、海洋科学、材料科学、制药、地质学、农学、医学、数学、物理学、地质学、生物学、统计学、工学（如机械、水利、计算机、矿业类、建筑类等）、医学、管理科学与工程、哲学、经济学、管理学、体育类、艺术类、新闻传播等。

限选专业：历史学、汉语言文学等人文科学类的学科；英语、法语等部分小语种专业；舞蹈等艺术类专业。仅针对大部分重点大学情况做以上说明，这个学科组合专业限报情况相对比较少。

第三，物理＋化学＋地理。

优势：①专业覆盖率高。该组合专业覆盖率高达95%左右，考生可选择专业面广，除限制必选科目的专业外，该组合适用于理学、工学、经济学以及部分文学专业。②学科关联度高。地理科目的研究学习离不开物理基础，此外物理、化学、地理三门科目与数学学科中一些通用理科思维以及计算等都是互通的，学科学习关联度高，不会有科目之间的割裂感。③ 得高分概率高。对于成绩比较优秀的考生，可以通过选择物理、化学、地理的组合，提高排名，一定程度上避免与成绩更优秀的考生正面竞争。④ 学习有一定调剂性，不至于太枯燥。物理、化学、地理科目组合，学习过程中可以互相调剂，避免沉溺在枯燥的做题中。

劣势：① 难度大。理科学习难度较大，特别是物理学科，化学和地理虽然相对简单，但是偏向理科思维考查，考生拿高分也不是易事。② 竞争压力大。选择该组合的考生，一方面物理、化学要与成绩特别优秀的考生竞争赋分，另一方面地理科目选考人数较多，整体竞争压力较大。③ 目标专业选择可能受限。地理科目对于计划学习工科和医学类的考生帮助不大，在专业的选择上会受到一定的限制。

适合的考生类型：① 逻辑思维严谨，善于总结思考；② 偏爱动手实验，且理科优势明显；③ 记忆力尚可，不排斥背诵；④ 喜欢研究开发性工作，职业生涯规划偏向于科研技术型；⑤ 一般目标基于“双一流”大学，成绩比较优秀的考生群体。

专业覆盖情况：物化地组合的情况与物化生组合极为相似，大学可选的专业也有很多，专业覆盖率高达 95% 左右。

可选专业列举：地理科学、测绘学、地质学、电气工程及其自动化、飞行器动力工程、土木工程、数学、物理学、生物学、统计学、农学、工学（如机械、水利、计算机、矿业类、建筑类等）、医学、管理科学与工程、化学、海洋科学、材料科学、制药学、哲学、经济学、管理学、艺术类、新闻传播。

限选专业：法学门类下的政治学类、民族学类、马克思主义理论类、公安学类等。

第四，物理 + 生物 + 政治。

优势：① 组合难易结合，有利于减轻考生学习负担。生物和政治都属于记背学科，对考生要求并不高，只需要考生认真学习记背。物生政三门学科难易结合，有利于考生劳逸结合，减轻学习压力。② 生物学科难度相对较低。大部分选择物理学科的考生将来都想报考理工类专业，但各大高校大部分理工类专业不仅要求考生首选科目必须为物理，再选科目对化学、生物也有所要求。对于部分学习比较吃力的同学来说，生物对比化学难度低，相应地选择生物会更适合。③ 学科实用性强。物理、生物这两门学科对未来进入理工类的专业学习有利，而政治是未来考研、考公务员的必考科目，为考生未来的发展奠定了基础。

劣势：① 学习存在一定难度。虽然物生政组合的学习难度较物化生组合有所降低，但是物理依然是大多数人需要攻克的难关，在学习上还是有一定的难度。此外，政治科目也属于得高分较难的科目。② 部分专业选择受限。要求化学的化工、制药类专业和部分高校医学专业因选科要求限制不能报考等。比如制药专业要求学生必选化学和生物。另外，对于一些知名院校的热门理工专业，也会要求学生必选“物理 + 化学”组合，而如果选择文科类专业，有些专业又会要求选择历史。

适合的考生类型：① 偏向理科思维，逻辑思维较强；② 目标理工院校，擅长物理，但成绩中等；③ 有一定的理解记忆能力，擅长背诵并且有较好的文科思维；④ 希望考公务员或老师，或者计划未来继续考研深造。

专业覆盖情况：专业覆盖率在 52% 左右。

可选专业列举：法学、教育学类、数学、物理学、地质学、生物学、统计学、工学、医学、管理科学与工程、心理学、农学、医学、哲学、经济学、管理学、体育类、艺术类、新闻传播等。

限选专业：汉语言文学、历史学类等。

第五，物理＋生物＋地理。

优势：① 利于学习时间分配。物生地组合中物理需要大量做题，生物重课本知识，地理的理解性内容较多，理解和背诵相结合，有利于考生在学习中劳逸结合。② 学科组合延续性好。三个学科都需要利用理科思维，对考生进入大学以后的学习有利。

劣势：① 学习有一定难度。物生地组合需要考生理科思维较好，逻辑思维强，在学习上有一定难度。② 部分专业受到限制。要求化学的化学、化工、制药类专业及部分高校医学专业和要求政治的思想政治教育等专业不能报考。③ 赋分影响。从目前选科数据来看，生物、地理选科人数较多，成绩居于中等的考生赋分不占优势。

适合的考生类型：① 理科思维较好，逻辑思维强的考生；② 有往医科方向深造想法的考生；③ 化学单科成绩不占优势或对化学不感兴趣的考生；④ 目标理工类专业，综合成绩在中上游的考生。

专业覆盖情况：因新选科要求对理、工、农、医四大门类基本限选物理、化学的影响，物生地选科组合的专业覆盖率不太理想，可选专业覆盖率在 47% 左右。

可选专业列举：部分理科类专业，部分与医学、生物学相关的专业，水利水电、测绘类专业或可选择。

限选专业：思想政治教育、民族学、外国语言文学等。

第六，物理 + 政治 + 地理。

优势：① 文科和理科发展比较均衡，方便大学衔接。组合中既有锻炼逻辑思维的理科，又加入了需要大量记忆和归纳总结的文科，不论将来选择什么专业，在大学学习基本不会出现断层的情况。② 政治学科颇具实用性。无论是未来选择考研，还是找工作，或者考公务员、事业单位等，都离不开政治这门学科。所以从长远考虑，高中选择政治对将来的发展非常有利。③ 组合人数较少，竞争压力小。从目前数据来看，物政地组合在“3+1+2”和“3+3”选科中都不是热门选择，同组合选择人数少，相应的竞争压力会小一些。

劣势：① 文科和理科思维跨度大，学习有难度。物理注重逻辑思维和思路分析，政治和地理在学习上需要记忆和具备较强的理解能力，在学习上要求考生兼备文科和理科思维，并且分析能力和记忆力强。② 大部分医学及化工专业无法覆盖。选考科目组合中没有化学和生物，所以整个医学门类下只能报考中医学类（小概率）以及护理学类。③ 选考人数少，走班难安排。从目前掌握的数据来看，选考人数较少，很可能导致某些中学无法排班。

适合的考生类型：① 物理成绩比较好，但化学、生物成绩一般的考生；② 文科学习相对于理科学习来说有优势，但是往往整体成绩在不温不火的中游水平；③ 三大主科中语文、英语成绩更好，记忆、理解能力突出；④ 学习过程中，文科、理科思维切换自如；⑤ 有考公务员、军校以及考研深造意向。

专业覆盖情况：可选专业覆盖率在 49% 左右。

可选专业列举：物理类的组合前提下，工科大类中的电子信息类、通信类、计算机类、电气类、建筑类、交通运输类、土木类等好就业的部分专业或可报考。同时也可以报考财经类、理学类、文史社会类等中的绝大部分专业。

限选专业：化学类、生物科学类、轻工类、纺织类、植物生产类、草学类、基础医学类、临床医学类、口腔医学类、医学技术类、民族学类、公共卫生与预防医学类、中西医结合类等。

首选科目为历史的 6 个组合的特点如下。

一是主要以报考偏文专业为主，少量理工类专业可选。

二是可报考专业范围相对较窄。报考历史组的同学最好能确定自己以后的专业和职业方向为人文社科类。

三是相比物理，历史学习容易一些，是擅长记忆、背诵的学生能发挥优势的学科。

选科组合各有利弊，没有“最好”，适合自己的就是最佳选择。

第七，历史 + 政治 + 地理。

优势：① 对文科专业非常友好。史政地这个纯文科组合虽然选报理科专业很受限制，但报考哲学、经济学、法学、教育学、文学、历史学、管理学、艺术学 8 个门类下的相关专业基本上不受限制。② 利于以后考研、考公务员及事业单位。如果大学毕业后要考研，政治是一定要考的，并且在考公务员、事业单位或者国企等公职类岗位，也会涉及大量文科知识，因此这个组合对文科学习方法以及能力的培养是很有用的。③ 学科之间关联度很高。不同于文科和理科搭配的组合，历史、政治、地理 3 个科目逻辑和计算内容少，都需要大量的记忆以及文科思维，学起来相对轻松，学习过程中也比较好兼顾。④ 文科成绩优秀的学生在赋分后易得高分。历史、政治、地理 3 个科目虽然考高分很难，但是政治和地理 2 个科目排名靠前的学生在赋分后有机会得到高分或者满分。

劣势：① 整体专业覆盖率低。这个“老文综”组合最大的缺点还是总体专业选择最受限，未来可选专业不足 50%，尤其是在理工类专业选择上受到很大限制。因为不少高校专业要求必须搭一门理科，所以一门理科都不搭的纯文科组合在专业上就受到很大限制。② 试题灵活，难拿高分。史政地的学习都需要大量的理解和记忆，尤其是考前会更加凸显这个特点，压力也就更大。此外，考试多涉及开放性题目，不容易拿高分。尤其政治还涉及大量时政内容，所以分值浮动可能会比较大。③ 区分度小，竞争激烈。纯文科组合专业受限严重，但选考人数并不少，甚至超过了很多偏理科组合。大量的学生集中在中等学习水平，卷面分接近，区分度就比较小。不过这个组合的学生在高考高分段中也占有一定的比例，因此这个组合的竞争也没有想象中的乐观。

适合的考生类型：① 文科成绩优异或理科成绩很弱，且对大学的专业选择有明确的目标；② 喜欢历史、关注社会时政，文科思维明显强于理科；③ 在各类国学大赛、作文大赛中取得优异的成绩；④ 致力于考取汉语言文学、新闻学、社会学、国际政治等专业；⑤ 想选艺术专业、传媒专业。

专业覆盖情况：可选专业覆盖率在 46% 左右。

该组合报考哲学、经济学、法学、教育学、文学、历史学、管理学、艺术学等 8 个门类下的相关专业基本上不受限制。

可选专业见表 8。

表 8　史政地组合可选专业

学科门类	可报考专业类	解读
01 哲学	哲学类等所有专业	都能报考
02 经济学	经济学类、金融学类、财政学类、经济与贸易类	都能报考
03 法学	法学类、社会学类、公安学类、政治学类等 6 个专业类	都能报考
04 教育学	教育学类（教育技术学专业除外）、体育学类	基本上都能报考
05 文学	中国语言文学类、外国语言文学类、新闻传播学类	都能报考
06 历史学	历史学类	都能报考
07 理学	心理学类、统计学类	因大多要求物理，只能报考 11 个专业类中的 2 个
08 工学	食品科学类、建筑类	因大多要求物理且部分要求化学，只能报考 31 个专业类中的 2 个
09 农学	无	都不能报考
10 医学	护理学类、中医学类（概率）	因部分要求物理，只能报考 11 个专业类中的 2 个
11 管理学	工商管理类、农业经济管理类、公共管理类、图书与档案类、物流管理类、工业工程类、电子商务类、旅游管理类	除管理科学与工程类外都能报考
12 艺术学	艺术学理论类、音乐与舞蹈学类、戏剧与影视学类、美术学类、设计学类	都能报考

第八，历史 + 政治 + 化学。

优势：① 文科优势较强，学科关联度较高。组合中两个文科之间本来学习关联度就很高，要求的都是文科思维能力。化学相对于物理，逻辑思维要求不高，反而要求有很高的文科能力，如记忆、归纳总结等。② 专业覆盖率高于其他偏文组合。组合中历史和政治都是文科，但由于有一个理科的加入，一定程度上规避了专业覆盖的问题。

劣势：① 理工类专业受限。毕竟组合整体偏文科，专业覆盖面还是没有物理的可选范围大，不适合工科尖子生，因为只有学了物理才有机会考进工科名校的相应专业学习。② 需要一定的逻辑思维转换能力。在3门科目兼顾的同时，需要学生在各种思维中灵活切换。

适合的考生类型：① 比较偏好文科，历史、政治成绩在校内较为优秀；② 对化学有一定喜好，或化学成绩在 3 门理科当中更为优秀；③ 有文科偏好但对地理学科不感兴趣；④ 文字表达能力和记忆能力强，逻辑思维能力相对不太强；⑤ 未来报考专业主要集中在人文社科类；⑥ 有考研、考公务员目标。

专业覆盖情况：专业覆盖率在 45% 左右。

可选专业见表 9。

表 9　史政化组合可选专业

学科门类	可报考专业类	解读
01 哲学	哲学类等所有专业	都能报考
02 经济学	经济学类、金融学类、财政学类、经济与贸易类	都能报考

续表

学科门类	可报考专业类	解读
03 法学	法学类、社会学类、公安学类、政治学类等 6 个专业类	都能报考
04 教育学	教育学类(教育技术学专业除外)、体育学类	基本上都能报考
05 文学	中国语言文学类、外国语言文学类、新闻传播学类	都能报考
06 历史学	历史学类	都能报考
07 理学	心理学类、地理科学类、统计学类	因大多要求物理,只能报考 12 个专业类中的 3 个
08 工学	纺织类、交通运输类(小概率)、食品科学类,建筑类	因大多要求物理,只能报考 31 个专业类中的 4 个
09 农学	植物生产类、自然保护类、林学类、草学类	因部分要求物理,只能报考 7 个专业类中的 4 个
10 医学	护理学类、药学类、公共与预防类、中医学类、中西医结合类、医学技术类	因部分要求物理,只能报考 11 个专业类中的 6 个
11 管理学	工商管理类、农业经济管理类、公共管理类、图书与档案类、物流管理类、工业工程类、电子商务类、旅游管理类	除管理科学与工程类外都能报考
12 艺术学	艺术学理论类、音乐与舞蹈学类、戏剧与影视学类、美术学类、设计学类	都能报考

第九，历史 + 政治 + 生物。

优势：① 文科优势明显，学习难度适中。生物学科得分点多，且题目客观题较多，在一定程度上中和历史、政治强调背诵、做题难的属性，学起来会比较轻松，不会有太大压力。在“3+1+2”中能适配更多考生人群。② 学科关联度高。历史、政治都属于人文学科，研究的都是社会状态以及规律的发展和演变，在学习上有很高的关联度；而生物研究的是地球生物的发展历史和演变，三者在学习的内容和方法上都会有很高的关联度。③ 可选择专业范围相对扩大。在“3+1+2”模式中，首选历史科目的组合专业覆盖率低，搭配一个理科可在一定程度上扩大选择范围。④ 为考研、考公务员等打下基础。政治是研究生、公务员考试的必考科目，考生如果有考研、考公务员以及事业单位的计划，选此组合具有一定的优势。

劣势：① “3+1+2”模式下选科人数不多，排班受学校实力限制。新高考选科制度下，必然采取走班制教学，该组合选择人数较少，在教育资源不发达地区，可能因为师资不足、走班困难而不开放这个组合。② 赋分有风险。组合中，生物选考人群较多且得分容易，会出现某一分数段人数集中的可能，赋分风险较大；政治科目典型的选考人群少，且很容易出现高分段和低分段人数集中的情况，那么中等上下边缘考生就比较有风险。③ 需要一定的逻辑思维转换能力。在理科学习的具体过程中可能会有部分理科能力要求，在 3 门科目兼顾的同时，需要学生在各种思维中灵活切换。

适合的考生类型：① 比较擅长文科，政治、历史学科成绩优秀；② 有较强的文字表达能力和记忆力；③ 具有较强文科思维，但是物理不好、连带地理得分困难的考生；④ 成绩处于中上游，想在一定程度上避免与文科成绩优秀的学生竞争的考生；⑤ 希望通过生物扩大专业选择范围，但理科较弱的考生。

专业覆盖情况： 专业覆盖率在 46% 左右。

可选专业见表 10。

表 10　史政生组合可选专业

学科门类	可报考专业类	解读
01 哲学	哲学类等所有专业	都能报考
02 经济学	经济学类、金融学类、财政学类、经济与贸易类	都能报考
03 法学	法学类、社会学类、公安学类、政治学类等 6 个专业类	都能报考
04 教育学	教育学类（教育技术学专业除外）、体育学类	基本上都能报考
05 文学	中国语言文学类、外国语言文学类、新闻传播学类	都能报考
06 历史学	历史学类	都能报考
07 理学	心理学类、统计学类	因大多要求物理，只能报考 11 个专业类中的 2 个
08 工学	食品科学类、建筑类	因大多要求物理，只能报考 31 个专业类中的 2 个
09 农学	植物生产类、自然保护类、林学类、草学类	因部分要求物理，只能报考 7 个专业类中的 4 个
10 医学	护理学类、药学类、公共与预防类、中医学类、中西医结合类	因部分要求物理，只能报考 11 个专业类中的 5 个

续表

学科门类	可报考专业类	解读
11 管理学	工商管理类、农业经济管理类、公共管理类、图书与档案类、物流管理类、工业工程类、电子商务类、旅游管理类	除管理科学与工程类外都能报考
12 艺术学	艺术学理论类、音乐与舞蹈学类、戏剧与影视学类、美术学类、设计学类	都能报考

第十，历史 + 地理 + 化学。

优势：① 易得分。化学、地理高考题目以客观题为主，只要掌握知识点就能得分，得分点多。② 学习难度适中。历史、地理有一定的学科关联性，学习的时候可以相互促进；化学学习难度也在中等层次，与带政治的文科组合、带物理的理科组合相比难度适中。

劣势：① 选择人数少，受学校综合实力影响。在“3+1+2”和“3+3”两种模式中，本组合选考人数占比在 4% 左右，选择此组合的人数较少，选科模式下必然实行走班教学，学校综合实力不强的话开班可能受到限制。② 学科间关联度低。学习起来难以相互促进，需要在不同领域都有所擅长。③ 竞争压力大。地理、化学两个科目选考人群中高分考生较多，所以在赋分和志愿填报过程中可能要与理科高分考生比拼，选择该组合的人要慎重。④ 赋分制度下不占优势。新高考背景下以赋分之后的成绩计入考生高考成绩，传统文科类高分考生必选历史、地理，考生选择史地化组合，在排名上并不占优势。而化学成绩可能也无法和理科类考生相抗衡，如果考生的成绩不是特别突出，选择这一组合化学赋分处于劣势。

适合的考生类型：① 文科和理科素养兼备，但逻辑思维较强，擅长总结归纳；② 物理成绩较差，不想与理科高分考生竞争，不排斥甚至爱好历史；③ 有较好的记忆力，能够快速理解背诵；④ 目标为重点院校，成绩中等的考生。

专业覆盖情况：专业覆盖率在 42% 左右。

史地化组合可选择专业集中在对化学要求较高或者对政治要求不高的专业，如化学类、化工材料类、历史学类、部分语言文学类、经济管理类、对外贸易类等。

可选专业见表 11。

表 11　史地化组合可选专业

学科门类	可报考专业类	解读
01 哲学	哲学类等所有专业	都能报考
02 经济学	经济学类、金融学类、财政学类、经济与贸易类	都能报考
03 法学	法学类、社会学类	因大多要求物理，只能报考 6 个专业类中的 2 个
04 教育学	教育学类（教育技术学专业除外）、体育学类	基本上都能报考
05 文学	中国语言文学类、外国语言文学类、新闻传播学类	都能报考
06 历史学	历史学类	都能报考

续表

学科门类	可报考专业类	解读
07 理学	心理学类、地理科学类、统计学类	因大多要求物理，只能报考 11 个专业类中的 3 个
08 工学	纺织类、交通运输类（小概率）、食品科学类、建筑类	因大多要求物理，只能报考 31 个专业类中的 4 个
09 农学	植物生产类、自然保护类、林学类、草学类	因部分要求物理，只能报考 7 个专业类中的 4 个
10 医学	护理学类、药学类、公共与预防类、中医学类、中西医结合类、医学技术类	因部分要求物理，只能报考 11 个专业类中的 6 个
11 管理学	工商管理类、农业经济管理类、公共管理类、图书与档案类、物流管理类、工业工程类、电子商务类、旅游管理类	除管理科学与工程类外都能报考
12 艺术学	艺术学理论类、音乐与舞蹈学类、戏剧与影视学类、美术学类、设计学类	都能报考

第十一，历史 + 地理 + 生物。

优势：① 学习难度适中。该组合只有历史一个强文科学科，地理和生物则属于文理兼备的科目，记忆量不是那么大，同时计算难度、学习难度不高，拿分比较容易。② 历史和地理学习关联度高。历史和地理学科在思维方式和知识体系上有一定的学科交叉和关联，学习中可以相互促进。

劣势：① 对部分专业学习可能不利。如果考生意向为医药类专业，只选修了生物，却缺少化学知识，在大学里学习会遇到困难。② 竞争压力大，高分段优势弱。从目前选科数据来看，地理和生物是新高考中选考人数较多的科目，选考基数大，压力自然也大。就本组合的人群来讲，在高分段竞争中没有太大优势。尤其是生物，如果成绩不是很突出，赋分后可能会吃亏。③ 专业覆盖率偏低。由于没有物理，大部分理工类专业比较受限制，但大部分文科专业都可报考。

适合的考生类型：① 历史、地理成绩具有明显优势，偏向文科思维；② 对政治学科不感兴趣，或政治学习困难；③ 理科数学、物理基础还可以，但背诵记忆能力不算突出；④ 具有很好的想象力和形象思维，具有一定求异思维；⑤ 文科成绩不拔尖，处于中上游水平。

专业覆盖情况：专业覆盖率在 42% 左右。

"3+1+2"模式下该组合报考哲学、经济学、法学、教育学、文学、历史学、管理学、艺术学等 8 个门类下的相关专业基本上不受限制。

可选专业见表 12。

表 12 史地生组合可选专业

学科门类	可报考专业类	解读
01 哲学	哲学类	都能报考
02 经济学	经济学类、金融学类、财政学类、经济与贸易类	基本上都能报考，经济学类和金融学类的一些专业要求首选物理而不能报考
03 法学	法学类、社会学类、民族学类	可报考专业类里的专业都能报考，政治学类、马克思主义理论类、公安学类要求再选政治而不能报考

续表

学科门类	可报考专业类	解读
04 教育学	教育学类、体育学类	基本上都能报考，教育学类的教育技术学专业要求首选物理而不能报考
05 文学	中国语言文学类、外国语言文学类、新闻传播学类	都能报考
06 历史学	历史学类	可报考专业类里的专业都能报考，历史学类的文物保护技术专业要求再选化学而不能报考
07 理学	心理学类、地理科学类	心理学类的专业都可以报考；地理学科类的再选科目要求至少选一门，没有明确要求具体科目；剩余 10 个专业类要求选择物理和化学而不能报考
08 工学	纺织类、建筑类	可报考专业类里的专业基本上都能报考；纺织类的纺织工程和非织造材料与工程专业要求首选物理，再选化学而不能报考；剩余 29 个专业类要求选择物理和化学而不能报考
09 农学	林学类	林学类的园林专业可报考，其余专业要求选择物理和化学而不能报考
10 医学	药学类、护理学类	药学类的药事管理专业和护理学类的专业可以报考，其他大部分专业要求选择物理和化学而不能报考

续表

学科门类	可报考专业类	解读
11 管理学	工商管理类、农业经济管理类、公共管理类、图书与档案类、物流管理类、工业工程类、电子商务类、旅游管理类	除管理科学与工程类外都能报考
12 艺术学	艺术学理论类、音乐与舞蹈学类、戏剧与影视学类、美术学类、设计学类	都能报考

第十二，历史 + 化学 + 生物。

优势：① 部分热门专业就业选择余地大。该组合更适合对物理不感兴趣或物理成绩不理想，化学、生物成绩相对有优势的考生。② 学科之间割裂感不强。化学和生物在理科中的学习难度低于物理，除了要求理科思维，还有很大一部分需要记忆归纳能力，而历史也是以记忆归纳能力为主，所以学习起来比较容易融会贯通。③ 性价比较高的组合。组合中没有物理这样难度大、不易拿高分的科目，学习难度会大大降低，这样最后的高考成绩也会比较可观。④ 竞争相对不是很激烈。组合中没有物理，所以高分考生选考的人数并不会很多，相对来说竞争没那么激烈。

劣势：① 文理分化。历史的学习和化学、生物完全不同，学习的方式和思维上也有一定的割裂，考生在学习的过程中会有一定的思维跳跃，需要不断调整和适应。② 专业选择不占优势。这一组合专业选科略显尴尬，理科类专业无法和选考物理的考生抗衡，文科类专业又敌不过选考政治的考生，在专业的选择上会受到一定的限制。

适合的考生类型：① 善于总结思考，理解能力较强；② 记忆力良好，反应迅速，能及时调整学习思维；③ 理科优势不明显，物理科目“瘸腿”；④ 喜欢历史，或希望扩大可选择专业范围。

专业覆盖情况：专业覆盖率在 42% 左右。该组合主要在理工类专业上受到很大限制。

可选专业列举：可以报考的专业类别主要集中在部分对物理要求不高或者对化学要求比较高的专业，如材料类、食品科学与工程类、环境科学与工程类、化工与制药类、地质类、矿业类、水利类、纺织类、生物类等报考热度不是很高的工科大类专业；另外，历史学类、哲学类、文学类、语言类、法学类等偏文科大类专业也可以报考。

限报专业：史化生组合在选择专业范围上最明显的限制在于工科大类专业的选择，大部分工科专业都有限制，如电子信息类、计算机类、兵器类、航空航天类、核工程类、仪器类、临床医学类几乎都不能报考。

以上适用于“3+1+2”模式，下面8种组合是对“3+3”模式的补充。

第十三，生物 + 地理 + 化学。

适合的考生类型：① 整体而言，生物的成绩往往会非常突出；② 物理学习困难，化学和生物成绩比较好，且具备一定的实验动手能力的考生；③ 平时对动植物非常感兴趣，并喜欢一些有关于生物与化学的专业，例如生物工程、有机材料等；④ 十分活泼好动，假期喜欢随家长一同游山玩水，欣赏自然风光；⑤ 对于新闻中那些关于科研成果的报道非常感兴趣。

优势：① 相对简单。化学、生物学习难度低于物理，很多要求记忆归纳，而地理同样也是文理思维兼备的学科，学科间联系比较紧密。② 容易达到预期。对于物理成绩不好的考生来说，这个组合比较容易达到自己的预期成绩。③ 竞赛形势不是很激烈，高分考生选考人数也不会很多。

劣势：① 在选择专业范围上有所受限。最明显的限制在于工科大类专业的选择。② 区分度不高。选考这个组合的考生可能大部分总成绩在中游或中下游，如果在高考赋分制的情况下，会导致区分度不会很高。③ 组合中有需要动手实验的化学和生物，所以要想得到高分，一定要喜欢动手实验。④ 组合专业覆盖率偏低。这个组合没有历史和政治两个文科，很多文科专业受限。

专业覆盖情况：组合可选专业覆盖率在 87.4% 左右，在“3+3”模式的 20 种组合中覆盖率算是偏低的。

可选专业列举：对物理要求不高的工科大类专业，如材料类、食品科学与工程类、环境科学与工程类、化工与制药类、地质类、矿业类、水利类、纺织类、生物类等；大部分化学类、地理科学类、生物科学类、海洋科学类、地质学类、心理学类等理学大类专业；部分医学类专业。

限选专业：大部分工科专业都受限制，如电子信息类、计算机类、兵器类、航空航天类、核工程类、仪器类几乎都不能报考；小部分要求必须选考物理的理学专业也存在限制，如数学类、物理类等专业。

第十四，历史 + 地理 + 物理。

适合的考生类型：① 文科相比理科整体有优势，但成绩属中游水平；② 物理科目成绩相比其他科目有着明显突出的优势；③ 数学、物理较好，但化学、生物较薄弱的学生建议选择；④ 记忆能力强的学生。

优势：① 专业覆盖率偏高，就业方向广。② 文科和理科兼顾。文科和理科发展比较均衡，方便大学衔接。③ 历史和地理容易拿高分。④ 文科学科能力不弱，方便大学考研和考公务员、事业单位。

劣势：① 竞争相对激烈，学习压力比较大。② 不容易得高分。物理学习难度大，高分不易拿。③ 对思维灵活性要求高。文科和理科搭配组合，在学习过程中需要灵活切换思维。④ 部分专业无法覆盖。大部分医学及化工专业无法覆盖。⑤ 可能涉及走班。部分地区可能选考人数少，走班难安排。

专业覆盖情况：专业覆盖率较高。

可选专业列举：工科大类中的电子信息类、通信类、计算机类、电气类、建筑类、交通运输类、土木类等好就业专业都可以报考，部分中医类专业也可以报考。此外，也可报考财经类、理学类、文史社会类等中的绝大部分专业。

限选专业：小部分工学、理学专业还是存在限制的，整个医学门类下，也只能报考中医学类（小概率）及护理学类。

第十五，生物 + 政治 + 化学。

适合的考生类型：① 不擅长物理但是喜欢化学、生物的考生；② 有考研、考公务员计划，希望提前学习政治的考生；③ 理解能力强，理科思维好的考生。

优势：① 压力较小。学习压力相对小，化学和生物客观性题目多，利于成绩稳定。② 对今后考研、考公务员有帮助。提前为考研、考公务员打基础，政治学科应用性强。

劣势：① 竞争压力大，尤其是与擅长理科的考生竞争。② 专业选择受限。许多理、工、农、医类专业要求物理，选择该组合方式无法报考。

专业覆盖情况：专业覆盖率约为 46%，相对较低，部分专业报考受限。

可选专业列举：自然科学类（核工程、化工、生物科学等）、社会科学类（法学、新闻学、社会学等）、部分医学类（临床医学、口腔医学等）、生物工程、环境生态类。

限选专业：大部分理、工、农、医类专业，特别是要求物理和化学的；部分经济学、管理学中的特定专业。

第十六，生物 + 地理 + 政治。

适合的考生类型：① 物理、化学成绩较差，不擅长理科逻辑思维，擅长文科知识学习，但希望有报考理学类专业机会；② 具有较好的记忆力，擅长文科知识的理解和背诵；③ 目标为一本院校，成绩中等的考生。

专业覆盖情况：专业覆盖率为 76.1%。

可选专业列举：环境科学类、生态类、动植物研究类、公共管理类、社会学类、环境与资源类、城市规划类、教育学类等。

第十七，政治 + 地理 + 化学。

适合的考生类型：① 文科思维占优势，成绩中上游，且有一定理科思维能力的考生；② 对化学有浓厚兴趣，且在该学科上成绩优秀的考生；③ 未来有考研或考公务员的打算。

优势：① 学习难度相对较低。相对于纯理科组合，政地化的学习难度较低。地理是文理兼具的科目，化学的逻辑思维能力要求相对较低，而政治则偏重记忆和理解，适合文科思维较强的学生。② 学科关联度高。三个科目都包含大量的理解和记忆型知识点，学科跨度较小，学习起来相对容易衔接。③ 为未来考研或考公务员打下基础。政治是考研和考公务员中的必考科目，高中阶段的学习可以为未来积累知识基础。

劣势：① 专业覆盖率受限。由于缺少物理，大部分理工类专业存在报考限制，尤其是热门理工类专业（如数学、物理、力学、机械类、计算机类等）基本无法报考。② 赋分压力较大。化学作为理科生中较为热门的选科，选择人数较多，竞争激烈；文科类考生选择化学可能会面临较大的赋分压力。

专业覆盖情况：虽然该组合的专业覆盖率不如传统理科组合，但整体仍达到 85% 以上，可以覆盖大部分文科专业以及部分与化学、地理相关的理工类专业。

可选专业列举：文科类专业（哲学、经济学、管理学、文学类、教育学、法学等）、地理相关专业（天文气象、城市规划、环境保护、资源管理、酒店管理、旅游等）、化学相关理工专业（医学类、药学类、食品类、化工类、材料类等）。

限选专业：要求物理的专业（数学类、物理类、力学、机械类、计算机类、电子信息类、土木类、建筑类）以及部分要求历史的专业（历史类、马克思主义理论），还有部分院校的经济管理类专业、汉语言文学等。

第十八，历史 + 物理 + 生物。

适合的考生类型：① 理科成绩好，逻辑思维能力、分析能力、分类思考能力强，对历史有浓厚兴趣；② 理解力佳、记忆力好，文科和理科思维兼备；③ 虽然文科成绩不好，但背诵课文很流利，记忆力好。

优势： ① 物理和历史的组合，使得可报专业覆盖率较高，考生在报考专业上有较大选择空间，可以留有回旋的余地。② 理科科目搭配历史，学习难度适中，课业压力不会太大。历史虽然知识面要求广，但较地理、政治科目更容易理解，对大多数考生友好。③ 相对于其他搭配政治、地理的相似组合选考人数没那么多，得分难度相对较小。④ 生物、历史都是比较容易得分的科目，成绩不会太差。

劣势： 历史和物理是文科和理科特征最明显的两个学科，是文理两个学科高分考生的必选科目，单学科赋分竞争压力大。这两个科目组合学习要想拿高分，要求考生有较好的记忆力，同时要有充分的理解力。一些喜欢历史的理科高分考生可能迫于学习压力选择放弃。

专业覆盖情况： 专业覆盖率达到 99.3%。

可选专业列举：理、工、农、医、管理、艺术绝大部分专业可选，人文社科类中经济学、 教育学、心理学、语言文学、新闻传播学、史学大部分专业也都可以选择。

限选专业：大部分高校思想政治、思想政治教育、马克思主义理论、犯罪学、治安学、侦查学、公安情报学、警务指挥与战术等专业要求必须选考政治，因此不能报考。此外，部分院校化工类专业不能报考。

第十九，历史 + 物理 + 政治。

适合的考生类型： ① 文科相比于理科整体有优势，但是往往成绩属于不温不火的中游水平类型的学生；② 物理成绩突出，往往属于理科偏科的学生；③ 数学、物理较好，但化学、生物较薄弱的学生；④ 理科思维和文科思维兼具的学生；⑤ 记忆能力强的学生。

优势：文科和理科发展比较均衡，方便大学衔接。组合中既有锻炼逻辑思维的理科，又有需要大量记忆和归纳的文科加入，不论将来选择什么专业，在大学学习都不会断层。

劣势：① 压力大。历史和物理是文科和理科特性最强的两个学科，是文科和理科高分考生的必选科目，这个组合的高考竞争十分激烈，学生会有很大的压力。② 不易得高分。物理学科的学习难度很大，考生花费很多时间，考试却不见得拿高分。③ 政治学科由于记忆内容多且答案灵活，考试也不容易拿高分。④ 走班难安排。在某些地区，选择这个组合的学生可能较少，导致某些中学难以安排走班教学。

专业覆盖情况：组合的专业覆盖率非常高，可以达到 99.3%。

可选专业列举：文科类（历史学、世界史、考古学、法学、文化遗产、外国语言与外国历史、公共管理、历史文献学、历史地理学等）、理科类（电子技术、计算机、中医学类、护理学类）、财经类（经济学、金融学、会计学、国际经济与贸易、财政学等）、教育学类（教育学、心理学等）、管理学类（工商管理、公共管理等）。

限选专业：生物科学类、化学类、医学类（除中医学类和护理学类外）、纺织类、轻工类、植物生产类、自然保护与环境生态类、草学类等。

第二十，历史 + 地理 + 物理。

适合的考生类型：① 文科相比于理科整体有优势，但成绩属中游水平；② 物理科目成绩相比其他科目有着明显突出的优势；③ 数学、物理较好，但化学、生物较薄弱的学生建议选择；④ 记忆能力强的学生。

优势：① 可选专业多。专业覆盖率偏高，就业方向广。② 文科和理科发展比较均衡，方便大学衔接。③ 文科科目相对简单。历史和地理容易拿高分。④ 对未来发展有利。文科学科能力不弱，方便大学考研和考公务员、事业单位。

劣势：① 压力较大。竞争相对激烈，学习压力比较大。② 物理学习难度大，注重逻辑思维，高分不易拿。③ 对思维灵活性要求较高。文科和理科搭配组合在学习过程中需要灵活切换思维。④ 大部分医学及化工专业无法覆盖。⑤ 部分地区可能选考人数少，走班难安排。

专业覆盖情况：虽然组合里面有物理学科，但仍属于偏文科组合，专业覆盖率高达 99.3% 左右。

可选专业列举：工科大类中的电子信息类、通信类、计算机类、电气类、建筑类、交通运输类、土木类等好就业专业都可以报考，部分中医类专业也可以报考。此外，也可以报考财经类、理学类、文史社会类等中的绝大部分的专业。含地理学科也比较适合部分理工专业及一些地理类专业。

限选专业：小部分工学、理学专业还是存在限制的，整个医学门类下，也只能报考中医学类（小概率）及护理学类。

不可报的专业如理学（生物科学类、化学类）、工学（纺织类、轻工类、交通运输类）、农学（植物生产类、自然保护与环境生态类、草学类）、医学（基础医学类、临床医学类、口腔医学类、公共卫生与预防医学类、中西医结合类、药学类、法医学类、医学技术类）。

· 高考命题有何发展趋势 ·

通俗易懂点：随着教育改革的不断深入，《中国高考报告（2024）》为我们揭示了未来高考的新趋势和命题方向。这份报告不仅关乎每一位考生的未来，也牵动着无数家庭的心弦。它明确指出，高考将更加注重考生的核心价值、能力素养以及情境应用能力，这三大命题方向将成为未来高考选拔人才的重要标准。

核心价值：融入生活，洞察时代脉搏。

在《中国高考报告（2024）》中，高考命题的核心价值被强调为关注社会热点和国家大事。这意味着高考不再仅仅是对课本知识的考查，而是更加注重考生对时代精神的领悟和对社会现象的理解。因此，考生需要在日常学习中，不仅掌握书本知识，还要时刻关注时事新闻，了解国家政策和社会发展动态。家长和老师应引导孩子养成每天看新闻的习惯，鼓励他们积极参与社会讨论，培养对社会热点的敏感度和分析能力。通过这样的方式，考生能够在高考中更好地融入社会背景，准确理解题目意图，从而给出有深度、有见地的答案。

能力素养：培养批判性思维，提升综合素养。

高考命题的另一个重要方向是能力素养的考查。这包括信息识别与加工、逻辑推理与论证、科学探究与思维建模、语言组织与表达、独立思考与质疑等多方面的能力。这些能力不仅是考生未来学习和工作所必需的，也是高考选拔优秀人才的重要标准。因此，考生需要在日常学习中注重培养这些能力。家长和老师可以通过鼓励孩子多读书、多做题、多思考的方式来提升他们的综合素养。同时，还要引导孩子学会归纳总结、举一反三，避免盲目做题。在培养这些能力的过程中，重要的是要激发孩子的学习兴趣和动力，让他们主动探索未知领域，积极解决问题。

情境载体：贴近生活，强化实践应用。

情境化试题是高考命题的另一个新趋势。这种试题通过设置真实的、贴近生活的问题情境，考查考生在实际情境中运用知识解决问题的能力。这要求考生不仅要掌握理论知识，还要具备将知识转化为实践的能力。因此，考生需要在日常学习中注重实践应用，通过模拟演练、实验操作等方式来提升自己的实践能力。同时，家长和老师还要引导孩子多观察生活，从中寻找与所学知识相关的案例进行分析和讨论。这样不仅能够加深对知识的理解和掌握，还能够提高考生解决实际问题的能力。在未来的高考中，情境化试题将成为一种重要的考试形式，考生需要提前做好准备，以适应这种新的考试方式。

综上所述，《中国高考报告（2024）》所揭示的高考新趋势要求考生不仅要掌握扎实的知识基础，还要具备较高的能力素养和综合素养。家长和老师应引导孩子关注社会热点、培养批判性思维、注重实践应用等，以帮助他们在未来高考中脱颖而出。

· 小结 ·

在这部分，我们深入探讨了新高考制度下的高一分科规划，这一重要环节不仅关乎孩子高中学习的方向，更直接影响到他们未来的学业与职业发展。新高考制度的实施，为孩子提供了前所未有的选科自由度和灵活性，但同时也要求他们在众多科目组合中做出更加明智的选择。

通过本书的分析，我们明确了选科时应考虑的几个关键因素：首先，兴趣和潜力是选科的基础，只有在自己喜欢的领域和擅长的科目上，孩子才能保持持续的学习热情和高效的学习状态；其次，选科应结合未来发展前景和职业规划，不同的专业对学科有特定的要求，选择合适的科目组合能为未来的专业学习和职业发展奠定坚实的基础。

我们详细解读了当前主流的“3+1+2”和“3+3”两种选科模式，并对每种模式下的具体科目组合进行了梳理。无论是“3+1+2”模式下物理与历史的2选1，再辅以思想政治、地理、化学、生物学4选2，还是“3+3”模式下完全自主的6选3，都体现了新高考制度对孩子个性化发展的尊重和支持。

在选科过程中，孩子需要综合考虑自身情况，家长和老师的指导同样不可或缺。他们应给予孩子足够的支持和鼓励，帮助他们理解各种科目组合的特点和优势以及对应的报考专业范围，从而做出最适合他们的选择。

总之，高一分科规划是一个复杂而重要的决策过程，它要求孩子在自我认知、职业规划、学科兴趣等多方面进行综合考虑。希望这部分的内容能为广大孩子和家长提供有益的参考，助力他们在选科的道路上做出明智的选择，为未来的学业和职业发展奠定坚实的基础。

结 语

随着教育改革的持续深化，学科规划在孩子成长过程中的重要性愈发显著。本书摒弃了繁复的理论阐述，聚焦于提供贴近实际、易于实施的实用建议，帮大家更好地应对学习挑战。

我在书中详尽解析了最新的教育政策导向与考试动态，希望能帮助家长与孩子准确把握教育变革的脉搏，制定出更合理的学习规划。同时，本书不仅深入探讨了语文、数学、英语等基础学科的精髓与考试要点，还通过简洁明了的阐述方式，揭示了各学科的核心素养与学习方法，结合丰富的教学实践经验，提炼出一系列高效且可行的学习策略与技巧。

针对新高考制度下的选科挑战，我也在这本书中全面而深入地阐述了不同选科组合的特点与适用情境，为孩子提供了科学、合理的选科建议与指导。这样孩子才能在充分了解自身兴趣、优势及未来规划的基础上，做出最适合自己的选科决策，为未来的学业与职业发展奠定坚实的基础。

最后，我希望每一位翻开这本书的孩子，都能找到适合自己的学习节奏，享受学习的乐趣与成就感，勇敢追求自己的梦想与目标。愿每一位孩子在未来的道路上都能以坚定的步伐、自信的姿态，迈向属于自己的辉煌未来！